L'HOMME DES SERVICES SECRETS

DES MÊMES AUTEURS

PAUL PAILLOLE

Services spéciaux – 1935-1945, Robert Laffont, 1975.
Notre espion chez Hitler, Robert Laffont, 1985.
Dictionnaire de la Deuxième Guerre mondiale (en collaboration), Larousse, 1979.

ALAIN-GILLES MINELLA

Le Soldat méconnu, entretiens avec le général Massu, coll. Trajectoire, éditions Mame, 1993.
Le Rebelle discipliné, entretiens avec le père Riquet, coll. Trajectoire, éditions Mame, 1993.
La Chanson en colère, entretiens avec Pierre Delanoë, coll. Trajectoire, éditions Mame, 1993.

PAUL PAILLOLE

L'HOMME DES SERVICES SECRETS

entretiens avec
Alain-Gilles Minella

PRÉFACE DE
L'AMIRAL PIERRE LACOSTE

ÉDITIONS JULLIARD
20, rue des Grands-Augustins
75006 Paris

Les auteurs remercient Stéphane Simonnet pour son aide précieuse et enthousiaste à la transcription des entretiens et à la rédaction des notes.

À Nadine,
Catherine, Anne-Marie.
À Régine.

SOMMAIRE

Préface

Le colonel Paillole, parvenu à la quatre-vingt-dixième année d'une vie remarquablement active, est un témoin tout à fait privilégié. Entre 1935 et 1945, pendant les dix années cruciales qui vont de l'avant-guerre à la victoire des Alliés sur l'Allemagne nazie, il n'a cessé de lutter contre le même adversaire. Au sein, puis à la tête des services militaires de contre-espionnage, il a traqué les espions allemands, infiltré les réseaux ennemis, reconstitué les filières détruites, soutenu les résistants et fourni aux armées de la libération des renseignements décisifs.

Mais la paix revenue, quans son service a été démantelé au profit d'une nouvelle structure, amalgame hétéroclite d'aventuriers, de faux et de vrais résistants et de quelques professionnels, il a choisi de quitter l'armée. Commence alors une vie civile qui comportera plusieurs carrières. Industriel, directeur de théâtre, maire de la même commune pendant dix-huit ans, il est aussi le créateur et le responsable d'une association destinée à perpétuer le souvenir de ses compagnons de guerre et à leur rendre justice.

Officier de l'armée de terre, le colonel Paillole est

un authentique symbole des vertus militaires, mais son image échappe aux stéréotypes habituels. Il est vrai que le service de renseignements, un monde à part dans l'institution militaire, exige de ses officiers une très grande initiative et une liberté de comportement qui ne sont pas habituelles dans les états-majors et dans les régiments. Ici la fonction prime le grade, la fréquentation des milieux et des personnages les plus divers contribue à ouvrir les esprits et à former le jugement. Au sein du S.R., la section du contre-espionnage a un rôle encore plus spécifique. Ses missions sont préventives pour surveiller les réseaux d'espions étrangers et protéger les cibles qu'ils cherchent à atteindre. Offensives pour infiltrer des agents dans les organisations d'espionnage et d'influence de l'adversaire. Répressives, pour mener des recherches et accumuler les preuves qui permettent de déférer à la justice les espions et les traîtres.

Le renseignement est une guerre dans la guerre, et sa matière première est l'information. L'information documentaire, celle qui procure la connaissance intime des hommes, de l'organisation, des méthodes et des agents de l'ennemi, résulte de longues recherches et de patientes investigations. C'est la base du travail du contre-espionnage et les archives en sont la mémoire. Les tribulations des archives du S.R. français pendant la débâcle de 1940, leur camouflage en zone libre et l'expédition de leur double en Afrique du Nord avant l'occupation totale du territoire en novembre 1942 ont permis au service de reprendre efficacement ses activités à partir d'Alger.

Dans cette guerre-là, comme dans les forces combattantes, il faut assurer des liaisons, mener des opérations, agir et réagir en temps réel aux initiatives de l'adversaire ; autrement dit traiter l'information opérationnelle. Il y a cinquante ans on ne disposait pas encore de satellites ni de moyens informatiques, mais les mêmes problèmes tactiques se posaient et on se livrait déjà à une forme de « guerre électronique ». Le S.R. savait dès 1934 que Goering supervisait le Forschungsamt, cet immense réseau d'écoutes téléphoniques et d'interceptions radio qui a permis à Hitler de neutraliser ses opposants et qui a servi de modèle à l'Abwehr et à la Gestapo, notamment pour lutter contre la Résistance. Et puis, la guerre des ondes, vecteur de la propagande et de l'influence, a largement contribué à endormir les démocraties.

Un des plus grands mérites de ce livre est d'insister sur l'exploitation des renseignements, problème majeur qui correspond à celui de la relation entre le décideur et ses services. Staline avait reçu de nombreux avertissements sur l'imminence de l'attaque allemande de juin 1941, notamment de Richard Sorge, son agent à Tokyo ; sa méfiance et sa vanité étaient telles qu'il a refusé d'y croire. Par contre Churchill, autant par tempérament qu'en raison de son expérience de la guerre, a très bien compris la valeur exceptionnelle de certaines sources et s'est investi personnellement dans les opérations stratégiques de camouflage et de déception.

Pendant plus de vingt ans les Anglo-Américains ont réussi à protéger d'un secret absolu un sujet qui a été au cœur de leurs « relations spéciales » : le rôle décisif qu'ont joué les interceptions des communications, allemandes en Europe, ce qu'on a appelé l'affaire « Enigma », et japonaises dans le Pacifique, l'affaire « Magic ». Nos dirigeants n'ont jamais eu conscience de l'importance de ce facteur, aucun Français n'ayant été associé aux décisions stratégiques et politiques des Alliés dans la conduite de la guerre. C'est à mon avis la principale raison pour laquelle la France a connu un si grand retard dans l'organisation et la mise en œuvre des moyens techniques du renseignement moderne. Et pourtant, à travers la « manipulation » de Hans-Thilo Schmidt, l'homme qui a eu accès aux informations les plus confidentielles de l'armée allemande et du régime nazi, c'est bien le S.R. français qui a été à l'origine du décryptement d'Enigma. Sans le colonel Paillole et ses hommes les Alliés n'auraient pas connu avec une telle précision les plans et les décisions d'Hitler. Ce livre contribuera à rappeler cette vérité à nos compatriotes et aux étrangers qui habituellement la passent sous silence.

Déjà avant guerre, le colonel Paillole était reconnu par ses homologues anglais comme un grand professionnel du contre-espionnage.

Dès le 1er juillet 1940 il avait camouflé ses services sous l'appellation des « Travaux ruraux » pour continuer à lutter contre l'Abwer et la Gestapo. Jusqu'en novembre 1942 une quarantaine d'agents de l'ennemi, condamnés par les tribunaux militaires français, ont été passés par les armes en zone libre et en Afrique du Nord.

Les filières exclusivement françaises mises en place par ses soins à partir d'Alger de 1943 à 1944 pour prendre en main l'administration après la libération de la métropole, ont été reconnues suffisamment crédibles et sérieuses par les alliés pour qu'ils renoncent à leur projet d'AMGOT, l'organisation civilo-militaire qu'ils avaient projeté d'imposer à la France.

Et les Anglo-Américains ont eu en lui une telle confiance qu'il fut en 1944 le seul officier français dans le secret de la date et de l'heure du débarquement en Normandie. Néanmoins, en dépit de l'abondance et de la qualité des informations qu'il recueillait sur l'Allemagne, le colonel Paillole reconnaît qu'il a ignoré jusqu'en 1943 la vérité sur les camps de la mort. Cela peut paraître étonnant, voire invraisemblable. Et malgré tout il faut le croire. Les explications qu'il donne démontrent autant la puissance de dissimulation des nazis que l'incapacité, pour les hommes de cette époque, d'imaginer l'impensable. C'est aussi une leçon de modestie ; aucun service, fût-il le meilleur, ne pourra jamais prétendre connaître toute la vérité !

*
*   *

Le temps du duel C.I.A.-K.G.B. est passé. Aux États-Unis l'opinion publique, privée d'ennemi, demeure pourtant prisonnière d'une vision manichéenne du monde où l'unique superpuissance se doit de défendre, tous azimuts, la suprématie des intérêts américains. La « communauté du renseignement » se cherche d'autres missions, mais les services fédéraux sont en concurrence avec un nombre croissant d'autres organismes agissant au profit d'intérêts privés.

Dans la négociation planétaire autour des autoroutes de l'information on voit comment certains grands groupes internationaux cherchent à imposer leurs monopoles. On sait moins qu'en ce qui concerne les systèmes de chiffrement ils vont jusqu'à mettre en cause la souveraineté des États.

En France on a compris que dans un monde incertain, où les dangers sont multiples et peuvent surgir à l'improviste, il faut renforcer les moyens de vigilance et développer les stratégies de prévention. Le contre-espionnage doit désormais s'occuper de nouveaux adversaires : les réseaux internationaux de fanatiques religieux, de criminels, de terroristes, de trafiquants et de mafieux. Au temps du colonel Paillole, l'ennemi était clairement désigné ; dans le cadre d'une guerre déclarée c'était, si j'ose dire, plus simple... Aujourd'hui il faut s'adapter, s'associer à d'autres services, la police, la douane ou la gendarmerie, et agir à la fois au-dedans et au-dehors des frontières en coopérant à l'occasion avec des homologues étrangers.

La compétition économique est de plus en plus agressive. Les peuples de vieille culture marchande, britannique, allemand, suédois ou japonais, disposent depuis longtemps de réseaux intégrés, très performants, qui fournissent aux décideurs les « informations utiles » à la conquête des marchés. La France, quant à elle, est en retard dans ce domaine et l'ouverture des frontières souligne nos handicaps face à des concurrents qui ont su protéger leurs intérêts par des procédés discrets mais extrêmement efficaces.

Les problèmes fondamentaux du renseignement sont éternels, à commencer par celui des finalités et de l'éthique : si les services, aux ordres d'une dictature, se transforment en police politique, tous les excès sont possibles ; les exemples, hélas, ne manquent pas. Quand ils agissent dans le cadre des institutions, des lois et des règlements des États de droit, l'essentiel est acquis ; encore faut-il que les responsables respectent les traditions, les règles non écrites de la déontologie, qui déterminent, implicitement, ce qui se fait et ce qui ne se fait pas.

Ces règles, le colonel Paillole les a scrupuleusement appliquées dans les circonstances les plus difficiles parce qu'il était inspiré par un idéal. L'idéal du patriote, de l'officier, du professionnel du renseignement engagé dans la lutte contre l'occupant. Il a appliqué avec une grande rigueur les règles de conduite et les principes de sécurité sans lesquels il n'est pas possible de mener à bien de telles activités. Figure exemplaire, qui mérite le respect et l'admiration, il parle sans haine et porte un regard serein sur les faiblesses des hommes.

AMIRAL PIERRE LACOSTE

AVERTISSEMENT

Plus de cinquante ans séparent l'intervieweur de l'interviewé. Recueillis par Alain-Gilles Minella, ces souvenirs de Paul Paillole, ancien chef des services de contre-espionnage français de 1940 à 1945, ont donné lieu à une série d'entretiens à bâtons rompus de 1992 à la fin de 1994.

Ils retracent dans l'essentiel une trajectoire de vie, sans que la chronologie en soit obligatoirement respectée.

Il a paru parfois utile de revenir à plusieurs reprises sur les faits marquants de cette existence exceptionnelle car ils permettent à une nouvelle génération une réflexion sur les événements et les hommes qui ont marqués l'histoire tourmentée de ce siècle.

1.

MARSEILLE, LE FRIOUL

ALAIN-GILLES MINELLA – *Colonel Paul Paillole, vous êtes né en 1905, quel est votre plus ancien souvenir ?*

PAUL PAILLOLE – À Toulouse, pendant la Première Guerre mondiale, le passage des blessés alignés dans des remorques de tramways électriques circulant dans les rues sous les yeux d'une population atterrée devant ces pauvres diables, couchés sur des banquettes, et que l'on transportait dans les hôpitaux. J'avais une dizaine d'années. C'est resté pour moi l'image symbolique et douloureuse de ce qu'a été la Première Guerre mondiale où mon père a été tué.

Une grande rue traverse le centre de Toulouse : la rue d'Alsace-Lorraine. En 1914-1918, cette rue donnait le passage à un tramway qui desservait la ville du nord au sud. En été, ce tramway avait souvent des remorques ouvertes. C'était ce train de remorques qui trimbalait les misérables blessés qu'on allait chercher à la gare Matabiau et qu'on amenait dans les différents hôpitaux. Ils passaient comme ça, à découvert dans les rues de la ville. On pouvait voir ce grand nombre de malheureux... vraiment c'était pitoyable !

À partir de 1915, il arrivait ainsi un ou deux convois

par mois. Chaque fois que nous le savions, nous allions sur le parcours de ce tramway. Nous restions là, pétrifiés devant le nombre des blessés. Cela donnait une image cruelle de la guerre dans nos esprits d'enfants et conférait une réalité à la situation dramatique que traversait la France. Beaucoup d'enfants, plus jeunes ou moins jeunes que moi, n'ont peut-être pas connu cette réalité parce que, dans les villages, dans les campagnes, voire même dans certaines petites villes, ils ne la voyaient pas. Toulouse, à l'arrière, était un centre où l'on rassemblait beaucoup de blessés pour les soigner à l'abri des difficultés du conflit.

– Cela ne vous a pas dissuadé d'entrer dans l'armée ? Cela ne vous a pas donné une image complètement négative de l'armée et de la guerre ?

– J'ai été élevé dans une tradition très cocardière. La vue de ces malheureux m'apitoyait mais m'a toujours donné une sorte d'idée de revanche, de me battre pour défendre mon pays. Et puis il y a eu l'explosion de joie en 1918, l'orgueil aussi de voir la victoire de nos armées ; tout cela, dans un cœur d'enfant, marque définitivement. Je crois que ce fut intuitivement la base de ma détermination d'entrer à l'école militaire de Saint-Cyr. Personne dans ma famille ne m'y poussait. Cela ne pouvait pas être mon père parce qu'il n'était pas là, ma mère non plus... c'est curieux ce genre de vocation spontanée !

– Ce que vous venez de raconter se passe à Toulouse ; vous êtes né à Toulouse ?

– Je suis né à Rennes. Mon père effectuait son service militaire dans cette ville. Je ne me souviens plus très bien quelle était la durée du service militaire à cette époque, mais il devait être assez long – deux ou trois ans – et je ne sais même pas si mon père, pour des raisons personnelles, n'avait pas prolongé son service. Je sais qu'il l'a terminé comme sous-lieutenant et qu'en quittant Rennes, nous sommes allés à Longwy où il avait un poste important dans les douanes françaises.

C'est là que la guerre de 1914 nous a surpris. Nous nous sommes repliés dans le Midi, ma mère et moi, mon père rejoignant le régiment d'artillerie où il était affecté à Toulouse. Mes grands-parents et ma famille d'origine étant de la région Midi-Pyrénées, il était naturel que nous nous repliions sur Toulouse.

Mon père a donc été mobilisé dans un régiment d'artillerie comme lieutenant. Il a fait la guerre et a été tué en 1918. Ma mère, veuve de guerre, sans fortune, a été obligée pour m'élever d'entrer dans l'enseignement. Je dois préciser – et c'est très important pour ma carrière et pour ma destinée – que j'ai été nourri, dès mon jeune âge, dans une ambiance « au service de la France », de civisme, d'honnêteté... J'ai été impressionné par la rigueur morale de mes grands-parents, et bien sûr de mes parents. Malheureusement je n'ai pas beaucoup connu mon père... !

– Après la mort de votre père, votre mère était entrée dans l'enseignement ?

– J'ai eu affaire à une mère qui s'est sacrifiée pour son fils ! Veuve de guerre, elle a été nommée institutrice à Marseille, dans une école tout à fait particulière située au Frioul. En rade de Marseille, il y a deux îles : Ratoneau et Pomègue, réunies par une digue. Cette digue forme le port du Frioul qui était destiné essentiellement à accueillir les navires suspects au point de vue de l'hygiène ; ils avaient l'obligation d'y rester en quarantaine avant d'entrer dans Marseille. Habitaient là un personnel de douane permanent, un personnel sanitaire, quelques marins et commerçants – café, petite épicerie, restaurant, etc. Très peu d'habitants, mais une vie d'une intensité touristique importante. Nous n'étions pas loin du château d'If et, le samedi et le dimanche, on voyait beaucoup de touristes visiter nos deux îles.

J'étais pensionnaire dans un lycée de Marseille. Je rentrais souvent au Frioul le samedi et je revenais au lycée le dimanche soir. Je passais mes vacances dans ces îles à pêcher, à nager, à rêver aussi en me promenant dans les calanques, en m'installant au pied du sémaphore pour observer de loin la grande ville ou, à l'opposé, le phare du Planier qui annonce Marseille. J'ai fait toutes mes études à Marseille, et j'y ai rencontré mes premiers amis.

– La destinée de votre mère est assez symbolique de toute une génération de veuves de guerre – la guerre de 1914-1918 a beaucoup tué – qui ont été obligées de prendre en main leur vie et de s'émanciper.

– Vous avez raison ! Nombre de femmes, après la guerre de 1914-1918, ont assumé un destin difficile. Je crois qu'elles l'ont bien fait. De même pendant la Deuxième Guerre mondiale, beaucoup de femmes ont été égales voire supérieures aux hommes. Et chaque fois que je préside à des réunions de camarades d'associations d'anciens combattants et de résistants, je m'efforce de rendre hommage aux femmes. Ma femme elle-même est homologuée F.F.C (Forces françaises combattantes), elle a sa carte de résistante volontaire et la croix de guerre. Il y a beaucoup de femmes, épouses, amies, fiancées, ou mères qui ont poussé les hommes vers le devoir – quelquefois aussi les ont freinés. Elles ont eu un rôle certainement plus important que celui qu'on leur a attribué.

Un exemple : pendant la période de l'Occupation nous avons organisé depuis Alger des liaisons clandestines par sous-marins avec la métropole. Elles aboutissaient à Ramatuelle, à côté de Saint-Tropez, au cap Camarat. Nous avions besoin d'un refuge, acceptant de cacher les camarades qui arrivaient d'Alger ou allaient en Afrique du Nord. Celui qui a été pour nous le plus sûr et le plus important était une ferme appartenant à la famille Ottou, composée de la mère, d'un fils, Achille, et de la fille, Jeanne. Cette famille s'était mise spontanément à notre disposition et nous a ouvert sa maison. Chaque fois que des camarades se réfugiaient chez ces braves gens, ils étaient accueillis, hébergés, réconfortés, soutenus par la maman, la sœur, et bien sûr le garçon qui a pris son rôle de chef de famille au sérieux. Avec un courage et une intelligence exceptionnels, il facilitait ces opérations de guerre qui n'étaient pas faciles, croyez-moi ! Je mets sur le même plan la valeur de l'engagement du garçon et des deux femmes. Le danger, la responsabilité, l'efficacité étaient les mêmes. J'ai pu faire avoir la Légion d'honneur au garçon ; je n'ai jamais pu obtenir une récompense du même ordre pour les femmes. Pourquoi ? Je n'en sais trop rien ! On a toujours opposé à mes démarches toutes sortes d'arguties administratives très décevantes ! Tout cela pour en revenir à ce que nous disions, c'est-à-dire qu'on méconnaît trop souvent les mérites des femmes et le rôle qu'elles ont joué. Je vous ai cité cet exemple, mais je pourrais vous en citer beaucoup d'autres. Les femmes qui dans les Pyrénées accueillaient dans leur foyer des camarades recherchés ou sur le point de s'évader par l'Espagne... Des femmes de gendarmes... C'est le gendarme qui était récompensé, la femme jamais !

En ce qui concerne ma mère, l'esprit de sacrifice et

la noblesse de cette femme ont incontestablement pesé fort sur ma destinée.

– Dans cette petite école des îles du Frioul... votre mère menait une vie dure ? Quel souvenir en gardez-vous ?

– Un merveilleux souvenir !... Pour moi ! Peut-être pas pour elle parce que c'était effectivement une vie difficile. Le ravitaillement par exemple devait venir de Marseille. Une fois par jour, une vedette à moteur faisait le circuit entre le Frioul et le vieux port. À bord c'était des marins de la Marine nationale qui avaient la gentillesse de faire les courses indispensables à la vie courante. Cela représentait, sur le plan matériel, des difficultés d'existence. Et puis, comme je vous l'ai dit, la population était limitée. Il n'y avait aucune distraction. Il y avait bien un vague bistrot où l'on pouvait aller prendre une bière ou un apéritif. Ce n'était pas le cas de ma mère. Elle n'avait que la consolation de me voir le samedi et le dimanche et évidemment de faire son métier avec une dizaine ou une quinzaine d'élèves. Je crois que cela a été très dur. Finalement elle a obtenu sa mutation et s'est rapprochée de sa mère et de sa belle-mère, puisque mes grands-parents habitaient Toulouse. Elle a pu avoir un poste en Haute-Garonne, dans un petit village charmant, tout près de Luchon.

– Elle est restée longtemps au Frioul ?

– De 1919 à 1924. Au moins quatre ans. Ensuite elle a été nommée, comme je viens de vous le dire, dans la vallée de la Garonne, près du village où mon grand-père maternel avait exercé les fonctions de chef de brigade de gendarmerie. C'est là qu'elle a appris que j'étais reçu à Saint-Cyr en 1925. Elle était radieuse !

– Vous êtes restés à peu près cinq ans à Marseille. Quel souvenir avez-vous de ce Marseille des années 1920 ?

– Mon souvenir est assez vague car j'étais interne. Au lycée Saint-Charles. Les seules vues que j'avais étaient sur la voie ferrée puisque nos fenêtres dominaient la gare Saint-Charles. J'ai eu la chance d'avoir un correspondant exceptionnel. Vous savez que les internes doivent avoir des correspondants lorsque leur famille n'est pas sur place. Dans mon cas, ce fut la famille de mon camarade de classe Maurice Recordier. Ses parents étaient pharmaciens. Son frère et lui sont devenus des médecins renommés de la faculté de médecine de Marseille. L'aîné, ami d'Henri Frenay [1], l'hébergea pendant l'Occupation. C'est chez lui que Jean Moulin rencontra Frenay pour la première fois en 1941. Le plus jeune, Maurice, remarquable professeur en rhumatologie, sera le meilleur point d'appui marseillais de nos services clandestins de 1940 à 1944.

Dans l'ambiance des Recordier, je retrouvais les mêmes sentiments, les mêmes idéaux, que ceux qui avaient impressionnés ma jeunesse. J'adorais cette ambiance bon enfant, cette simplicité de vie qui me donnait l'impression d'être le troisième fils de la famille. Je vois encore le père Recordier mettre de la glace dans un entonnoir, et verser de l'eau dessus pour

1. Henry Frenay (1905-1988). Une des figures les plus marquantes de la résistance française. Capitaine, prisonnier, il s'évade en juin 1940. Résistant de la première heure, il contribue à la création du réseau Combat et du journal du même nom, ainsi qu'à la fondation de l'Armée secrète. Il sera l'un des trois chefs des Mouvements unis de la Résistance, et membre du Comité français de libération nationale. Il entre en 1943 dans le gouvernement provisoire de De Gaulle à Alger pour y rester jusqu'en 1945 et devenir à la Libération ministre des prisonniers, déportés et réfugiés.

me donner à boire frais ; allant chercher un melon, le reniflant avant de nous dire : « Je m'y connais ! Vous pouvez manger celui-là ! » J'allais donc chez eux quand je pouvais sortir et que je ne pouvais pas aller au Frioul. Là effectivement j'ai pris contact avec la ville de Marseille. Elle m'a impressionné, par son cadre, par sa vie, par sa turbulence. Il y a un épanouissement de l'existence dans Marseille qu'on ne retrouve nulle part ailleurs. Un soleil fréquent, un ciel relativement pur que nettoie le mistral quand il commence à se souiller ; il y a la mer que j'adore ; un port qui à l'époque était le grand port de la Méditerranée et le plus important de France... Quelquefois j'avais la tentation d'aller passer des heures sur ce port, d'admirer les grands paquebots qui partaient vers la Chine, l'Indochine, Madagascar... Les paquebots des Messageries maritimes qui allaient dans tous les coins du monde ; ça fait rêver !

En dehors de la famille Recordier, je me suis fais quelques autres amis au Cercle des Phocéens où j'allais faire de l'escrime. J'abordais là un milieu plus fermé, supérieur à ma condition personnelle, car le Cercle des Phocéens était très huppé. J'y avais accès en raison de mes qualités physiques et surtout d'escrimeur. J'ai fait, très jeune, beaucoup de sport à un niveau élevé.

Pour toutes ces raisons je me suis profondément attaché à Marseille. J'aime son site : cet encadrement de collines qui sont à la fois sauvages, dures, et en même temps pleines de soleil ; son port qui sentait la saumure et grouillait d'une foule hétéroclite, Notre-Dame de la Garde !... Je suis resté fidèle à cette ville, au point qu'en 1940 j'y ai cherché refuge pour installer mes services clandestins et faire de Marseille une des plaques tournantes de notre effort de résistance. Quand je dis « notre », c'est aussi bien le service que je dirigeais que mes camarades du réseau Kléber, du camouflage du matériel. Mon enthousiasme a été contagieux et a incité le chef de ce service, le commandant Mollard, à s'installer à côté de moi pour l'animer.

Quand j'étais interne, j'avais des camarades venant d'horizons divers. En math élém., j'étais devenu un bon élève. Je raflai quelques prix. Surtout en maths ! Mon rival était le fils d'un entrepreneur de Roquevaire chez qui j'allais de temps en temps au lieu d'aller au Frioul quand la mer était trop mauvaise. Je trouvais là aussi, comme chez les Recordier, une vie de famille d'une grande cordialité, d'une grande générosité. J'avais entre seize et dix-huit ans. Tout cela vous marque d'une façon indélébile ! Une grande partie de ma jeunesse a évolué dans ces milieux marseillais, où je vais de temps en temps et où je me retrouve toujours avec beaucoup de joie.

– Le cosmopolitisme de la ville se retrouvait dans l'internat ? Il y avait des gens qui venaient des colonies ?

– Il y avait des camarades qui venaient de loin et d'un peu partout. J'ai toujours eu non pas un sentiment de pitié mais une faiblesse affective à l'égard de ces Noirs qui venaient dans notre établissement faire des études difficiles, essayant de s'adapter au climat, à notre vie trépidante, à notre nourriture. Je me souviens d'un brave garçon de Madagascar dont je n'ai plus le nom dans la tête. Nous étions très liés. Il recevait une fois où deux par mois de ses parents un appoint de nourriture sous forme de manioc. Il m'en donnait. J'ai aimé aider ce camarade noir qui avait beaucoup de difficultés à assimiler notre existence d'Européens. Il y avait aussi un Indochinois dans la même classe et dont le caractère était imprévisible : très susceptible, et en même temps remarquablement intelligent. Un jour nous allions en rang au réfectoire. Il était à côté de moi. Le gars devant nous se moquait de lui, disait des imbécillités. Pendant quelques minutes mon Indochinois n'a rien dit, laissant passer l'orage. Il y a eu un temps d'arrêt, un silence, puis un bruit sec avant que le mauvais plaisantin ne s'écroule, K.O., à nos pieds. D'un uppercut d'une rare violence, l'Indochinois, sans un mot, venait de se venger. Je découvrais soudainement la nature profonde de ces Asiatiques qui encaissent avec le sourire et qui, à un moment donné, peuvent exploser avec violence !... Je n'étais pas tellement lié avec lui. J'ai toujours eu l'impression qu'il surmontait les difficultés avec facilité. Mon protégé, c'était le Noir.

– Il n'y avait pas de musulmans, des gens qui venaient d'Afrique du Nord ?

– Il y en avait sûrement mais je ne les ai pas connus. Par contre j'ai connu les musulmans quand je suis entré au 21e régiment de tirailleurs algériens, à Épinal, à ma sortie de Saint-Cyr.

– Après le lycée Saint-Charles, vous avez préparé Saint-Cyr dans une classe spéciale qu'on appelle une « corniche »... ?

– J'ai changé d'établissement après le baccalauréat math élém. J'ai préparé Saint-Cyr à la « corniche » de Marseille qui, elle, était installée au lycée Garibaldi, plus au centre de la ville. Nous étions une dizaine. Dans les premiers mois, un de nos prédécesseurs à l'école de Saint-Cyr est venu nous voir en tenue : il s'appelait Fassy. Il était élégant, charmeur. Il nous a dépeint la vie à Saint-Cyr comme quelque chose de merveilleux, et nous a confortés dans notre désir de poursuivre nos études dans cette voie. Mes camarades n'ont pas tous eu la même chance que moi : il y en a trois seulement sur dix qui ont été reçus en 1925. À côté des corniches des lycées militaires qui avaient une formation tout à fait adaptée et déjà une orientation militaire affirmée, il y avait d'autres corniches, « civiles », beaucoup plus importantes et, je crois aussi, d'un niveau d'enseignement supérieur au nôtre. C'est ce qui explique le déchet qu'il y a eu dans notre corniche : trois sur dix, ce n'était pas brillant ! Mais il faut dire que le concours, bien qu'étant moins compliqué qu'aujourd'hui, était tout de même d'un niveau assez élevé. Nos professeurs faisaient tout ce qu'ils pouvaient pour bien nous préparer.

– Vous receviez un enseignement vraiment particulier ?

– Oui !... On poussait sur les maths, la physique et la chimie, beaucoup sur l'histoire et la géographie. Je me souviens d'une question qui m'a été posée à l'oral et à laquelle j'ai répondu miraculeusement. Le professeur m'a demandé où se situait le Kyffhaüser... Les questions étaient aussi pointues que cela !

– Et c'est quoi, le « Kyffhaüser » ?

– Une colline de Thuringe d'environ cinq cents mètres dont le nom provient d'une légende. Elle se situe au sud de la ville de Halle. Mais il ne m'avait pas posé que cette question-là à propos de l'Allemagne ; comme il avait vu que je connaissais assez bien mes sujets, il m'a poussé dans mes retranchements.

– Qu'est-ce que peuvent avoir à faire les mathématiques avec le métier militaire ?

– C'est une formation du raisonnement. Je crois que la culture mathématique pose l'esprit, l'oblige à raisonner, force à la précision. La formation mathématique est plus positive, plus près des réalités. J'avoue que j'aimais les maths ; j'ai été reçu à Saint-Cyr grâce à ça, parce que pour le reste !... J'avais une langue principale : l'allemand, et une langue secondaire : l'anglais. L'anglais, je l'ai toujours mal baragouiné ; l'allemand, j'ai passé un bon moment à le parler correctement. Maintenant, je l'ai plus ou moins oublié.

Ce qui m'a également aidé pour le concours d'entrée à Saint-Cyr, ce sont les épreuves orales. Elles portaient sur l'enseignement général mais également sur le sport ; en escrime, j'ai eu vingt sur vingt ; à l'équitation : vingt sur vingt ; en athlétisme : vingt sur vingt ; en natation : vingt sur vingt ; ce qui fait que je suis entré du premier coup à Saint-Cyr !

– Le sport peut beaucoup aider, il permet même de transgresser certaines barrières sociales !

– Pour entrer à Saint-Cyr, ce n'était pas négligeable. Cela m'a peut-être fait gagner quelques dizaines de places, parce qu'on se suivait souvent à un demi-point près.

Je me rappelle encore l'épreuve équestre. Il y avait beaucoup de candidats qui n'avaient pas eu la possibilité de s'entraîner. Ils étaient souvent ridicules et ramassaient un zéro pointé. Moi qui ne m'étais pas non plus entraîné d'une façon exceptionnelle mais qui avais une volonté de fer, j'avais quand même exécuté ce que m'avait demandé l'interrogateur. Il fallait faire plusieurs tours de manège, sauter, aller au galop. J'avais serré les fesses à tel point que, lorsque l'épreuve fut terminée, j'avais le derrière en sang ! Comme Recordier poursuivait à ce moment-là ses études médicales, c'est lui, le futur professeur, qui nettoyait mes plaies et posait des pansements.

– Vous m'avez dit tout à l'heure que vous aviez fait beaucoup de sport et même à un haut niveau...

– C'est vrai ! J'ai fait de l'athlétisme, du football, de la natation. J'ai été champion de France scolaire d'escrime à quinze ans. J'ai gagné plusieurs trophées à Saint-Cyr, et remporté le championnat de France militaire d'épée entre 1925 et 1928.

Pendant que j'étais à Marseille, ma mère m'a beaucoup incité à faire du sport. Je nageais ; j'allais de l'île du Frioul au château d'If à la nage et j'en revenais – ce qui n'est pas mal. J'étais joueur de football à l'Olympique de Marseille dont je suis resté un supporter. Mais mon sport principal était l'escrime. Des amis de ma mère lui avaient conseillé de me faire faire de l'escrime, en lui expliquant que c'était un sport noble où l'on a le respect de l'adversaire et où il faut beaucoup d'esprit de décision. Je suis donc entré dans un club bien pourvu en éducateurs mais qui réclamait encore des sacrifices financiers à ma mère.

– Nous sommes maintenant en 1925. Vous avez vingt ans. Quel regard portez-vous sur ce jeune homme que vous étiez ? Comment le voyez-vous ? Avec beaucoup d'indulgence... ?

– En dépit des apparences, j'étais d'une grande naïveté !... Elle découlait de la simplicité et de la pureté de sentiments de ma famille et de celles que je fréquentais. Adolescent, j'ai grandi hors des villes, interne dans les lycées. Si je vous disais certains détails, vous n'en reviendriez pas !

– Dites-les-moi...

– Une naïveté qui portait essentiellement sur les choses de la vie courante, sur les contraintes, les obligations de l'existence communautaire normale à laquelle je n'avais jamais participé. Je ne savais pas danser ; j'ai appris à danser à Saint-Cyr. Je ne savais pas ce qu'était la drogue, l'homosexualité, la prostitution. J'avais eu quelques aventures avec des gamines de mon âge, sans aller bien loin... ! Nourri dans les études et surtout par le sport ! Nourri de choses...

– Simples ?...

– ... simples, propres... !

– Un jeune homme sympathique ?

– Oui !... Recordier, à cet égard, était comme moi. Et pourtant il est devenu un rhumatologue de réputation internationale ! Nous étions tous les deux, dans la vie courante, d'une naïveté à couper au couteau.

– Est-ce que ça a été un avantage ou un inconvénient ?

– Cela m'a gêné dans certaines circonstances, sûrement ! Je me suis accoutumé difficilement à vivre par moi-même. Je n'ai peut-être pas su saisir certaines opportunités qui auraient été plus avantageuses pour ma carrière. Je n'ai jamais fait de calcul. Mais ça ne m'empêchait pas de m'amuser, de courir dans les stades, d'aller à droite, à gauche... Avant d'entrer à Saint-Cyr, j'avais été élevé dans une espèce de cocon que protégeait jalousement ma mère et qui m'avait préservé de beaucoup de souillures.

Je pense que la fraîcheur des sentiments de ma famille et de mes grands-parents a beaucoup influé sur mon comportement ; et aussi sur cette espèce d'enthousiasme pour les choses simples et belles de la vie. On ne fait rien sans enthousiasme. Jusqu'à ma dernière année de vie professionnelle, j'ai toujours été porté à attendre de l'enthousiasme de la part de ceux qui travaillaient avec moi. J'ai trouvé à mes débuts dans les services spéciaux un officier qui devait marquer ma destinée : je pense au général Schlesser. Il avait une foi communicative dans sa façon de comprendre sa mission ; un enthousiasme exaltant qui nous portait. Il avait fait mettre en exergue, en haut des escaliers de notre étage, cette recommandation en allemand : DER NACHRICHTENDIENST IST EIN EHRENDIENST (Le service de renseignement est un service d'honneur). Au-dessous, il y avait ces vers d'Edmond Rostand dans *La Princesse lointaine* :

L'inertie est un vice cher Erasme
Et la seule vertu est l'enthousiasme

C'était aussi une vertu que l'on cultivait à Saint-Cyr. C'est banal : on ne fait rien à fond et avec plaisir s'il n'y a pas d'enthousiasme... !

2.

LES DOUTES D'UN SOUS-LIEUTENANT

ALAIN-GILLES MINELLA – *En 1925, vous entrez à Saint-Cyr ; pourquoi ce choix ?*

PAUL PAILLOLE – J'aurais pu effectivement tenter Polytechnique. Je crois que ma mère aurait préféré. Elle aurait aimé que j'aborde une carrière plus scientifique que Saint-Cyr tout en étant une carrière d'armes.

Pourquoi j'ai opté pour cette vie militaire ? D'abord, vous l'avez compris, enfant j'ai été élevé dans une ambiance militaire et l'uniforme de mon père me remplissait d'orgueil. Ce qui a aussi pesé sur ma détermination, c'est de voir ma mère seule devant ma destinée. J'ai eu l'impression que je devais le plus vite possible la soulager et m'orienter vers une profession pour laquelle elle avait elle-même beaucoup d'intérêt et de respect. Saint-Cyr représentait un débouché intéressant pour la jeunesse – à l'époque, tous les horizons d'Afrique nous étaient ouverts – et, étant donné mes moyens intellectuels, j'avais l'impression que je pouvais assez aisément être reçu.

– Vous mettez en avant les problèmes financiers que votre famille rencontrait à ce moment-là mais, lors de

notre précédent entretien, vous avez prononcé le mot : vocation. Vous avez ressenti ce choix comme une vocation ?

– Certainement oui ! Et je pense qu'aujourd'hui, ce serait encore pareil, même avec l'évolution considérable de l'enseignement dans les écoles militaires. À Saint-Cyr, on dispense actuellement un enseignement plus poussé, plus divers, plus scientifique que celui que nous avons connu. Il y a dans la vocation du saint-cyrien, encore aujourd'hui j'en suis persuadé – quand je rencontre des jeunes je le sens bien –, une pureté et une générosité de sentiments, une élévation de pensée, un souci de servir son pays proprement... Une vocation !

Saint-Cyr est une espèce de tabernacle où l'on enferme ce qu'il y a de plus pur et de plus noble dans les vocations de défense de notre pays. Et ce sont les traditions qui entretiennent cela. Bien sûr, les comportements se sont modifiés, se sont transformés. Je suis allé à Saint-Cyr Coëtquidan il n'y a pas si longtemps, et j'ai bien vu que c'était différent de ce que nous connaissions dans les années 1920, mais il y a une tradition de base qui est toujours la même, et dont ceux qui nous ont succédé, je pense essentiellement à l'encadrement, essayent d'entretenir l'esprit. On continuera ainsi d'avoir une armée encadrée par une élite morale ayant le sens de l'honneur et l'amour de la patrie.

– Cela se pose vraiment en termes de moralité ?

– Oui, j'en suis sûr ! Mes camarades de promotion – nous étions environ trois cent vingt – ont eu les mêmes sentiments que moi. À l'heure actuelle, nous restons encore une soixantaine et nous avons les mêmes pensées profondes. Nous divergeons certainement sur l'appréciation des événements tels qu'ils se déroulent quotidiennement, mais nous sommes attachés, les uns comme les autres, à nos traditions et à ce qui fait de l'école de Saint-Cyr un creuset qu'il faut absolument maintenir tant que la France désirera avoir une armée disciplinée et inspirant la confiance et le respect de la nation. Ce n'est peut-être pas évident à long terme en fonction de ce qui va se passer avec l'Europe et les Nations unies ; tout cela risque de changer, mais pour le moment, je crois qu'il faut préserver cela même si c'est difficile. Cela vous surprend ?

– Non, pas spécialement ! On est bien obligé de constater que se prépare un retour de la morale. Est-ce un bien ou un mal, je n'en sais rien. Je me méfie simplement des excès. Je crois que ma génération a besoin d'un idéal comme la vôtre en avait un !

– Vous avez prononcé le mot exact. Nous étions très idéalistes et pour ma part je crois pouvoir dire que je le suis resté. J'ai occupé des postes importants, avec des grades somme toute modestes, en conservant cette rigueur de sentiments qui a toujours inspiré mon existence et, je crois, la confiance de beaucoup de gens, même plus âgés que moi. Ce qui ne veut pas dire que je n'ai pas mes faiblesses ! Mais sur des problèmes nationaux fondamentaux, et notamment sur le destin de notre patrie, j'ai une position intransigeante et les saint-cyriens témoignent de sa pérénnité.

– Quels souvenirs gardez-vous de Saint-Cyr ?

– J'ai découvert à Saint-Cyr un environnement que je ne soupçonnais pas. Je me suis trouvé au contact de camarades qui avaient des formations intellectuelles et physiques différentes des miennes. Le champ de recrutement – je ne crois pas que cela soit très différent maintenant – était assez limité. Un gros pourcentage de jeunes saint-cyriens était issu de familles militaires, surtout de famille d'officiers. Beaucoup de camarades étaient sortis des écoles spécialisées dans la préparation militaire. Le prytanée militaire notamment donnait un contingent important, très soudé. Un grand nombre de mes camarades venaient de milieux plus évolués, plus aisés que le mien. Je crois que ce qui m'a permis de m'assimiler rapidement, c'est mon bon caractère et ma jovialité. L'escrime était aussi un dérivatif important. À Saint-Cyr, le fait d'être un escrimeur de qualité était extrêmement prisé aussi bien par les instructeurs que par les élèves. Je me suis vite imposé comme le meilleur escrimeur de l'école. J'y ai gagné une sorte de prestige qui a effacé dans une certaine mesure cette timidité qui était la mienne en pénétrant dans ce milieu nouveau... et par certains côtés un peu fermé !

– *Un peu snob ?...*

– Le mot est peut-être trop fort... ! Dans les premiers mois à l'école, il y avait des sortes de clans formés de camarades issus des écoles spécialisées ou de corniches importantes... Je ne veux pas dire que ces camarades étaient réservés à mon égard, ce n'était pas cela du tout !... C'était leur milieu. Je comprenais qu'ils se fréquentent et restent entre eux. Nous étions un certain nombre d'origines diverses qui n'avions pas la possibilité d'y pénétrer. En définitive, je n'ai trouvé chez tous que d'excellents camarades. L'avenir a montré que nous étions forgés dans le même creuset. Ce « nivellement » opéré à Saint-Cyr était très efficace. Je veux dire par là que la formation du saint-cyrien, qu'elle soit morale, militaire, technique, est toujours élevée et uniforme.

Je revois l'enthousiasme de mes camarades, et par conséquent le mien !... C'était la grande époque des épreuves coloniales. Ma promotion s'appelle d'ailleurs *Maroc et Syrie*. L'enthousiasme pour cette période et pour tout ce que représentait l'aventure coloniale était communicatif ; les uns étaient pour la coloniale, les autres pour les régiments d'Afrique du Nord – je pense aux tirailleurs, à la Légion étrangère, etc. Je me souviens de l'intérêt que nous portions à toutes les difficultés que la France éprouvait à l'extérieur de ses frontières et notamment au Maroc puisque c'était l'époque où effectivement il y avait des révoltes là-bas...

– *C'était la fin de la guerre du Rif*[2] *à ce moment-là ?*

– Absolument ! Bournazel[3] était le héros de légende devant lequel nous nous inclinions tous ! Nous rêvions de ces grands espaces, de ces déserts hantés par les Touaregs, de ces rezzous, de ces élans généreux qui guidaient nos soldats dans une période difficile pour la France, celle de la pacification de l'Afrique et tout particulièrement du Maroc et de la Syrie. Le rôle de l'officier qui allait être le nôtre, notamment dans ces possessions d'outre-mer, était un rôle de premier plan. Dans notre esprit c'était un rôle pacificateur, un rôle d'éducateur, de développement. Certains d'entre nous allaient avoir la chance, en Afrique Équatoriale où en Afrique Occidentale française, de developper des contrées immenses, de participer à l'organisation de ces pays et à leur expansion économique. Cette perspective les motivait plus qu'une implantation brutale et souveraine de la France. C'était ce qui dominait notre

2. Soulèvement des cultivateurs sédentaires (les Rifains) regroupés autour d'Abd el-Krim, contre la présence française au nord du maroc, en 1925. Pétain mit fin à cette guerre en 1926.

3. Henri de Bournazel (1898-1933). Officier de l'armée française tué pendant la pacification du Tafilafet (Sahara marocain). Il est une figure légendaire de la lutte contre Abd el-Krim.

esprit et j'ai mal quand aujourd'hui on parle de notre « colonialisme » avec mépris.

– Quand vous parlez de ce colonialisme et que je compare avec ce que j'ai appris, j'ai presque l'impression que nous ne parlons pas de la même chose !

– En sortant de Saint-Cyr, j'ai été affecté à un régiment de tirailleurs algériens – nous y reviendrons plus tard. Lorsque je suis arrivé dans ce régiment, j'ai été frappé de voir la façon dont se comportaient certains vieux militaires, sous-officiers ou officiers de carrière depuis longtemps, anciens sous-officiers élevés à ce rang en raison de leur façon de servir. Ils étaient certainement très disciplinés, très dévoués, très conscients du rôle social de l'officier, mais à l'égard des musulmans, ils avaient parfois des comportements brutaux, qui nous ont heurtés. En tout cas, moi, j'en ai été impressionné au point que c'est peut-être une des raisons pour lesquelles, par la suite, j'ai pris une autre orientation militaire.

Pour en revenir à Saint-Cyr, je vous dirai essentiellement deux choses : ce fut pour moi la découverte d'une société différente de celle qui avait été la mienne, et, deuxièmement, une orientation morale, civique vers une conception de mon rôle d'officier extrêmement noble.

– Est-ce que malgré tout Saint-Cyr ne fabriquait pas une caste ? N'y avait-il pas cet esprit-là à l'intérieur de l'école ? Vous ne vous sentiez pas un peu une élite ?

– Une élite militaire dans le sens noble ?... Oui, sûrement ! Il faut bien reconnaître que nous avions parfois une certaine condescendance à l'égard de nos camarades qui étaient arrivés à l'épaulette par des moyens différents des nôtres. Mais cela n'existait plus lorsque nous agissions ensemble dans les corps de troupe ; souvent ces camarades non saint-cyriens avaient des connaissances pratiques qui nous étaient très utiles et que nous respections.

– La façon dont vous en parlez me fait penser aux collèges britanniques, à Cambrige ou Oxford. Il existe une sorte d'esprit du collège ; le fait d'avoir fait ses études à cet endroit-là crée une intimité entre des gens qui viennent de milieux quelquefois tout à fait différents. Ce passage-là marque définitivement et donne la sensation d'appartenir à un même clan, à une même tribu, mais – passez-moi l'expression –, puisque nous parlons de Britanniques, une « tribu chic » !

– C'est assez juste ! Il y avait incontestablement à notre époque – peut-être cela s'atténue-t-il maintenant en fonction de l'évolution des études – l'orgueil d'être saint-cyrien. Lorsque nous défilions sur les Champs-Élysées avec notre casoar et nos gants blancs, nous étions – du moins on le croyait – les plus applaudis par la foule. Il faut dire que le défilé des saint-cyriens était toujours exemplaire, alors que nous considérions le défilé des polytechniciens comme un défilé de « banquiers » ; les employés de banque portaient autrefois des bicornes !

Malgré tout nous entretenions des liens amicaux avec nos camarades de Polytechnique. Les deux écoles se fréquentaient. Quand nous sortions le dimanche, nous allions souvent déjeuner à Polytechnique et réciproquement. Il y avait des compétitions sportives entre les deux grandes écoles, chose qui ne se faisait pas avec Saint-Maixent. Ce qui montre bien qu'il y avait une différenciation dans les origines des officiers.

– *Que représentait Saint-Maixent par rapport à Saint-Cyr ou Polytechnique ?*

– Saint-Maixent est une école de sous-officiers destinés à devenir officiers ; autrement dit, des militaires ayant acquis au cours de leur service prolongé des qualités à la fois militaires, intellectuelles, et un bagage d'instruction générale suffisant pour concourir pour l'épaulette. Les élèves sortaient au bout de deux ans d'études et devenaient, au même titre que les saint-cyriens, des officiers à part entière, et souvent de grande qualité ; une qualité aussi appréciée que celle des saint-cyriens. Mais enfin il y avait incontestablement de mon temps un complexe de supériorité qui marquait Saint-Cyr et Polytechnique. Après la guerre, on a voulu rompre cela. C'est sans doute une des raisons pour lesquelles on a fait l'école interarmes de Coëtquidan. On a mis dans le même site les deux écoles : le recrutement direct de Saint-Cyr et le recrutement des sous-officiers qui veulent devenir officiers. Les deux écoles sont sous le même toit, si j'ose dire, de façon à ce qu'il n'y ait plus cette différenciation désagréable.

Pour en revenir à mon passage à Saint-Cyr, ma deuxième année a été perturbée par une maladie : j'ai attrapé une scarlatine qui m'a forcé à être dispensé de l'enseignement pendant les deux derniers mois d'école. Je n'ai pas pu participer, comme il aurait été souhaitable, aux épreuves de fin d'année dans de bonnes conditions. Je suis sorti dans un rang modeste ; nous étions trois cent vingt et j'ai dû sortir dans les deux cents. Ce classement m'a tout de même permis de choisir une affectation qui correspondait à mes souhaits : un régiment de tirailleurs algériens, avec l'espoir de passer une partie de ma carrière outre-mer. Pour beaucoup d'entre nous c'était un rêve.

Un certain nombre de saint-cyriens, disons peut-être

un cinquième, se destinait à la cavalerie. C'était un peu une caste : on l'appelait « l'Escadron ». Le patron de notre « Escadron » était le général Bridoux. Il est devenu ministre de la guerre du maréchal Pétain en 1942. C'était une manière de brute qui nous menait la vie dure, surtout quand on n'était pas cavalier ; nous faisions tous du cheval. Il y avait donc cet « Escadron », un peu à part, et le reste de la promotion qui se destinait aux différentes spécialités de l'armée de terre. L'artillerie et le génie en principe étaient fournis par Polytechnique. La Légion étrangère était particulièrement recherchée ; toujours ce fond de rêve, ce fond d'aventure qui guidait nos aspirations. La coloniale était très prisée aussi ; les chasseurs à pied ou alpins, pour leur esprit sportif ; les tirailleurs, parce que leur vocation était outre-mer. Finalement il y avait ce qu'on appelait « la biffe », c'est-à-dire l'infanterie, où se réfugiait en général le dernier tiers des promotions. Dans la biffe, il y avait des unités d'élite qui s'étaient distinguées dans les différentes guerres, notamment pendant la guerre 1914-1918, comme les régiments de l'Est, le 15-1, le 15-2 de Colmar, etc. Ces régiments avaient incontestablement un très grand attrait. Mais enfin nous ressentions majoritairement une attraction particulière pour ce qui pouvait satisfaire nos ambitions d'aventure !...

– Cet attrait vers l'extérieur qui vous poussait en grande partie à entrer dans l'armée des « grands horizons » n'était-il pas lié aussi au fait qu'en France la fonction militaire était considérablement décriée ?

– Vous avez raison de soulever cette question et je dois dire que nous avons eu à plusieurs reprises la vision très triste de ce qu'une partie de l'opinion ressentait à l'égard des militaires et plus particulièrement des saint-cyriens. Nous allions faire des manœuvres dans des camps, notamment au camp de La Courtine dans la Creuse, et nous avions l'autorisation de sortir le samedi ou le dimanche, en tenue bien sûr !... Nous allions dans des petites villes ou des villages voisins pour nous distraire, prendre un repas un peu différent de celui de l'école. Il n'était pas rare d'être salué par des quolibets et même de nous faire insulter. C'est arrivé par exemple à Felletin dans la Creuse, à Tulle... Nous étions profondément choqués ! Cela nous faisait comprendre que l'armée n'avait peut-être pas l'estime, l'affection qu'elle aurait dû avoir. Il est certain que pour beaucoup d'entre nous, la motivation de l'affectation extérieure a été inspirée par cette impression de désaffection à l'égard de l'armée à l'intérieur du pays.

Ce problème est encore aujourd'hui majeur. Est-ce que la jeunesse à l'heure actuelle et la population française éprouvent pour l'armée l'estime et la confiance qu'elle mérite ?... Je n'en suis pas sûr ! La guerre du Golfe, comme les événements en ex-Yougoslavie ou au Ruanda, a modifié les choses dans un sens favorable. Cette guerre du Golfe, entre autres raisons, a été profondément motivée par la nécessité de mettre un terme à un régime dictatorial dangereux pour la paix dans le Moyen-Orient. Il y avait une motivation d'aspiration philosophique et humaine, qui aurait dû être celle de tout le monde, de tous les Français qui ont conscience de la nécessité d'éviter le retour de régimes qui nous ont précipités dans le désastre ! Or, qu'est-ce qui s'est passé ? On l'a dit et répété : ce sont les seuls militaires « professionnels » qui devaient se battre. Le contingent n'a pas participé à la guerre du Golfe. Ça veut dire quoi ? Que pour un objectif aussi impératif et noble que celui de mettre un terme à des régimes qui peuvent détruire la paix dans le monde, seuls des fonctionnaires ou des militaires de carrière, des soldats

« payés », ont qualité pour intervenir et se faire tuer ?... La jeunesse française n'a pas à participer à ces « croisades » ?... Elle n'a pas à se mobiliser devant ce genre de crimes contre l'humanité générés par des régimes brutaux, dictatoriaux ?... Elle n'a pas à se sacrifier pour un idéal de démocratie ?... C'est très grave !

– Oui, c'est grave !... Mais sans entrer dans une polémique, je crois qu'il n'y a pas eu que les problèmes moraux qui ont motivé cette guerre... !

– Je suis d'accord avec vous...

– Dans quelle mesure n'a-t-on pas habillé de considérations morales une action qui n'était pas purement désintéressée ?... La part des motivations n'est pas très claire !

– Vous faites allusion au pétrole, à l'impact économique de ce conflit. C'est très juste, mais vous retrouvez dans les observations que je fais le fondement de mes sentiments. Je n'en éprouve pas d'autres. Je suis désolé mais c'est comme ça ! Moi, je n'admets pas qu'on aille se faire casser la gueule pour des considérations purement économiques. Dans la mesure où l'on a présenté aux Français la nécessité de s'impliquer dans la guerre du Golfe pour démolir une dictature – alors que ça n'a pas été fait – c'est la nation tout entière qui devait être concernée !

– Je voudrais revenir à la société des années 1920-1930 et à son attitude vis-à-vis de l'armée. À cette époque-là – j'enfonce une porte ouverte – l'antimilitarisme était lié à la guerre de 1914-1918 qui avait profondément traumatisé la population. L'armée était assimilée à la guerre, non pas seulement à la défense... ?

– Pourtant la nation avait été étrillée dans tous les domaines ! Il n'était pas de famille qui n'ait payé un tribut à la guerre. Je connais peu de familles qui n'aient pas eu un mort ou un prisonnier. Évidemment, il y a eu spontanément cette réaction : « Plus de guerre !... C'est terminé !... C'est la der des der ! ». Toujours la même rengaine !... Le fait d'être militaire voulait dire pour certains que nous étions des fauteurs de guerre. Intuitivement l'opinion rejetait l'uniforme dans la mesure où l'uniforme représentait la préparation à des conflits. C'est cet état d'esprit qui a été à l'origine de ce fiasco politique qui de 1933, à partir du moment où Hitler a pris le pouvoir, jusqu'au déclenchement du conflit en 1939, a fait que nous sommes allés à la guerre dans des conditions morales déplorables et militairement désastreuses.

– On ne voulait pas du tout d'une nouvelle guerre !

– Non, on n'en voulait pas !

– Mais comment vous enseignait-on la guerre de 1914-1918 à Saint-Cyr ? Comme une grande victoire ?... On sait maintenant que de la fin de cette guerre est née une situation qui a directement conduit à la Seconde Guerre mondiale !

– Là, vous faites allusion aux traités. À Saint-Cyr, indépendamment de l'enseignement général et de la connaissance de l'armement en usage dans l'armée française – travail technique consistant à démonter, remonter, connaître le mécanisme des mitrailleuses, des canons, etc. –, il y avait un enseignement de technique militaire pure. On insistait beaucoup sur l'aspect humain, la nécessité de ne pas engager ses subordonnés dans des épreuves difficilement supportables.

Je me souviens qu'en 1926, nous avons eu une inspection du maréchal Pétain. Il est venu diriger un exercice auquel participait toute l'école. J'ai été frappé par les conclusions qu'il tirait de cet exercice : « Vous n'avez pas le droit de risquer une vie humaine sans avoir réfléchi ! Vous n'avez pas le droit de vous réfugier derrière des règlements que vous avez plus ou moins bien assimilés ! À la base de tout, il y a le bon sens, le raisonnement ! Dites-vous bien que quand vous agissez avec bon sens, avec un esprit pratique, vous trouverez toujours un article du règlement qui vous donnera raison ! » J'ai été impressionné par la simplicité de son propos. Il était encore jeune, il avait une belle gueule, de la prestance, élégant... il en imposait beaucoup ! J'avoue que sa conclusion était remarquable. En dehors des considérations tactiques : manœuvre par la gauche, manœuvre par la droite – tout cela est enfantin ! –, il y avait, à la base de son propos, la nécessité de ménager la vie des hommes. Cela découlait des conclusions du déroulement du conflit de 1914-1918, de même que l'utilisation massive des engins blindés. J'ai été surpris que, par la suite, cet enseignement ait été dilué. En 1940 notamment, dès les débuts de l'offensive allemande, on n'a pas tenu suffisamment compte me semble-t-il de ces enseignements qu'on nous donnait à l'école. Je n'ai pas fait l'école de guerre – les circonstances ne me l'ont pas permis puisque j'ai été embarqué tout de suite dans le feu du renseignement – mais est-ce que l'enseignement à l'école de guerre n'était pas un peu en contradiction avec ce qu'on nous avait appris à Saint-Cyr ?... La manœuvre massive avec encerclement telle que de Gaulle la préconisait, par exemple... En tout cas, dans les faits ça ne s'est pas passé ainsi !...

Mais pour en revenir à la question que vous posez, l'enseignement purement militaire qui nous était dispensé était donc basé sur l'économie de l'homme, l'économie du combattant, basé aussi sur une conception essentiellement défensive. La plupart des manœuvres que nous faisions étaient orientées vers les conditions d'une bonne défense, ce qui correspondait à l'orientation politique de la nation et à la préparation de la ligne Maginot. Nos fins d'études se concluaient toujours par des voyages et ma promotion est allée à Verdun. Verdun présentait, en 1927, un champ de bataille encore profondément marqué par les épreuves de 1916-1918. L'enseignement qui nous était dispensé sur le terrain, à Verdun même, portait précisément sur les conditions dans lesquelles la conception de défense de la région avait été mise en œuvre... avec les critiques, les enseignements ! L'enseignement, tout en préconisant l'économie humaine, était essentiellement tourné vers la défensive !...

– La Première Guerre mondiale est vraiment une fracture. Toute une génération a été fauchée, et les survivants ont été traumatisés !...

– Les traces ont été profondes !... La désaffection vis-à-vis de l'armée peut s'expliquer par là. C'était pourtant une armée victorieuse, qui avait tout de même fait la preuve de son patriotisme et de son esprit de sacrifice. Eh bien, au lendemain de la guerre, elle a connu cette désaffection qui était très pénible pour elle. Il fallait avoir l'âme chevillée au corps !... Voilà pourquoi une bonne partie de mes camarades, plus de la moitié, sont partis vers des horizons plus sereins et lointains !

– Le général Massu m'a résumé la chose[4] *en disant qu'à cette époque-là, l'armée « n'avait pas la cote » !*

---

4. Entretiens avec le général Massu : *Le Soldat méconnu*, collection « Trajectoire », éd. Mame, 1993.

– Elle ne l'a jamais eue sauf sur les Champs-Élysées !... Il faut être réaliste et l'admettre. Elle ne l'a pas davantage aujourd'hui... Vous croyez qu'elle a la cote, l'armée ?

– Non, je ne crois pas... Vous pensez que les Français sont profondément antimilitaristes ?

– Antimilitaristes, non ! Ils n'aiment pas le service militaire, tout simplement, cela suffit... ! J'ai été dix-huit ans maire de ma commune et j'ai vu pendant ces années des jeunes appelés se présenter à moi ; je leur ai parlé ; j'ai essayé de leur faire comprendre. Combien de fois ai-je dit à des garçons que j'estimais, dont je connaissais les parents : « Mais mon vieux, tu viens me trouver parce que je suis colonel et que j'ai peut-être encore des relations au ministère de la Défense pour te trouver une planque ou un moyen pour te dispenser de faire ton service militaire alors que c'est une chance pour toi de faire ce service militaire ! Tu peux aller en Allemagne ! Tu peux aller en coopération ! Tu peux t'ouvrir des horizons ! Apprendre ou perfectionner un métier ! » La plupart répondaient non ! Pourquoi ? En définitive, je crois qu'ils n'en savaient rien ! C'était une sorte de conformisme : « Être militaire, c'est la barbe !... On perd son temps ! »

Au début des années 1930, j'ai eu l'occasion d'encadrer des unités de réserve, des garçons venant de la région parisienne. Ils faisaient leur période de réserve et avaient une mentalité difficile, déplorable. Il n'y avait qu'une seule façon de les reprendre en main, c'était de les intéresser ! Là, nous touchons du doigt le fond du problème. Que faire pour que ces jeunes aient la sensation d'avoir appris quelque chose et que le service militaire n'a pas été inutile ? Je pense qu'à l'École, on ne nous avait peut-être pas mis suffisamment en présence de ces difficultés. Vous ne pouvez avoir un ascendant sur l'homme qui vous est confié que dans la mesure où vous démontrez que vous avez quelque chose de plus et que vous l'intéressez à des disciplines qui lui étaient jusqu'alors étrangères. J'ai bien compris la difficulté de cette mission. On ne peut pas tous les jours faire de l'exercice, marcher au pas cadencé, faire demi-tour, aller au champ de tir ou faire des exercices... ce n'est pas possible ! Il faut trouver les moyens d'intéresser autrement votre monde. Nous n'étions pas suffisamment préparés à cet aspect de notre mission. J'ai essayé de m'en sortir, je ne sais pas si j'y suis parvenu. J'ai éprouvé les plus grandes difficultés quand on m'a donné à encadrer ces militaires de la réserve du même âge que moi, sinon plus agés. Ils avaient dans la vie civile des situations et se disaient : « On va faire quinze ou trente jours de manœuvres ou d'exercices, dans quel but ? Je vais perdre mon temps. »

J'ai parfois résolu le problème. Dans mon régiment, le 21e régiment de tirailleurs, j'ai réussi à mettre sur pied des équipes de football, de rugby et de basket-ball. Je jouais avec les hommes et je n'étais pas plus mauvais qu'eux. Quelquefois même meilleur ! Cela me donnait un certain ascendant. Vous ne pouvez pas savoir l'impact que peut avoir l'éducation physique, le sport quand il est animé par un garçon qui en veut ! Ensuite je m'efforçais de les intéresser en étudiant avec eux le rôle et la constitution de l'armée, certains aspects de la guerre 1914-1918, en racontant des faits de notre histoire, en les groupant et les interrogeant sur des problèmes d'actualité, de société, etc. Je crois que j'ai réussi tout au moins pour certains. La preuve en a été que quelques militaires venus faire leur service ont rempilé et ont fait des écoles de sous-officiers.

Le problème fondamental ne peut être résolu que par la qualité et la responsabilité de l'encadrement militaire. Si l'on veut que le métier militaire soit considéré dans la nation, il faut absolument que le jeune soldat qui fait son « temps », parce que c'est obligatoire, en recueille un bénéfice. J'ai eu des appelés qui ne savaient absolument pas comment s'était terminée la guerre 1914-1918, qui ignoraient tout de la révolution russe ! Nous étions en 1928-1929 ! C'était important de leur expliquer pourquoi il y avait la Yougoslavie, les frontières telles qu'elles étaient. On leur ouvrait l'esprit ! Lorsque les choses sont exprimées simplement, les gars assis autour de vous et que vous parlez avec eux, obligatoirement vous les intéressez. Si vous avez la chance de trouver dans le lot deux ou trois gars intelligents et qui aiment raconter ce qu'ils savent, vous les faites parler, c'est passionnant ! Il faut avoir de l'imagination !

– *Quels souvenirs conservez-vous du régiment où vous avez été affecté en sortant de Saint-Cyr ?*

– C'était un régiment de tirailleurs algériens stationné en France, à Épinal et à Saint-Dié. Le 21e régiment de tirailleurs, où je suis entré comme sous-lieutenant en 1927, était jumelé avec le 1er régiment de tirailleurs algériens à Blida. Là j'ai fait de nouvelles expériences. J'ai découvert un monde tout à fait nouveau au contact d'effectifs venant d'Afrique du Nord, c'est-à-dire des musulmans. Je me suis trouvé devant une façon de vivre différente de la nôtre et j'ai découvert aussi, à ma grande stupéfaction, des vieux cadres de ces régiments ayant une conception de leur autorité qui m'a surpris... J'ai vu la rigueur avec laquelle certains gradés, qui avaient vingt ans de pratique de ces régiments, exerçaient leur autorité. Et à côté de cela, j'admirais leur professionnalisme.

J'étais dans une compagnie de mitrailleuses. Les

exercices à l'extérieur me montraient à quel point ces camarades étaient consciencieux. Ils avaient tous fait plus ou moins la guerre de 1914, avaient été affectés en Afrique du Nord et y avaient mené des opérations de guerre. J'ai vu et j'ai admiré effectivement la compétence de ces gens-là en matière de formation militaire pure, leur résistance à l'épreuve physique, etc. J'ai également été frappé par la rudesse de la discipline... Je vais vous dire : j'avais en tant que sous-lieutenant une ordonnance, un tirailleur algérien qui était précisément de Blida ; il s'appelait Srir. Ce brave tirailleur, intelligent, gentil, comprenait mes difficultés et le mal que j'avais à m'adapter à cette discipline rude. Nous faisions des raids à pied que les générations actuelles considéreraient comme des épreuves de travaux forcés.

On exigeait des militaires de l'infanterie une résistance physique exceptionnelle. Tous les ans nous allions en manœuvres à l'extérieur d'Épinal. C'était tantôt à Mourmelon, tantôt à La Courtine, tantôt à Suippes, et tout cela à pied. La première marche de ce style qui me fut imposée allait d'Épinal jusqu'à Mourmelon en passant par Toul. À peu près deux cents kilomètres. Nous faisions des étapes de quarante à cinquante kilomètres par jour. Le lieutenant, comme les hommes, marchait à pied. Le capitaine était à cheval ainsi que le commandant. À Saint-Cyr nous avions une formation physique sportive, développée, mais qui n'était pas celle du marathonien ! À la première étape, j'avais les pieds en sang. Mon ordonnance, Srir, est venu dans ma chambre ; quand il a vu mes pieds, il était effondré. Il m'a dit : « Mon pauvre lieutenant, comment on va faire ? » Et avec délicatesse, il a nettoyé mes blessures et appliqué le remède miracle qu'était le Filopode, une espèce de bâtonnet désinfectant que l'on passait sur les plaies ou les ampoules. Le lendemain je suis reparti les pieds en sang. À la longue, ils finissaient par se durcir.

C'était une dure école ! Mes Algériens eux étaient habitués à la marche, ils allaient d'un bon pas, parfois pieds nus. Ils chantaient en marchant. Ils étaient pourtant chargés, sac sur le dos : ils faisaient leurs quarante kilomètres impeccable ! Et moi, dès le premier jour !... Je ne me suis pas plaint ; le seul qui voyait ma détresse, c'était ce brave Srir. C'était dur ! Était-ce nécessaire ?... Peut-être ça m'a formé... !

– Vous vous posez la question ?

– Je ne sais pas ! En tout cas cela m'a formé à l'endurance et appris à ne pas me plaindre. Je crois qu'en définitive ce fut positif. Mais enfin je ne le préconiserais pas pour mes enfants !

– Et les musulmans, c'était une vraie découverte ?

– Absolument ! C'était un milieu que je ne connaissais pas. Je n'étais jamais allé en Afrique du Nord. Dans cette compagnie de mitrailleuses, j'ai trouvé un encadrement de carrière mi-musulman, mi-européen. Le personnel européen, dans l'ensemble, ne m'a pas fait grande impression. L'encadrement musulman était intelligent, sérieux, en général discipliné, mais déjà on sentait pointer un vif esprit critique. Surtout devant les exagérations de certains de mes camarades. Ces unités nord-africaines se sont par la suite remarquablement distinguées en Italie et en France. Ce sont les tabors marocains qui ont permis aux Alliés, à partir du mois de juin 1943, d'aller aussi vite dans la conquête de l'Italie. Ces gens-là étaient habitués à la dure, à se déplacer dans les pires difficultés, dans la montagne, dans les terrains rocailleux avec leurs mulets qui transportaient leurs bardas. C'est un peu ce que j'ai trouvé à Épinal dans ma compagnie de mitrailleuses. Le personnel que j'avais dans ma section était attentif aux soins à donner aux animaux. C'était une occupation sérieuse, importante et qui prenait beaucoup de temps, on avait trop besoin de nos mulets pour transporter le matériel.

Le contingent était constitué pour les quatre cinquièmes de musulmans venant d'Afrique du Nord, d'Algérie essentiellement. Les Kabiles étaient les plus intelligents, les plus racés, les plus agréables à commander aussi. Nous avions quelques appelés de la région parisienne destinés à aider l'encadrement de ces musulmans dont beaucoup ne parlaient pas le français. Nos sous-officiers d'origine musulmane, eux, parlaient les deux langues, et nous aidaient consciencieusement.

Les contingents musulmans que j'ai eu sous mes ordres ont toujours fait preuve de discipline, de gentillesse. Je n'ai vraiment pas éprouvé de difficultés avec eux. Les grosses difficultés sont venues parfois, je le répète, de l'encadrement européen. J'ai pu intéresser certains de ces garçons au sport, à l'athlétisme, à l'enseignement du français, etc. J'ai trouvé quelques sous-officiers français de carrière qui se sont intéressés à ce que je proposais et qui m'ont aidé. J'ai tout de même gardé une impression mitigée de mes débuts dans l'armée.

Une fois par an nous allions à Blida avec le contingent rapatrié prendre « livraison » d'une autre partie du contingent qui devait venir à Épinal ou Saint-Dié finir ses classes. Ces déplacements en masse, c'était quelque chose ! J'avais la charge de deux ou trois cents Algériens rapatriables : voyage pénible dans le train jusqu'à Marseille, voyage pénible sur le bateau ; tout mon monde était plus ou moins malade et vomissait dans les coins... On arrivait tant bien que mal à Alger. On y était encasernés dans des conditions précaires en attendant de gagner Blida où mes gars étaient libérés.

– *Vous n'aviez pas le temps de faire du tourisme !...*

– Non, pas du tout !... Vous le comprenez, tout cela n'était pas emballant. C'est à ce moment-là que le gouvernement a décidé d'encadrer plus fortement l'armée et de créer la garde républicaine mobile. La garde républicaine mobile, en 1931, était constituée par des militaires de carrière, un peu dans le style de la gendarmerie. Son rôle était de former des sous-officiers, pour encadrer les réserves en cas de mobilisation. Il y avait des tensions sur le plan extérieur, des risques, des menaces qui provenaient surtout d'Italie avec le fascisme en expansion. L'état-major était dans l'obligation d'envisager l'éventualité d'une mobilisation et donc l'encadrement des mobilisés. D'où la création de ces unités.

J'ai profité de cette création pour me porter volontaire et, après un stage à Versailles, j'ai été affecté à Lyon dans une unité formée uniquement de sous-officiers. Il fallait leur donner une instruction militaire poussée et organiser avec d'autres grandes unités une instruction militaire adaptée à une mobilisation qui pouvait être de tous les moments. C'était tellement vrai qu'en 1933, nous avons été expédiés en Corse pour assurer l'occupation et la garde d'ouvrages fortifiés. C'étaient des fortifications type « ligne Maginot » du côté de Bonifaccio et de Porto-Vecchio, dans cette partie orientale de la Corse, face à l'Italie dont on pouvait redouter des actes hostiles.

J'ai passé près d'un an en Corse avec un personnel réparti dans des forts ou dans des batteries modernes, très bien faites, mais où le confort n'existait pas, bien entendu. Bouffés par les moustiques, crevés par la malaria, nous sommes rentrés en bloc après dix à douze mois d'un séjour où nous avons découvert une nature exceptionnelle : la Corse, c'est tellement beau ! Vivre dans cette nature, même à l'intérieur de ces blocs fortifiés, dans ces senteurs âcres et parfumées de la Corse, c'était idyllique ! Sur un effectif de quarante ou cinquante hommes, la moitié a dû être hospitalisée avec moi.

Pendant mon hospitalisation, j'ai reçu un ordre de service m'enjoignant de rejoindre Mourmelon pour suivre un stage dit de « franchissement de grades ». Cela se situait fin 1934. J'ai retrouvé à Mourmelon des camarades qui venaient de tous les secteurs de l'armée de terre. Nous étions entre deux et trois cents officiers, lieutenants ou capitaines, ayant la capacité de passer au grade supérieur. On nous a imposé une série de cours, d'examens pour parfaire notre instruction et faire de nous des capitaines valables. À l'issue de ce stage d'où je suis sorti dans les premiers, on m'a demandé quelle affectation je désirais : « Vous avez un classement tel que vous pouvez solliciter une affectation soit dans l'état-major de l'armée, soit dans une école, soit dans une unité ou dans un corps de troupe... » J'ai répondu : « Pourquoi pas instructeur dans une grande école, à Saint-Cyr où à Polytechnique ? »

– L'état-major ne vous a pas tenté ?

– Non, pas du tout ! Je trouvais que l'état-major était stagnant. J'avais encore la nostalgie de mon passage à Saint-Cyr : c'était vivant, on était souvent à l'extérieur, il y avait du sport... cela correspondait davantage à mon tempérament ! Le stage terminé je suis rentré chez moi ; huit jours après j'ai reçu de Paris une affectation à l'état-major de l'armée, ce que je n'avais pas demandé. Je suis allé à Paris. Je me suis présenté boulevard Saint-Germain, ne connaissant rien d'autre. Le garde qui était à l'entrée m'a demandé avec un air rébarbatif : « Qu'est-ce que vous voulez ? » Je lui ai montré ma feuille de mutation : « État-major de l'armée, deuxième bureau. » Il m'a indiqué : « Deuxième bureau ? C'est là-haut ! » J'ai grimpé les escaliers. Je suis allé voir au « deuxième bureau » ce que l'on attendait de moi, et là un officier rigolard m'a dit : « Mais non, c'est une erreur, ce n'est pas ici, boulevard Saint-Germain. Il faut que vous alliez 2 *bis* avenue de Tourville dans une annexe ; c'est un autre deuxième bureau où vous êtes affecté. » Je me suis donc rendu au 2 *bis* avenue de Tourville où il y avait effectivement un détachement militaire. On m'a reçu d'un œil soupçonneux et on m'a conduit jusqu'à l'officier chargé des effectifs, le commandant Martin, qui a regardé sur ses états de service : « Ah oui ! Paillole ! Lieutenant Paillole ! Oui, vous êtes affecté ici mais je ne sais pas où ! Allez voir le colonel Rivet. » Voilà mon entrée dans la « maison » !

Ce fut pour moi une nouvelle découverte car je ne m'attendais pas du tout à entrer dans ces services spéciaux que j'ignorais totalement. Ce que j'avais fait dans cette fameuse garde républicaine ne m'avait pas emballé ; c'était intéressant, c'est vrai, d'avoir sous ses ordres un personnel aussi choisi que ce personnel sous-officier, mais ce n'était pas exaltant. Je n'avais donc aucune raison sérieuse de refuser cette nouvelle affectation. Je suis arrivé là ne sachant absolument pas de quoi il retournait et ce qu'on attendait de moi.

– Vous venez de me dire que ce que vous faisiez dans la Garde républicaine n'était pas particulièrement enthousiasmant ; le régiment de tirailleurs, ça n'a pas été l'enthousiasme non plus. Je repense à ce que vous disiez à propos de l'idéal, de l'envie des grands espaces qui vous avait motivé. Vous ne ressentiez pas de la déception à ce moment-là ?

– Oui, oui... un peu !

– Finalement votre carrière s'annonçait plutôt mal, presque comme un échec ?

– Échec, le mot est trop fort !... Malgré tout une certaine déception. Surtout après l'expérience dans un régiment de tirailleurs... On me proposait une nouvelle orientation, alors pourquoi ne pas la tenter ? Au surplus elle pouvait peut-être m'aider à régler mes problèmes personnels. Depuis ma sortie de Saint-Cyr, mon existence avait été pas mal chahutée, et ce d'autant plus que je me donnais totalement à mon métier. Fonder un foyer dans ces conditions m'était apparu impossible. Il me semblait que ma nouvelle carrière au sein de l'état-major de l'armée serait assez stable pour me permettre une existence familiale conciliable avec ma conception de mon devoir de soldat. La réalité, c'est que je me berçais d'illusions...

Mais là, il faut que je vous dise un mot de ma conception du devoir, en réalité innée chez moi, mais fortement imprégnée de l'ambiance qui régnait à Saint-Cyr. Vous allez comprendre avec cette anecdote : Il y avait un commandant en second à l'École, un colonel, que nous appelions « la Chichi ». Il était terrible ! Nous allions le dimanche en permission à Paris. Nous rentrions le soir par un train spécial partant de l'ancienne gare Montparnasse. On y accédait par un escalier monumental. La Chichi, monocle à l'œil et en uniforme, était souvent sur la marche supérieure pour observer nos arrivées et notre tenue. Il m'a coincé un jour : « Vous êtes nu ! Où sont vos gants ? » Je n'avais pas mis mes gants blancs. J'ai passé la nuit à la salle de police.

La Chichi nous faisait des cours d'instruction civique et de discipline militaire. Son enseignement musclé avait parfois des résonances impressionnantes et je ne crois pas être très loin de la vérité en reproduisant ses propos sur la vie familiale des officiers : « Dites-vous bien qu'un officier marié – il était, lui, célibataire – tend souvent vers zéro. Il faut savoir faire son choix entre la vie de famille et les devoirs du soldat. Le bon militaire sacrifie tout à sa fonction ! »

– Au moins vous étiez prévenu !

– C'était d'autant plus drôle que certain d'entre nous avaient des fils à la patte. Il y en avait même un ou deux qui étaient déjà mariés ! Mais on voyait bien que ces garçons étaient tiraillés entre leur passion pour leurs jeunes épouses et la destinée militaire qui allait être la leur. Ils étaient crucifiés ! Évidemment il y a un peu d'exagération dans ce que je dis mais combien de ménages de militaires sont branlants à cause des exigences de la fonction !

Cela a compté dans ma détermination à accepter cette mutation au deuxième bureau. On ne m'a pas mis le couteau sous la gorge : on m'a proposé cette affectation. Si j'avais dit non, on m'en aurait peut-être proposé une autre. Avant de donner ma réponse définitive, j'ai voulu faire le tour de la question. À l'issue de ma conversation avec le numéro deux de la « maison », celui qui est devenu par la suite le général Rivet, j'ai été séduit par les perspectives attrayantes que m'offrait cette nouvelle affectation et je l'ai acceptée. Depuis, j'ai mené une existence passionnante !... Ce fut le tournant décisif de ma vie !

– Est-ce que justement vous n'avez pas senti – nous sommes en 1935 à ce moment-là – par rapport à ce que vous aviez vécu en Corse à la montée de d'Hitler

en 1933, que des événements allaient avoir lieu et que vous seriez « bien placé » ?

– J'ai vu surtout l'aspect romanesque !... Dont d'ailleurs je me suis libéré rapidement. Bien sûr je savais ce que représentaient les régimes de Mussolini et d'Hitler, mais pas comme vous pourriez l'imaginer. Je me remets dans la situation de 1935 ; je ne sais pas si la majorité d'entre nous avait conscience du danger réel que faisaient courir le fascisme et l'hitlérisme. Quand je suis entré au « 2 *bis* », je venais des corps de troupe ; évidemment j'avais été en Corse en raison des coups de force italiens, mais je n'avais pas notion de l'ampleur du danger que représentait la situation extérieure. Je crois que je n'étais pas le seul, tout au moins dans l'armée. Je n'ai commencé à y voir plus clair que quelque temps après, fin 1935-début 1936. J'ai vu comment évoluaient l'Allemagne et l'Italie. Là j'ai eu vraiment conscience de la réalité de la situation. Jusqu'alors, croyez moi, les militaires, les officiers ne mesuraient pas la gravité et l'imminence des événements qui se préparaient.

– Je crois que personne ne les a mesurées ! Même pas les politiques !

– Quelquefois *a posteriori* des gens disent : « Nous savions ! » À mon avis ce n'est pas vrai ! Et même ceux qui étaient en mesure de connaître la situation réelle, et les véritables visées de l'hitlérisme, ne voulaient pas l'admettre, ou minimisaient l'importance du danger. En réalité, j'ai accepté cette mutation parce que c'était flatteur. Je savais que je serais nommé capitaine au choix – c'était très important pour ma carrière –, que je serais à Paris, que c'était une mission apparemment passionnante. Je ne connaissais de l'espionnage que les romans de Pierre Nord : *Double Crime sur la ligne Maginot*, etc. ; je me voyais déjà dans le rôle du capitaine Benoit ! Et puis c'était également une perspective de vie personnelle plus riche. Voilà mes motivations ! Mais ceux qui m'avaient appelé à ce poste l'avaient fait parce qu'il y avait un réel besoin d'effectifs. J'étais considéré comme un bon officier, sans aucun fil à la patte du point de vue national – c'est très très important car on ne recrutait personne ayant une famille avec des ramifications à l'étranger –, moralement ma famille était impeccable, et je ne présentais pas mal ; ça aussi comptait, je crois ! Voilà les conditions dans lesquelles je suis entré dans cette maison en 1935.

3.

AU SERVICE DU SECRET

ALAIN-GILLES MINELLA – *Vous vous souvenez de vos premières impressions en entrant dans la « maison » ?*

PAUL PAILLOLE – Pour clore notre première prise de contact, le colonel Rivet m'avait dit : « Prenez un ou deux jours pour chercher un point de chute, puisque vous n'habitez pas Paris, et revenez me voir ; nous verrons ensemble votre destinée dans cette maison ! »

Effectivement, quand je suis revenu, le colonel Rivet me paraissait beaucoup plus documenté sur moi. Il avait dû voir mon dossier et il me dit : « Je crois que la meilleure affectation pour vous est dans une section obligée de s'étoffer en raison de l'évolution de l'Allemagne : la section allemande de contre-espionnage. Venez avec moi, je vais vous présenter au chef de cette section. » Nous montons au premier étage. Au bout d'un couloir sombre, nous entrons dans un bureau où le colonel Rivet me présente le commandant de Robien, chef de cette section. Grand seigneur ; il fumait des cigarettes blondes, ça sentait bon... ! Le bureau était un peu cra-cra, digne de l'armée, vaste, austère, pas très bien éclairé, donnant sur une cour où s'ébattaient un magnifique couple de chiens-loups. Dans le fond, on apercevait le dôme des Invalides.

De Robien avait avec lui le capitaine Sérignan – qui allait passer commandant –, et un fonctionnaire civil du ministère de la Défense, Darbou, parlant l'allemand. Le colonel Rivet avait estimé nécessaire de renforcer cet effectif, d'autant plus que Sérignan devait aller faire un temps de commandement. De Robien m'a d'abord observé avec une certaine condescendance. Évidemment je ne savais rien. Et puis un lieutenant... ! Ce n'était pas vraiment digne de la maison ! Et puis il s'est rendu compte que j'étais plein de bonne volonté et que je ne demandais qu'à bien faire. Il m'a initié au travail. Sérignan surtout m'a consacré beaucoup de temps et ouvert des horizons. Il parlait couramment l'allemand. Il sortait du Centre d'études germaniques. Il m'a familiarisé avec l'étude des dossiers qui s'empilaient sur les bureaux. Bien qu'elles aient été assez fraîches avec le commandant de Robien, ces premières semaines dans la maison ne m'ont pas paru désagréables. L'ambiance était amicale ; les camarades bienveillants, accueillants. Chacun, à l'étage, restait dans son bureau, la porte fermée, et faisait son boulot. Des cloisons partout ! Obligeamment, Serignan m'a présenté aux principaux fonctionnaires civils avec lesquels notre section travaillait hors du 2 *bis* : Intérieur, Police, Affaires étrangères, etc.

Le service de contre-espionnage à l'époque était très réduit. Le patron en était le colonel Grosjean avec sous ses ordres la section allemande du commandant de Robien, une section Italie sous le commandement du capitaine Ollé-Laprune, et une troisième section qui s'occupait des autres pays. C'était vraiment peu de chose ! Il a fallu par la suite s'atteler à transformer radicalement cette organisation, ce que nous avons fait en 1937 avec le général Schlesser. Il s'est produit un événement, au début de 1936. Un beau matin, le commandant de Robien me téléphone : « Mon petit, je suis désolé, je ne peux pas venir : j'ai les oreillons ! » Les oreillons, à son âge, c'était grave ! Sérignan venait de partir, seul Darbou était toujours là. Je me suis trouvé subitement devant la lourde responsabilité de ce service à tel point que le colonel Rivet comme Grosjean m'ont dit : « On va vous donner quelqu'un, ce n'est pas possible que vous fassiez ce travail sans un adjoint. » Arrivé dans la maison depuis moins de six mois, j'en avais à peine fait le tour et fait connaissance avec mes camarades du rez-de-chaussée – S.R., techniques, administratifs, etc. – alors que l'une de mes missions était d'assurer leur protection. Si j'entrevoyais bien la nature et l'ampleur de ma mission de défense, je n'avais pas encore une vue précise des services spéciaux ennemis et notamment nazis, ainsi que de l'armée allemande.

Absorbé par l'expédition des affaires courantes – réponse aux demandes de renseignements, liaisons avec l'état-major et les administrations, étude des dossiers particuliers, etc. –, j'avais du mal à faire face en dépit de l'extrême gentillesse dont les policiers chevronnés de la Surveillance du territoire faisaient preuve à l'égard du novice que j'étais et qui faisait appel quotidiennement à eux.

Quelques jours après, le colonel Rivet me fait appeler et me dit : « J'ai plusieurs officiers volontaires pour venir dans la maison et proposés par le ministère, mais avant de prendre une décision, je tenais à vous en parler et à vous demander votre avis. » C'était d'une rare correction et fort délicat de sa part ! J'étais flatté que mon patron m'accorde une telle confiance en me laissant la responsabilité de la section allemande. Il cite les noms de plusieurs officiers et parmi ceux-là, un de mes camarades de promotion de Saint-Cyr, qui sortait d'un long congé de maladie : le capitaine Bonnefous. Entre-temps, j'étais moi-même passé capitaine. J'avais beaucoup d'estime pour Bonnefous, c'était un camarade charmant, cultivé, d'une intelligence exceptionnelle. J'ai dit au colonel Rivet : « Si vous pouvez me faire affecter Bonnefous, je suis sûr que nous nous entendrons très bien. » C'est ainsi qu'en août 1936, le capitaine Bonnefous a rejoint mon service. Nous nous sommes très bien entendus et c'est lui qui, en 1937, a pris ma succession à la tête de la section allemande lorsque j'ai pris le poste d'adjoint au chef des services de contre-espionnage. Vous le voyez, l'ambiance était tout autre que dans un corps de troupe. Les trois quarts du temps, nous étions en civil ! On avait une liberté d'action totale. On sortait librement. Il fallait aller dans les ministères, à la Sureté nationale, à la préfecture de police, voir les postes de contre-espionnage à l'extérieur, prendre des contacts avec des personnalités diverses, les inviter...

– Est-ce qu'on vous avait parlé de ces services spéciaux à Saint-Cyr ?

– Jamais ! Dans cette maison, il n'y avait pas d'autre recrutement que par cooptation ou occasionnellement, comme dans mon cas, par décision ministérielle. Ce qui est encore un peu vrai aujourd'hui, notamment pour les militaires. C'est invraisemblable mais c'est comme ça ! On ne supprimera pas l'obligation pour les officiers qui sortent des écoles de faire un stage dans la troupe ; c'est indispensable. Mais une orientation dès l'origine vers les services de renseignements, vers les services spéciaux, m'a toujours paru une nécessité. Le métier est tel qu'on ne le possède réellement bien que si l'on est formé jeune et que l'on conserve ensuite une affectation prolongée dans le même poste. Il ne faut pas croire que l'on s'improvise officier de renseignements. Il faut être initié aux exigences de la sécurité et aux techniques de la recherche, à ce que cela comporte de subtilités, de connaissance de l'adversaire, de risques ; à ce que cela comporte aussi de qualité de psychologie, de morale. C'est difficile ! De mon temps, il n'y avait dans l'armée aucune formation de base, ni spécialisation systématiquement poursuivie.

– Ce qui explique finalement que vous n'aviez qu'une vision « romanesque » de votre futur métier ?

– Exactement ! J'ai découvert un univers tout à fait nouveau, attractif ! Et puis quelle largesse d'esprit !... Vous savez, fatalement, lorsque vous êtes en uniforme, la hiérarchie militaire s'impose avec tout ce qu'elle a de contraignant, de conventionnel. Là, c'était terminé ! Maintenant que je vois les choses avec du recul, j'ai presque l'impression que j'étais entré dans la vie civile, dans une entreprise d'un ordre spécial. Avec bien sûr des patrons, des cadres, mais une formation d'esprit différente, une liberté d'action importante et nécessaire. Notre effectif était constitué essentiellement par des militaires et des civils fonctionnaires du ministère de la Défense. Le militaire qui venait dans cette maison et qui ne se dépouillait pas de sa « sangle » militaire était malheureux ; il ne réussissait pas. Il y en a qui malgré des qualités réelles ont maintenu ce corset, cette espèce de rigidité militaire. Je crois que cela n'a été bénéfique ni pour le service, ni pour eux.

– Mais il n'y avait pas d'équivalent civil en termes de renseignements ?

– Non ! Pas du tout ! C'était une grosse lacune ! Nous avons utilisé beaucoup de civils comme honorables correspondants, pour nous aider, spécialement dans les recherches autres que spécifiquement militaires. Nos fonctions, telle la mienne, étaient totalement indépendantes des hiérarchies militaires. À tel point qu'il fut parfois normal que moi, jeune commandant, je puisse utiliser les services de colonels. Dans la maison, c'était la spécialisation qui comptait, la qualité technique. La fonction s'imposait, et non le grade.

– *Vous m'avez dit que lorsque vous êtes arrivé au 2 bis, vous n'aviez pas conscience des dangers politiques qui se profilaient à l'horizon et que c'était quasiment le cas général des militaires... Les militaires sont censés être réceptifs aux dangers extérieurs... À votre avis, comment était-il possible qu'on n'ait pas cette conscience-là ?*

– Quand je suis entré dans la maison, en 1935, je connaissais bien entendu la situation de l'Allemagne, celle de l'Italie ; c'était le moment où les Italiens s'appropriaient l'Éthiopie. Les méthodes des fascistes, comme celles des hitlériens, ne nous échappaient pas. Nous en avions conscience, mais on n'imaginait pas que tout cela pouvait un jour déboucher sur le chaos que nous avons connu en 1939. Nous n'avions pas idée de l'ampleur du danger.

J'ai eu la révélation du danger que représentait l'Allemagne par une affaire d'espionnage qui aujourd'hui est peu connue mais qui a failli, à l'époque, devenir une seconde affaire Dreyfus. Elle s'était déroulée à Belfort de 1933 à 1935 et mettait en cause un intendant militaire qui s'appelait Frogé. Il avait été dénoncé par un agent de pénétration que nos services possédaient au sein de l'Abwehr[5]. Un agent de pénétration est un agent d'information, avec cette particu-

5. Service de renseignements de l'état-major allemand de 1925 à 1944.

larité qu'il a des raisons d'inspirer plus de confiance qu'un agent double susceptible de trahir les deux causes. Notre agent de pénétration, Gessmann, était autrichien d'origine, et, comme beaucoup d'Autrichiens, il était très patriote, ce qui l'avait incité à se tourner vers nous, conscient qu'il était des visées profondes de l'Allemagne sur l'Autriche.

Les révélations de Gessmann nous avaient amenés à rechercher une fuite dans l'état-major de Belfort. Le major Gombart, chef du poste de l'Abwehr de Lindau sur le lac de Constance, montrait triomphalement à ses collaborateurs des cartes françaises d'état-major, des dossiers, dont Gessmann nous avait fait une description précise. Ils portaient essentiellement sur la mobilisation de la région de Belfort, son système de défense et toutes sortes d'indications qui étaient évidemment secrètes. Nous devions rechercher quel était le personnage qui, bien placé à l'état-major de Belfort, avait pu ainsi distraire une documentation aussi importante et donner des informations aussi graves.

Un jour, grâce à Gessmann, nous apprenons qu'un personnage, travaillant également pour les Allemands de Lindau, devait venir en France prendre contact avec l'informateur de Belfort, lui porter de l'argent et en même temps recueillir ses informations. Ce personnage était un Polonais du nom de Klauss. Gessmann nous en avait fait une description physique précise avec cette caractéristique qu'il boitait. On a mis sur pied un système de surveillance et c'est ainsi qu'on a constaté que Klauss se rendait chez Frogé. Il était capitaine. Il vivait sobrement, ses dépenses n'avaient pas paru exagérées, rien auparavant ne permettait de soupçonner qu'il était l'auteur des indiscrétions qui nous avaient alertés.

À partir de ce moment, Frogé a été surveillé : sa correspondance, ses allées et venues, sa façon d'être, etc. Il a été décidé d'arrêter Klauss à son deuxième voyage en France. Il a tout de suite avoué qu'il travaillait pour les services de renseignements allemands de Lindau et que l'individu qu'il venait voir était Frogé. On arrête Frogé qui au bout d'une instruction assez rapide passe en justice. Il ne faut pas oublier qu'à cette époque-là, le crime d'espionnage n'était pas un crime, mais un délit d'opinion justiciable de la correctionnelle et passible au maximum de cinq ans de prison. Vous pouviez vendre votre pays pour cinq ans de prison ! Frogé, condamné, fait appel et la cour d'appel de Besançon, au moment où j'arrive dans la maison, confirme le jugement après avoir entendu un certain nombre de témoins. Pour bien prouver qu'il n'était pas question d'une cabale, la cour d'appel de Besançon avait autorisé les associations d'anciens combattants locales à assister aux débats. Je me souviens que c'est le président des anciens combattants de la région de Belfort et de Franche-Comté, M. Naegelen – qui fut plus tard le représentant de la France en Algérie – qui a authentifié la régularité de l'instruction et du jugement. Rien ne permettait donc d'en contester l'objectivité. Mais Frogé avait une famille et notamment un frère, lui-même officier d'un grade supérieur – il était commandant – qui, ulcéré par une telle condamnation, a tout tenté pour démontrer qu'il s'agissait, de la part des services de renseignements français et des services de police, d'une véritable machination du type Dreyfus. Il mettait en avant le caractère politique de la condamnation de son frère ; affirmant que c'était uniquement parce que les convictions de celui-ci n'étaient pas celles du haut état-major et des services de contre-espionnage français qu'il avait été condamné. Il y a eu une campagne dans

L'Œuvre[6], signée par Jean Piot, tendant à démontrer qu'il y avait des obscurités dans l'affaire, qu'un certain nombre de faits reprochés à Frogé pouvaient s'expliquer d'une façon différente, et qu'il était victime d'une machination du deuxième bureau.

Cette campagne donnait lieu à des réunions publiques au cours desquelles on vilipendait nos services, et la police. J'ai assisté ainsi à deux ou trois réunions où le commandant Frogé, le frère du condamné, exposait la situation de son frère et où certaines personnalités politiques ou journalistiques développaient les arguments en faveur du condamné de manière à en faire vraiment une affaire politique ; le tout dans ce climat hostile à l'armée dont je vous ai déjà parlé et où il était facile de trouver des alliés pour contrer les positions de l'état-major. Finalement, les arguments développés par la famille Frogé ont été détruits par ceux que nous mettions en face. Il y avait des choses que nous ne pouvions pas révéler et c'est là où résidait la difficulté de notre défense ; nous ne pouvions pas révéler l'existence de Gessmann. Le fait que nous ne pouvions nous appuyer que sur une partie de nos renseignements nous mettait en difficulté pour étayer notre défense. L'affaire s'est enfin apaisée. Je dois dire que le ministère de la Justice nous a bien défendu. Nous avons eu également l'appui du ministère de l'Intérieur dont les policiers de la Surveillance du territoire, Osvald en tête, avaient été vraiment efficaces, et leurs témoignages très objectifs. Finalement, cette affaire n'a pas eu le retentissement qu'espéraient

6. *L'Œuvre*, journal pamphlétaire, fondé en 1902. Il maintenait encore à la veille de la Seconde Guerre mondiale, sous la direction de Jean Piot et Geneviève Tabouis, un ton radical et anticlérical. *L'Œuvre* sera pendant l'Occupation, sous la direction politique de Marcel Déat, un des principaux organes de collaboration avec l'Allemagne hitlérienne. Son dernier numéro est daté du 17 août 1944.

les partisans de Frogé et le capitaine Frogé purgea sa peine de prison.

Pour moi, entré neuf dans cette maison, je me suis ainsi trouvé subitement en face de la réalité de l'espionnage. J'étais soufflé ! Je n'imaginais pas une telle ampleur ! J'ai eu conscience que j'avais en face de moi un véritable ennemi. J'ai constaté la faiblesse de notre système défensif et notamment la faiblesse des lois qui avaient pour objet de réprimer les complaisances en faveur de l'adversaire. Pour le jeune officier que j'étais et qui était devenu, malgré lui, le patron du service de contre-espionnage militaire contre l'Allemagne, ce fut la révélation de l'étendue de sa tâche : se mettre en face de son adversaire, l'Abwehr, en connaître l'importance, l'organisation, les objectifs, donc la pénétrer. D'où la politique suivie à partir de 1936 : développer une stratégie de pénétration à l'intérieur des services spéciaux allemands. On ne connaît l'ennemi que quand on est dedans ! J'avais aussi un travail à faire à l'intérieur du pays, pour organiser sa protection, lui donner des moyens appropriés au danger dont je venais d'avoir la révélation. Était-il pensable que des Français, surtout des militaires, des officiers, puissent de la sorte servir les desseins de l'adversaire, de l'ennemi ? Je dois dire que cette pénible affaire a été pour moi un enseignement et une motivation à m'engager vite et totalement dans ma mission.

Gombart a continué à travailler contre nous. Grâce à Gessmann, nous savions à peu près tout ce qu'il faisait et les conditions dans lesquelles il agissait. Nous devions préserver Gessmann. Il fallait justifier l'intérêt qu'il présentait pour Gombart et lui donner des informations dont son chef serait satisfait. De là est né un autre aspect de nos attributions : comment intoxiquer l'ennemi. Chose essentielle ! En considérant que l'ennemi a la possibilité de recueillir des renseignements vrais par toutes sortes de sources, comment le tromper et, en même temps, affirmer l'autorité de nos agents de pénétration ? Voilà une extension de ma mission, dont j'ai compris l'envergure et l'importance au fur et à mesure des années qui se sont écoulées, et plus particulièrement en 1938 et 1939.

Gessmann continuait son œuvre. Ainsi, il nous fait savoir que Gombart disposait, à l'ambassade d'Allemagne, d'un agent également en rapport avec le ministère de la Guerre allemand à Berlin. Cet informateur était, d'après nos premières informations, le plus important des agents de Lindau. C'était un journaliste accrédité auprès de l'ambassade d'Allemagne, rue de Lille à Paris. Un jour de septembre 1936, Gessmann nous a indiqué que cet espion allait suivre les manœuvres de Châlons-sur-Marne. C'étaient des manœuvres importantes suivies par des journalistes français et étrangers accrédités. Quel était ce journaliste allemand accrédité à les suivre ? Il fut assez simple, en accord avec la police, de découvrir qu'il s'agissait d'un garçon, remarquable d'ailleurs, qui s'appelait Stackelberg. Ce journaliste, outre les informations qu'il recueillait en suivant les manœuvres, communiquait à Gombart et à Berlin les renseignements qu'il surprenait à la Chambre des députés, au Sénat, ou dans les administrations françaises. À cette époque, il était facile de lire à livre ouvert les secrets français en consultant le *Journal officiel*, en écoutant les interventions des députés à la Chambre ou en suivant les réunions secrètes de certaines commissions. Stackelberg, parfaitement informé grâce aux contacts personnels qu'il avait avec des députés, et même des ministres, fournissait des informations documentées sur la politique française en matière de défense. N'y tenant plus, nous avons fini par demander à la police de mettre un terme à tout cela et Stackelberg a été arrêté.

À la suite d'un certain nombre d'échecs qui l'avaient ainsi accablés, Gombart eut la conviction, en 1937, qu'il était trahi. Il n'était pas normal qu'il ait eu une telle succession de déboires, Frogé, Stackelberg – je ne cite que les deux plus importants –, sans une trahison. Notre répression avait été terrible pour lui ! Gombart comprit que Gessmann était le coupable. Comment l'a-t-il su ? Cela ne devait pas être trop difficile étant donné l'activité débordante de notre agent. Gombart écrivit alors une lettre à Gessmann, révélatrice de l'ambiance de ce poste de l'Abwehr, du caractère et de la tristesse de Gombart limogé par sanction. Il écrivait : « Mon cher ami, je vous appelle toujours ainsi car je ne garde de vous que ce qu'il y a de bon dans mes souvenirs. Vous avez fait votre métier, vous avez réussi, quant à moi je ne suis plus rien. Vous avez été à l'origine de ma disgrâce. »

– C'était très fair-play !

– C'était assez extraordinaire ! Gombart a disparu, il a été mis à la porte de l'Abwehr qui, depuis 1935, était sous les ordres de l'amiral Canaris[7]. Il devait donner à ce service une impulsion décisive et allait se révéler un adversaire de grande classe. Voilà comment, de mon poste, j'avais pu, en quelques mois, me rendre compte de l'ampleur de notre mission et du fait que les services de contre-espionnage français étaient boiteux, très insuffisants en face de l'envahissement que nous révélait cette affaire-là. Et il y en avait d'autres !

– Quels étaient les moyens dont vous pouviez disposer ?

---

7. L'amiral Wilhelm Canaris fut le chef des services de l'Abwehr entre 1935 et 1944. Devenu hostile et suspect au régime nazi, il est destitué en 1944 par Hitler, emprisonné et exécuté en 1945.

– Pour le comprendre, il faut faire un retour en arrière et voir l'organisation du contre-espionnage en 1935.

La recherche du renseignement secret à l'extérieur de nos frontières, qu'il soit de caractère militaire, économique ou industriel, était du ressort de l'armée. On pourrait imaginer que, parce que nous étions des militaires, on ne recherchait que le renseignement militaire. Bien sûr, face à Hitler, la recherche du renseignement militaire et de défense avait une priorité – ça ne fait pas l'ombre d'un doute ! –, mais le renseignement formé de caractère politique, économique ou industriel entrait tout à fait dans nos objectifs puisque nul autre organisme ne le faisait.

Une maison à dominante civile qui couvre la recherche secrète au bénéfice de tous les départements ministériels et qui s'appelle la Direction générale de la sûreté extérieure, la DGSE, n'existait pas de notre temps. C'était bien là la preuve du mépris souverain des pouvoirs publics à l'égard du renseignement. On abandonnait aux militaires seuls, le soin de cette recherche secrète à l'extérieur. C'était l'armée, le deuxième bureau (S.R.-S.C.R.), qui avait cette charge. À l'intérieur du territoire, c'était le ministère de l'Intérieur qui avait compétence pour assurer la lutte contre les menées d'espionnage, de propagande et de sabotage. Longtemps, cette mission a été confiée à ce qu'on appelait les « commissaires spéciaux », et également aux « renseignements généraux ».

Après l'affaire Dreyfus, en 1899, il est apparu au ministère de l'Intérieur qu'en matière de contre-espionnage il fallait spécialiser des fonctionnaires et leur donner des attributions nationales. Ces policiers avaient compétence pour intervenir sur l'ensemble du pays, y compris en Afrique du Nord, puisque nous avions trois départements en Algérie. Ils ont été les premiers fonctionnaires de la surveillance du territoire, une petite cellule parisienne. Lorsque je suis arrivé dans la maison, il devait y avoir quatre ou cinq commissaires de police dirigés par un contrôleur général, M. Castaing. Ils avaient chacun un territoire de compétence, soit l'Allemagne, soit l'Italie, soit la Russie, mais surtout l'Allemagne. Ils disposaient de quelques inspecteurs de police. Devant le déferlement du travail italien et surtout allemand, c'était totalement insuffisant ! Les renseignements qui venaient de l'extérieur par notre intermédiaire allaient être décuplés en l'espace de quelques mois ! Car notre préoccupation, la mienne, autant que celle de Bonnefous, a été la pénétration à l'intérieur de l'Abwehr. Notre effort de recrutement d'agents de pénétration, complété par l'effort de recrutement de nos postes, en France et hors de France, s'est révélé rapidement très productif.

Nous avons eu, en l'espace d'un an, une masse d'informations qui, pour être exploitée utilement, méritait mieux que les quatre ou cinq policiers de la surveillance du territoire. De là, avec le futur général Schlesser qui allait prendre la tête du contre-espionnage, et me prendre en 1937 comme son adjoint, notre volonté d'obtenir de la police des moyens supplémentaires pour qu'elle puisse intervenir rapidement et efficacement. Ce fut réalisé à partir de 1938 grâce à l'appui du gouvernement et du ministre de la Guerre, Edouard Daladier. Le service de surveillance du territoire a pu installer des postes sur tout le territoire français y compris en Afrique du Nord. Parallèlement à cet effort sur le plan policier, nous avons poursuivi un effort sur le plan judiciaire. Il fallait faire admettre par le gouvernement et par le Parlement que l'espionnage n'était pas un déli politique mais une affaire criminelle. Grâce à notre insistance, une loi, malheureusement intervenue tardivement fin 1938, a révélé au pays que, désormais, trahir ou travailler pour l'étranger, et tout particulièrement pour une puissance hostile, n'était ni plus ni moins qu'un crime contre la Nation et par conséquent passible des tribunaux militaires et de sanctions allant jusqu'à la peine de mort.

Je crois vous avoir dit que notre effort de pénétration à l'intérieur de services spéciaux ennemis était réalisé à la fois par nous depuis Paris et aussi par les postes. Notre maison, qu'on appelait deuxième bureau – Service Renseignement (S.R.), Service de Centralisation de Renseignements (S.C.R.), c'est-à-dire le service de renseignement proprement dit et les services de contre-espionnage –, était indépendante du deuxième bureau de l'état-major dirigé par le colonel Gauché. Nos fournitures en matière de renseignements autres que de contre-espionnage allaient au deuxième bureau qui les exploitait avec d'autres renseignements recueillis ailleurs.

Nous disposions en métropole de postes basés aux frontières et ayant chacun des objectifs précis sur l'Allemagne. À Lille, un poste important, camouflé sous le nom de « Bureau d'Étude du Nord-Est », avait pour objectif l'Allemagne du Nord et éventuellement les contacts avec les Belges et les Hollandais. Un autre poste à Metz avait pour charge la recherche du renseignement sur l'Allemagne dans la partie sarroise et, au-delà, les pays rhénans. Ce poste avait la chance de disposer de techniciens en place depuis de nombreuses années et qui avaient été longtemps en occupation en Allemagne. Ce poste de Metz, qu'on appelait le B.R.E.M., « Bureau Régional d'Études Militaires », dirigé par un officier de qualité, Kühnmunch, était particulièrement efficace. Un officier, Doudot, était à la tête du contre-espionnage. Il s'était passionné pour cette spécialité et avait, lui aussi, développé la technique de la pénétration à l'intérieur de l'Abwehr ; on s'appuyait beaucoup sur lui. Un troisième poste, à Belfort, le « Service de Communication Militaire » (S.C.R.), avait comme objectif l'Allemagne du Sud et l'Autriche. Il était également dirigé par des officiers remarquables. Il faut rendre hommage à ces postes car ils étaient constitués d'un personnel d'une haute compétence technique, connaissant à fond l'Allemagne, sa langue, y compris ses dialectes, l'évolution du pays. Ils l'avaient suivie pratiquement au jour le jour et obtenaient un rendement exceptionnel dans leurs recherches. Voilà les trois postes qui, sous notre impulsion, mais avec des moyens qui leur étaient propres, nous aidaient dans la pénétration de l'Allemagne et de ses services spéciaux.

Au sud, à Marseille, un poste, la « Section d'Études Régionales » (S.E.R.), avait un sort curieux. Il était essentiellement dirigé sur l'Italie, mais à la suite de la politique italienne très fluctuante, il avait été convenu, fin 1933, que l'Italie et la France ne devaient plus pratiquer la recherche à l'intérieur de leurs pays respectifs, mais conjuguer leurs efforts pour observer l'Allemagne où Hitler venait de prendre le pouvoir. Il y avait en quelque sorte une trêve dans la lutte entre les services de renseignements italiens et français, trêve qui avait été officialisée par des accords secrets entre Gamelin et Badoglio[8].

---

8. Ces accords passés entre le général Gamelin, chef d'état-major de l'armée française, et le maréchal italien Badoglio concluent le long processus de rapprochement franco-italien voulu dès 1931 par Laval et Mussolini. À la suite du rétablissement par Hitler de la conscription en Allemagne en mars 1935, et devant l'urgence de la nouvelle situation qui se dessine, Badoglio et Gamelin décident une assistance mutuelle et militaire entre leurs deux pays en cas d'agression allemande. Mais les problèmes soulevés quelques mois plus tard par la question éthiopienne mettent vite un terme à cette alliance et à cette trêve franco-italiennes.

– *La trêve était-elle respectée ?*

– Elle a été malheureusement respectée par nous seuls jusqu'en 1936. Le service de renseignements italien, le S.I.M. (Servizio Italiano Militare), considérait en 1933 que l'Allemagne était un de ses objectifs. C'était la même chose pour nous. Ça n'a pas duré longtemps, Mussolini et Hitler se sont rapidement mis d'accord. L'Abwehr et les services italiens, dès les années 1934-1935, ont travaillé en commun. En 1936, nous avons constaté et dénoncé cette alliance et nous avons dû remettre en place notre organisation pour travailler sur l'Italie. La trêve a été préjudiciable à l'efficacité de notre service. Il a été obligé de reconstituer ses moyens de recherche, ce qui ne se fait pas en deux jours. C'est encore une des grandes leçons de mon passage dans la maison. Les moyens humains pour se renseigner sont irremplaçables. Il y a des secrets que vous ne pouvez recueillir que par l'homme ! C'est toujours vrai aujourd'hui ! Cela nécessite du travail, une formation, des délais. Il est incontestable qu'à partir de 1936-1937, quand le poste de Marseille a repris ses activités contre l'Italie, il a eu du mal à se remettre en route. Le personnel que l'on a utilisé n'était peut-être pas suffisamment formé au moment où a éclaté le conflit, de sorte qu'il y a eu beaucoup d'échecs et d'arrestations… Malgré tout, l'Italie était un objectif de deuxième ordre par rapport à l'Allemagne. En dehors des postes installés aux frontières, nous avions à l'étranger des agents camouflés le plus souvent dans les ambassades ou les consulats. Nous avions ainsi des correspondants précieux dans les consulats de France en Allemagne, notamment à Cologne et à Francfort ainsi, bien sûr, qu'à Berlin.

– *Vous me décrivez-là le point de départ des services secrets. Vous avez dû tout inventer, tout organiser ?*

– Il faut nuancer ce que vous dites. Incontestablement, la situation que j'ai trouvée en 1935, sur le plan défense intérieure, était insuffisante. En matière de recherche à l'extérieur, je vous ai dit la qualité des officiers qui travaillaient dans la maison depuis des années et qui connaissaient à fond l'Allemagne ; cette recherche, même avec un petit nombre d'officiers et de civils, était extrêmement efficace... exceptionnellement efficace ! Mais en matière de défense, il n'y avait rien ! L'appareil civil qui devait à l'intérieur assurer le travail avec nous était squelettique. Une vraie politique de défense contre l'espionnage, la propagande et le sabotage matériel et moral n'existant pas, il a fallu la mettre sur pied totalement ! C'est là où nous avons fait, grâce à Schlesser, en l'espace de quelques mois, un bond en avant extraordinaire !

Il y a un aspect de la défense où malheureusement nous n'avons pas obtenu de résultats suffisants – est-ce parce que nous avons manqué de punch ou parce que nous n'avons pas été écoutés par les pouvoirs publics ? Il y a peut-être des deux –, c'est en matière de propagande. C'est une chose essentielle, car là, nous sommes en plein dans ce que l'on a appelé la « cinquième colonne ». Avec de gros moyens et une redoutable technique, les services spéciaux allemands, que ce soit l'Abwehr ou les services de Ribbentrop, Goebbels et Himmler, ont mis en œuvre une politique de propagande anti-française et pro-allemande et nous avons eu en 1938 la révélation précise de l'ampleur et du danger qu'elle représentait. Il nous a été extrêmement difficile de le faire admettre aux pouvoirs publics, car on touchait à la liberté de pensée, à la liberté de parole, de la presse, à cette indifférence et ce laxisme très répandus chez nous. Nous avons eu contre nous un appareil de propagande ennemi dont la mission redoutable était de diviser les Français et de soutenir les grandes visées des puissances de l'Axe. Diviser les Français en payant grassement certains journalistes qui prônaient la politique allemande, qui faisaient croire que cette politique n'était pas dangereuse pour la France et qu'elle était orientée exclusivement contre le communisme... Diviser la France en fonction de ses diversités régionales, soudoyer le nationalisme alsacien, l'orienter, faire en sorte que ses dirigeants puissent seconder avec efficacité la politique allemande, mais aussi, être un ferment de dislocation de l'unité française. Même chose pour la Bretagne, les Basques, la Corse et l'Afrique du Nord !

Nous avons trouvé les preuves de l'existence, au sein de l'Abwehr, d'un service de sabotage moral, l'Abwehr 2, dirigé par le général Lahousen, spécialisé dans la recherche de ces différents nationalismes et dans l'aide à apporter aux dirigeants de ces mouvements. Nous nous sommes trouvés devant l'évidence d'une tentative de désagrégation de l'unité de la France, aussi bien de son unité territoriale que de l'unité de pensée. Nous avons voulu réagir à plusieurs reprises. C'est ce qui fut à l'origine de l'expulsion d'Otto Abetz [9] en 1939, expulsion qui a été violemment contrariée par l'intervention du ministère des Affaires étrangères, mais sur laquelle nous ne sommes pas revenus ! Nous avons cherché à intéresser les pouvoirs publics à cet objectif des services spéciaux ennemis ; nous avons

9. Otto Abetz (1903-1958). Enseignant, marié à une Française, il est envoyé en France pour une mission de propagande : préparer le terrain pour une « collaboration officielle ». Il devient ambassadeur à Paris à partir de juin 1940. Condamné par les Alliés en 1945, il est libéré en 1954.

voulu obtenir d'eux qu'ils prennent conscience de l'énorme danger que représentait pour la France cette activité contre laquelle il n'y avait aucune défense légale. Ce n'est qu'en 1939 que des décrets-lois, pris sur notre initiative, ont permis de réprimer ces efforts criminels de propagande, mais il était évidemment trop tard. Le mal était fait ! Et pourtant, nous avions fourni à plusieurs reprises la preuve que l'Abwehr organisait et rétribuait ces criminelles manœuvres ! Elle distribuait des sommes énormes ! Cette entreprise de subversion considérable a été couronnée de succès et s'est cristallisée en juin 1940 par la décomposition de notre opinion et le fait qu'on ait crié partout : « Nous sommes trahis ! C'est la cinquième colonne ! » Ces histoires rocambolesques d'espions qui se révélaient tout d'un coup à Toulouse ou à Grenoble, ces agents de Hitler qui jusqu'alors étaient passés inaperçus... tout ça, c'était le fruit de l'intoxication de l'ennemi ! Une véritable hallucination collective !

Si, dans le domaine du contre-espionnage, nous avons obtenu des résultats remarquables, nous avons raté, par notre faute et celle des pouvoirs publics, notre défense sur le plan psychologique et moral ; nous avons échoué dans notre lutte contre la propagande ennemie. En revanche, et je ne le dirai jamais assez, sur le plan de la recherche pure, nous avons obtenu des résultats excellents grâce à des informateurs très bien placés et à la qualité de notre personnel. Il fallait beaucoup de désintéressement, car les récompenses étaient très rares ! « On ne parlera jamais de vos succès, par contre, on retiendra toujours les quelques bavures que vous pourrez provoquer ! » nous répétait notre patron. À la veille du déclenchement du conflit, sur les plans de la recherche, de la connaissance des intentions hitlériennes et mussoliniennes, sur leur politique d'armement, sur le développement de la Wehrmacht, ses objectifs, les objectifs même de Hitler, nous avons été orfèvres ! Et j'en parle avec d'autant plus de chaleur que je n'y suis pas pour grand chose !

Dans le domaine pur du contre-espionnage, j'y reviens, nous avons eu des résultats tels qu'en 1939, au moment où la guerre a éclaté, le chef du deuxième bureau du groupe d'armée allemand de l'Ouest, orienté sur nous, le général Liess, a pu écrire : « Nous n'avions pas d'informations sur ce qui se passait en France, et la mobilisation a été enveloppée d'une mer de nuages... » Ce qui veut dire qu'à la mobilisation de 1939, nous avions purgé le pays de ses traîtres ainsi que des collaborateurs des services spéciaux de l'Axe qui travaillaient chez nous. Je reconnais que quelquefois ce fut difficile, notamment avec les Italiens. On a eu, jusqu'à la fin du conflit, à l'égard des Italiens une politique aberrante ; on n'a jamais voulu les « chatouiller » sous prétexte que ce n'était pas la peine d'ajouter à la Wehrmacht le risque d'avoir sur les reins, dans les Alpes, l'armée italienne. Alors on les a ménagés. Pendant toute la « drôle de guerre », les consulats italiens situés dans la zone des armées, que ce soit à Lille, Metz, Charleville ou ailleurs, ont continué de fonctionner, au bénéfice de l'Abwehr. Et nous le savions ! Chaque fois que nous avons demandé qu'ils soient supprimés, nous avons essuyé des refus. Quand je pense encore à tout cela, j'en suis outré !

– C'était une carence évidente du pouvoir politique ?

– ...dites une faute du pouvoir politique, qui cherchait jusqu'à la dernière minute à se concilier les Italiens. Je vais vous en donner un exemple. En dépit de tout ce que nous recevions comme recommandations pour ménager les Italiens, nous avions provoqué les arrestations de certains d'entre eux installés en France et travaillant pour les services de renseignements de nos voisins. En 1939 et en 1940, le service de contre-espionnage italien, qui était remarquable, a arrêté, en Italie et en l'espace de quelques mois, une trentaine d'agents du service de renseignements français. Nos recherches dans ce pays en étaient terriblement compromises. Comme les Italiens sont toujours prêts à des *combinazione*, au cours des mois d'avril-mai 1940, ils ont demandé, par l'intermédiaire du ministère des Affaires étrangères, qu'il soit possible de faire un échange de prisonniers. Il y avait, à Turin, un officier des carabiniers, francophile, qui avait arrêté la plupart de nos compatriotes : le major Navale. Le gouvernement italien, après avoir reçu l'accord du gouvernement français sur le principe de l'échange, avait décidé de lui confier la négociation pour l'échange des prisonniers. Parallèlement, en France, j'ai été désigné pour mener à bien cette négociation. Nous sommes fin mai 1940 et ces tractations tiennent à cœur au gouvernement français qui ne veut surtout pas indisposer les Italiens. Il espère toujours qu'ils ne prendront pas part au conflit. On me demande de prendre contact avec les services spéciaux italiens, en l'occurrence avec le major Navale. J'obtiens un rendez-vous dans les tous premiers jours de juin 1940. Je suis parti de Paris avec comme instructions de tout faire pour contenter l'Italien.

Je rencontre près de Menton le major Navale, qui me dit : « Mon capitaine, j'ai là une dizaine de vos compatriotes. Je suis prêt à vous les rendre si vous même, vous me donnez une dizaine d'Italiens que vos services ont fait arrêter. » On m'avait bien donné toutes sortes de recommandations, mais on ne m'avait pas donné les prisonniers ! Je réponds à Navale : « Nous sommes tout à fait disposés à pratiquer cet échange, mais je vais moins vite en besogne que vous. Je ne peux pas vous donner satisfaction tout de suite mais, si vous le permettez, je vais rentrer à Paris de toute urgence et je vous ferai savoir très rapidement quelle est la date à laquelle on peut procéder à l'échange. » Très correctement, l'officier italien m'a répondu : « Mon cher capitaine, je suis désolé... il sera trop tard ! les dispositions sont prises par notre commandement. Nous serons en guerre dans trois jours... » J'étais désarçonné. J'ai essayé de faire avancer les choses : « Est-ce que vous me permettez de téléphoner à Paris pour demander qu'on hâte la libération de vos gens et que je puisse dès demain... ?

– Demain, ce sera tangent, mais ça peut encore aller... Dans trois jours, ce sera impossible ! »

Je téléphone à Paris au colonel Rivet, je lui expose la situation et lui dis : « Je ne vous demande même pas de faire pression sur le ministère de la Justice pour libérer les Italiens, on n'y arrivera jamais ! Mais je voudrais que vous disiez au gouvernement que l'Italie entrera en guerre d'une façon certaine d'ici trois jours et ce en dépit de ce que notre ambassadeur annonce depuis Rome ! » Jusqu'au début juin, François-Poncet[10], sur la foi de ce que lui affirmait le comte Ciano, ministre des Affaires étrangères, répétait que l'Italie hésiterait à entrer en guerre aux côtés de la Wehrmarcht. C'est, je crois, ce coup de téléphone qui a enfin convaincu le gouvernement français que la position de l'Italie était définitive. Nous savions, nous, que c'était une décision arrêtée, maintenant on en avait la preuve. Je suis revenu parlementer avec Navale : « Je

---

10. André François-Poncet (1887-1978). Ancien député devenu ambassadeur de France à Berlin en 1931, jusqu'en 1938. Après un poste à Rome de 1938 à 1940, il est déporté en 1943 mais revient en 1944. Il sera de nouveau ambassadeur en Allemagne de 1953 à 1955, où il œuvrera pour la construction de l'Europe.

suis désolé, mais avant trois jours ce ne sera pas possible ! » Il m'a répondu : « Alors, voici ce qu'on peut faire : je viendrai avec des clairons, on sonnera "cessez-le-feu", et dans le no man's land on fera l'échange des prisonniers... » Rendez-vous compte jusqu'où il allait ! Nous nous sommes quittés là-dessus ! Mais vous voyez les illusions qu'entretenait encore le gouvernement français !... Alors que la réalité était là ! Évidemment, les arguments politiques et stratégiques jouaient : ouvrir un second front, ce n'était pas une éventualité réjouissante dans la période où notre armée avait montré toutes ses faiblesses à la suite de l'offensive de Sedan.

– Avant la déclaration de guerre, vous saviez qu'il allait se passer des événements. Personne n'en a tenu compte... ?

– Absolument ! En dehors des informations de nos services de recherche sur le réarmement et les intentions de l'Allemagne, nous donnions, nous, en tant que service de contre-espionnage, des précisions complémentaires. Nos agents de pénétration dans l'Abwehr étaient chargés par le service d'espionnage allemand de recueillir des informations correspondant aux intentions du commandement allemand et de Hitler. En étudiant les questionnaires, et les objectifs donnés aux services spéciaux allemands et quelquefois italiens, on se rendait parfaitement compte des objectifs de la Wehrmacht. C'est ainsi que dès les mois de mars et d'avril 1940, nous avons constaté que l'Abwehr recherchait des informations sur l'axe allant de Sedan à Abbeville. Ce sera l'axe de pénétration de l'armée allemande après la percée des Ardennes ! C'était révélateur de l'offensive allemande et confirmait les informations provenant des agents de notre S.R. C'était d'une précision étonnante : les Allemands révélaient leurs recherches susceptibles de faciliter la pénétration de la Wehrmacht en France !

– Vous vous livriez à un travail d'étude très pointu. À certains moments, avez-vous eu l'initiative dans ce combat contre l'Allemagne ? Vous avez toujours été sur la défensive ?

– Il est hors de doute que le danger du conflit venait de l'Allemagne et non pas de la France. Nous avons été dans l'obligation de donner une priorité à la défense, notamment dans le domaine de la recherche pure : connaître les objectifs de l'Allemagne, sa puissance, ses moyens, ainsi que connaître les missions de l'Abwehr, et par la suite celles des services nazis. Nous avons eu une position défensive, certes, mais qui aurait dû orienter le gouvernement, pour modifier sa politique de défense limitée à la ligne Maginot. Toutes les informations que nous recueillions depuis 1937 montraient que la ligne Maginot ne servirait à rien puisque les Allemands avaient bel et bien l'intention de passer par les ailes, d'envahir la France en passant par la Belgique, la Hollande et le Luxembourg ! Vous parliez d'initiative ? Je ne vois pas ce qu'on pouvait faire d'autre. Nous avons, au contraire, sur le plan de la recherche pris des dispositions qui ont été heureuses mais qui n'ont pas été exploitées !

– Comment l'expliquez-vous ?

– Parce qu'il est plus simple de recueillir un renseignement que de l'exploiter. C'est encore vrai aujourd'hui ! Pourquoi est-ce si difficile ? C'est toute la philosophie de l'exploitation du renseignement !

L'État disposait, pour être renseigné, de ses organismes militaires officiels : le deuxième bureau et le deuxième bureau (S.R.-S.C.R.) – ce dernier allait se transformer pendant la guerre en cinquième bureau. À une plus grande échelle, aujourd'hui, c'est la D.G.S.E. Mais l'État a d'autres moyens d'information. À l'extérieur, il a le ministère des Affaires étrangères, source de conflits avec nous d'ailleurs. Souvent, les informations transmises par nos services de renseignements ne corroborent pas celles transmises par les Affaires étrangères. Dans le cas de l'Italie dont je vous ai parlé, on voit bien que François-Poncet, notre ambassadeur, essayait par tous les moyens de relativiser le danger alors que nous, nous l'avons situé dès son apparition. Le pouvoir se trouve en face de sources diverses d'information et ne donne pas toujours la priorité aux professionnels, c'est-à-dire à ses services de renseignements. Il prête une oreille plus attentive aux informations qui vont dans le sens qu'il souhaite, et ces informations, ce sont parfois les Affaires étrangères qui les donnent ; ce sont aussi, plus souvent qu'on ne l'imagine, des services parallèles. Quel est le ministre, le député, l'homme politique qui, à un moment donné, n'a pas dit : « Oh, moi, je suis bien renseigné… j'ai Untel, j'ai ceci, j'ai cela ! » ? Alors, à l'échelon supérieur on confronte les informations des techniciens qualifiés avec les autres et ce n'est pas toujours à leur avantage.

Il y a un autre argument – ce sont des questions que j'ai approfondies car j'ai été marqué par cette période et attristé par le manque d'effet de nos renseignements sur les décisions gouvernementales – : le renseignement brut recueilli par les services spéciaux comme les nôtres ne va pas directement à celui qui doit en tirer les conséquences, c'est-à-dire au ministre de la Défense, voire au chef du gouvernement. Il passe par une série d'échelons. Dans la période de 1935-1939, le renseignement recueilli par la « maison Rivet », allait à la « maison Gauché » c'est-à-dire au deuxième bureau de l'état-major de l'armée. Le général Gauché, homme très consciencieux, avait beaucoup de considération pour l'équipe Rivet. Il n'en reste pas moins que Gauché, dans l'expression du renseignement que lui a confié Rivet et destiné à l'autorité supérieure, va intuitivement la nuancer. Il n'a pas comme Rivet, qui connaît ses sources mais ne peut pas les révéler, la conviction de la réalité, de l'importance, de la crédibilité du renseignement. Il va le communiquer à la personne qui est au-dessus de lui, en l'occurrence le chef d'état-major de l'armée de terre, en disant : « Nous venons d'apprendre… » Le chef d'état-major va demander : « Est-ce que vous considérez que c'est sûr ? » Gauché hésitera à dire oui, avec une nuance de réserve que n'avait pas Rivet. Le chef d'état-major va aller voir le ministre. Cette nuance de réserve qu'il a ressentie chez Gauché, il va l'accentuer car sa responsabilité est totale vis-à-vis du ministre ; il va dire sans conviction : « Je crois… » Et c'est fini ! Le renseignement édulcoré n'a plus la même valeur, la même puissance ! Cette accumulation d'échelons hiérarchiques stérilise la crédibilité du renseignement. Dans d'autres pays le chef des services de renseignements a accès à l'autorité supérieure et peut défendre son produit. Canaris rencontrait Keitel[11] et rencontrait Hitler ; il avait la confiance de Hitler. Menzies, le chef de l'Intelligence Service, de la même façon, rencontrait facilement Churchill et pouvait discuter avec lui de ses informations. Nous étions, en France, par la constitution même de notre appareil de recherche et d'exploitation,

11. Wilhelm Keitel (1882-1946). Devient chef du commandement suprême des forces armées allemandes en 1938, et le reste jusqu'à la capitulation de l'Allemagne qu'il signe en 1945. Le maréchal Keitel fut condamné à mort comme criminel de guerre à Nuremberg et exécuté.

dans une position de faiblesse pour imposer la réalité et la force d'une information. C'est une des raisons pour lesquelles le renseignement avant la guerre et en 1940 n'a pas eu l'impact qu'il aurait dû avoir.

– Il y avait méfiance parce que l'information venait des militaires ?

– C'est possible ! Après tout, ces militaires mettaient l'accent sur les choses de défense. C'était bien naturel ! Et cette méfiance ou cette réserve à l'égard du renseignement d'origine militaire était aggravée par le fait qu'elle allait à l'encontre des objectifs politiques du gouvernement. Pour ces diverses raisons, on commence à comprendre la stérilité de notre information.

– Aviez-vous conscience de tout ça à l'époque ?

– Bien sûr que oui !

– N'y a-t-il jamais eu de moment de découragement ou d'énervement ; l'impression que le travail que vous faisiez ne servait à rien ?

– Bien sûr que si, notamment après Munich ! À ce moment-là, nous savions que la puissance de réarmement de l'Allemagne était très supérieure à la nôtre et qu'une année ou quelques mois gagnés par l'Allemagne l'étaient au détriment de notre possibilité de victoire. La puissance de réarmement de l'Allemagne entre 1938 et 1939 était impressionnante à côté de la nôtre. Au lendemain de Munich, nous avons eu, les uns et les autres, vraiment un coup de cafard ; l'impression que nous ne servions à rien !

– Il aurait fallu faire la guerre à ce moment-là ?

– Oui, puisqu'à partir de ce moment-là, la guerre était inévitable, et ça, nous le savions. Je crois même que Daladier en était convaincu puisqu'il a écrit après la guerre ses regrets de ne pas avoir écouté « la maison Rivet-Paillole » (sic). Nous savions, à partir de Munich, que la course aux armements était perdue par nous et que Hitler irait au bout de ses intentions.

– Je voudrais que l'on s'attarde sur l'activité de l'Abwehr... N'est-ce pas la première fois que le travail d'un service de renseignements s'est développé à une telle échelle, où vraiment il y a eu au départ une volonté, très concertée, et une application parfaite ? La création de l'Abwehr, c'est une date dans l'histoire de l'espionnage ?

– Vous avez raison ! L'effort du Troisième Reich en matière d'action secrète a été un effort sans précédent. Ça ne fait pas l'ombre d'un doute ! Ce fut une surprise amère pour tout le monde ! Quand je dis « l'effort du Troisième Reich », ça veut dire, non seulement l'Abwehr, mais également les services proprement nazis et puis un autre organisme secret dont on ne parle jamais assez : le Forschungsamt.

Pour Hitler, qui prend le pouvoir en 1933, il y a une grave menace intérieure. La menace intérieure, c'est qu'il n'a pas la majorité. Il ne faut pas oublier qu'il y a une masse de chômeurs, quatre à cinq millions, qu'il y a une masse d'opposants socialistes et communistes, six ou sept millions, que l'armée observe avec un œil très critique l'accession de Hitler au pouvoir contre le maréchal Hindenburg ; Hitler, pour asseoir son autorité, va être obligé d'utiliser des méthodes exceptionnelles et brutales tout à fait imprévisibles et inconnues dans leur ampleur.

La première de ces mesures n'est pas de développer l'Abwehr ; il le fera plus tard. L'Abwehr de 1933 dépend essentiellement de l'appareil militaire, et les militaires sont réservés à l'égard de Hitler qu'ils considèrent comme un aventurier. D'accord avec Göring [12], l'idée première de Hitler en 1933 est de se passer de l'Abwehr en matière d'action secrète. Ce qu'il veut, c'est un organisme nouveau, 100 % nazi, 100 % à sa botte, et d'une efficacité terrifiante sur le plan national pour éliminer toute obstruction : d'où la création du Forschungsamt que dirigea Göring lui-même. Le Forschungsamt va pénétrer dans tous les milieux de l'Allemagne, par les écoutes téléphoniques, par le contrôle des correspondances, par les surveillances personnelles, etc. Cet organisme nouveau est constitué d'une élite du parti nazi et mis entre les mains de fanatiques. Tout de suite, il va acquérir une efficacité redoutable. C'est lui qui va être à l'origine de la création des premiers camps de concentration nazis, à Dachau et ailleurs, dès 1933. Des nazis sont installés dans les bureaux des mairies, de police, dans les bureaux de poste, téléphoniques – il n'en faut pas tellement ; peut-être deux ou trois mille au départ – et on écoute, on contrôle, on espionne. Rapidement on détermine les points d'opposition à éliminer ! C'est ainsi que l'on commence par mettre dans les camps de concentration non seulement les communistes, mais les éléments les plus actifs de l'opposition de droite, y compris les catholiques !

Ce Forschungsamt par la suite va se développer. Non seulement il va poursuivre ce travail de recherche à l'intérieur de l'Allemagne, mais il étendra ses activités à l'extérieur : il va écouter les conversations téléphoniques à l'étranger, entre l'Allemagne et la France,

---

12. Hermann Göring (1893-1946). Aviateur de la Première Guerre mondiale, membre du parti nazi dès 1922, il devient le numéro deux du régime hitlérien et prend le commandement de l'aviation militaire allemande en 1935, et le garde jusqu'en 1945. Condamné à mort à l'issue du procès de Nuremberg, il se suicide dans sa cellule en 1946.

entre la France et l'Angleterre, à l'intérieur même de la France par certaines dérivations... C'était affolant !

Cet appareillage, par une aberration qui m'a toujours surpris, n'a pas été étudié sur le plan historique à la mesure de son efficacité. Göring en parle à Nuremberg [13], mais il ne développe pas ce sujet qui n'est pas à son avantage et d'ailleurs le tribunal ne lui en demandera pas plus ! Une fois ce dispositif d'urgence mis sur pied et fonctionnant, Hitler va s'attaquer à l'Abwehr. Il remplace son chef, en 1935, par l'amiral Canaris dont il est sûr. Canaris est compétent et il n'est pas hostile au régime nazi, contrairement à ce que parfois on imagine ! Dans la mouvance du parti, dans l'entourage de Hitler, deux hommes percent de plus en plus, ce sont Himmler [14] et Heydrich [15]. Ce dernier est un ami de Canaris, il le soutient et suggère à Hitler de lui faire toute confiance. Canaris est donc mis à la tête de l'Abwehr avec la mission d'en développer considérablement les moyens et les objectifs.

---

13. À Nuremberg, haut lieu des grandes manifestations du national-socialisme des années trente, s'est déroulé, de novembre 1945 à octobre 1946, le procès intenté à vingt-quatre dirigeants et huit organisations de l'Allemagne devant un tribunal militaire international. Les accusations ont porté sur des crimes de guerre contre la paix et contre l'humanité. Furent condamnés à mort et exécutés la plupart des grands chefs nazis. Les organisations nazies, elles, furent toutes condamnées à titre collectif.

14. Heinrich Himmler (1900-1945). Homme politique allemand, adhère très tôt aux idées nazies. Il devient en 1934 chef de la Gestapo, et en 1936 chef de la police du Reich. En 1943 il est ministre de l'Intérieur. Muni des pleins pouvoirs en matière de police, il dirige la répression contre les adversaires du nazisme et organise l'extermination des juifs. Il se suicide en 1945 en pleine débâcle allemande.

15. Reinhard Heydrich est avant le déclenchement de la guerre le chef des services de sûreté (le R.S.H.A., c'est-à-dire l'Administration centrale de la sûreté du Reich). En septembre 1939, ses services se trouvent placé directement sous la dépendance de Himmler. Avec ce dernier, il constitue une machine de surveillance et de terreur qui fera de l'Allemagne un état policier.

– Avant que nous allions plus avant sur les services secrets allemands, j'aimerais que vous me décriviez les services secrets français. Quel était votre travail ?

– Il faut considérer mon travail en fonction de mes diverses affectations à l'intérieur de la maison. Je vous ai dit que dans un premier temps j'étais l'adjoint du commandant de Robien à la section allemande de contre-espionnage, dans un deuxième temps je suis devenu chef de cette section allemande et dans un troisième temps, j'ai été l'adjoint au chef de l'ensemble du contre-espionnage français. Dans les trois cas, j'avais effectivement un rôle différent, de plus en plus vaste, plus responsable.

La première phase a été brève parce que le commandant de Robien a été obligé de s'arrêter en raison de sa maladie et de son affectation en Syrie. Je passe rapidement. Quand j'ai été le patron du contre-espionnage sur l'Allemagne, j'avais un double rôle : d'une part, une sorte de travail administratif et d'autre part un travail sur le terrain. Le travail administratif consistait à assurer l'exploitation des renseignements sur les activités des services nazis d'espionnage, de propagande ou de sabotage qui parvenaient de nos différents postes, de la préfecture de police, de la Sûreté nationale, de la gendarmerie, de la douane, etc. La première chose à faire était, quand il y avait des noms de personnes en cause, de regarder dans nos fichiers s'ils étaient répertoriés, connus ; en fonction du résultat de ces investigations, on saisissait éventuellement la police, la Surveillance du territoire, la gendarmerie. Quelquefois, ces informations nous amenaient à des réflexions d'un ordre général. Par exemple, si on nous signalait qu'un suspect avait été vu sur le chantier de la ligne Maginot. Cela voulait dire qu'il avait pu y pénétrer… que le chantier était mal surveillé. Nous intervenions alors auprès des administrations de l'État pour obtenir des aménagements, des perfectionnements, des mesures de sécurité, des enquêtes... C'est ce que j'appelle le travail « administratif ». Il était considérable. Une masse énorme de courrier arrivait tous les jours. Je le dispatchais entre mes collaborateurs. Il y avait des questions fondamentales que j'étais amené à étudier en profondeur, par exemple la défense du secret ou des points sensibles. Nous suivions également les ridicules procès d'espionnage de l'époque. Quelques arrestations donnaient lieu à des informations judiciaires ; nous suivions ces procédures, ce qui nous amenait à correspondre avec les autorités judiciaires, notamment pour donner des avis d'expert et déterminer si le renseignement recueilli par tel individu qui allait passer en jugement était secret ou non.

Le travail sur le terrain consistait, dans un premier temps, à me rendre dans les postes extérieurs voir le travail de mes collègues, les orienter, les coordonner de manière à ce qu'il y ait, dans nos recherches sur l'Allemagne, une unité de travail. Étant donné l'importance que j'attachais à la pénétration des services ennemis, j'avais moi-même procédé à des recrutements d'agents que j'infiltrais dans les services spéciaux ennemis. Je ne peux malheureusement pas vous donner de noms ; certains vivent encore et leurs familles aussi. J'ai pu ainsi rencontrer des Français qui avaient le désir de servir leur pays, qui avaient conscience des dangers qu'ils courraient mais avaient par ailleurs des capacités intellectuelles bien orientées vers la recherche. Je continuais donc à traiter ces informateurs que j'appelais « agents de pénétration ». Du temps où j'étais chef de la section allemande, j'en ai recruté cinq ou six de grande valeur. Le travail avec eux se situait à un tel niveau intime, affectif et personnel, que personne ne pouvait se substituer à moi et que j'ai gardé mes relations avec eux jusqu'à la fin de la guerre.

– Le contact humain est très important dans ce métier ?

– C'est la clé de la réussite. Je voulais donner l'exemple. Mes camarades dans les postes en ont fait autant. Ce travail sur le terrain était extrêmement productif… pourquoi ? Parce qu'il nous permettait de connaître les objectifs des services de renseignements ennemis, leurs méthodes, leurs moyens et surtout les intentions de Hitler, du gouvernement allemand et de la Wehrmacht.

– Une grande partie de ces agents habitaient en France et étaient censés travailler pour l'Allemagne ?

– La plupart avaient des attaches en France, mais avaient des raisons valables de se déplacer et de travailler en Allemagne ! J'en avais un, par exemple, qui était à la tête d'une fabrique de jouets dont la production était, pour l'essentiel, vendue en Allemagne ! À Noël, de grosses commandes venaient de certaines garnisons ou d'état-majors de la Wehrmacht.

– Donc, quand il allait en Allemagne, il vous renseignait sur ce qu'il voyait et dans le même temps, il était censé renseigner les Allemands sur ce qu'il voyait en France !

– Il nous renseignait surtout sur l'Abwehr et accessoirement sur ce qu'il observait. C'était très difficile de trouver un personnel de cette qualité ! Quelquefois le hasard facilitait le recrutement. Rarement, mais c'est arrivé en deux ou trois circonstances entre 1941 et 1944, un officier français est tombé sur un recruteur allemand sans trop savoir pourquoi et nous a rendu compte. Ce fut le début d'une mission de pénétration dans l'Abwehr. Quand on a affaire à un officier sérieux, conscient de ses responsabilités, évidemment, on peut lui faire confiance. On donne suite lorsque l'on est certain que la personnalité présente toutes les garanties et Dieu sait s'il faut en donner des garanties dans une mission de ce genre ! Lorsqu'un agent de pénétration revenait de mission en Allemagne avec une cargaison de questions posées par l'Abwehr, il ramenait également l'argent que lui donnaient les Allemands. Quelquefois c'étaient des sommes énormes ! Nous rétribuions notre agent, cela va de soi, mais nous gardions cet argent sale qui nous permettait ensuite de travailler sur l'Allemagne !

C'est un métier difficile à comprendre, encore plus difficile à assumer, mais il est capital ! Si vous n'avez pas d'agent de pénétration dans les services adverses, vous ne saurez jamais la réalité de leurs activités et les intentions de l'ennemi !

– Je suppose que les Allemands faisaient la même chose ?

– Bien sûr ! Mais je peux vous assurer que nos services étaient difficilement pénétrables. Vous savez que chez les Anglais, il y a eu quelques traîtres dans l'Intelligence Service, notamment au bénéfice des Soviets.

– L'affaire Philby, Mac Lean, etc.

– En avez-vous connu en France ?

– Non !...

– Je ne parle pas sur le plan politique mais essentiellement dans nos services. Il n'y en a pas eu ! Parce que nous avons toujours eu un recrutement plus restreint, plus sélectif, toujours soumis au contrôle de notre section de contre-espionnage. Je vous ai expliqué pourquoi j'avais été choisi pour entrer dans la maison... dites-vous que ces considérations rigoureuses étaient les mêmes pour tous. Je ne crois pas que nos camarades, à l'intérieur de la maison, aient pu être à un moment donné soupçonnés d'être en contact avec des services adverses. Ce qui veut dire que notre personnel, ayant une grande qualité morale, était non seulement à l'abri de sollicitations ou tentations personnelles mais avait également, à l'égard du recrutement qu'il faisait lui-même, les mêmes soucis de rigueur, de précaution, de sûreté. On subodorait tout de suite provocateur et provocation. Nous avions avant la Guerre et jusqu'en 1943 un agent spécialisé, un agent recruteur, qui n'avait pas son pareil pour renifler les provocations, il s'appelait Lemoine, alias Rex.

– Le gigantisme de l'Abwehr était en même temps son tendon d'Achille... Eux recrutaient beaucoup trop pour être parfaitement sélectifs ?

– C'était sa faiblesse... ! Je vous ai dit qu'en 1935 Canaris avait reçu la mission du Führer de faire de l'Abwehr un grand service de recherche, de propagande, de sabotage et d'intoxication. Il a fallu épurer certains anciens hostiles au régime hitlérien et recruter, trop rapidement, un personnel nombreux sans formation et parfois sans grandes qualités morales. Vous remarquerez que la plupart des Allemands de l'Abwehr et des services auxiliaires – ici j'anticipe sur l'Abwehr en occupation en France – qui étaient en fonction à partir de 1940 étaient inférieurs à leur tâche... C'était souvent des brutes ! Ils pouvaient à la rigueur être des exécutants. Le chef du contre-espionnage de l'Abwehr en France, le colonel Reile – si mes souvenirs sont bons, il avait du être recruté en 1935 –, était sans grande envergure, un genre de cadre au chômage. Il n'avait *a priori* aucune qualité pour faire ce métier. Mis en parallèle avec des garçons comme Bonnefous, c'était la nuit et le jour. Entre les militaires de carrière que nous étions, saint-cyriens purs et durs – si l'on peut dire – et ce garçon issu du chômage provoqué par la crise économique du début des années trente en Allemagne, à la recherche de son gagne-pain et à qui l'on confie des missions aussi spéciales que le contre-espionnage, il y avait un monde !

Ce qui ne veut pas dire que l'Abwehr était constituée uniquement de ce type d'individus, loin de là, mais il est certain qu'il y a eu un recrutement pléthorique, trop rapide, qui s'est retourné contre elle.

C'est tellement vrai, que les services allemands qui sévissaient, en France, contre la résistance, les réseaux de renseignements ou d'évasion, étaient de nature très diverse – l'Abwehr bien sûr, avec sa police spéciale, la Geheimfeldpolizei, les services de gendarmerie – et travaillaient en désordre. Ce fut encore plus vrai à partir de 1942, avec le général S.S. Oberg [16], lorsque la police nazie a progressivement supplanté l'Abwehr. Souvent, on a pu échapper aux recherches parce que les services spéciaux ennemis n'avaient pas de centralisation, de politique commune et que les rivalités les opposaient. Par exemple, le colonel Bertrand, responsable chez nous des codes et de la machine Enigma, a été arrêté au début de 1944 par le Sicherheitdienst [17]. Il a eu affaire à un enquêteur de la Gestapo qui ignorait totalement sa spécialité, ce que l'Abwehr savait. Il aurait pu l'interroger là-dessus s'il avait eu recours à des

---

16. Officier général S.S., chef de la police allemande en France occupée.

17. L'équivalent de l'Abwehr pour le parti nazi. La Gestapo était un des organismes du Sicherheitdienst.

informations centralisées... pas du tout ! Bertrand a été relâché ! Nous avons eu aussi des faiblesses, mais c'est une vérité de souligner que, d'une façon générale, les services nazis ont recruté de bric et de broc pour constituer un État policier. C'est le cas de Klaus Barbie et de bien d'autres membres du Sicherheitdienst et de la Gestapo. Des brutes !

Pour en revenir à l'évolution de mes fonctions au sein de la maison comme adjoint au colonel Schlesser, j'ai eu en fait un rôle complémentaire du sien. Schlesser donnait des directives, une impulsion. C'était un homme de contact efficace, mais ce n'était pas un homme de bureau. Il répugnait à être plus de quarante-huit heures à Paris. Il allait dans les postes, il allait à l'étranger. Il y rencontrait toujours, pour le plus grand bénéfice de notre S.R., notre agent numéro un en Allemagne, Hans-Thilo Schmidt. Le rôle du chef du service du contre-espionnage français, là encore, était double. D'une part il y avait la lutte contre les services spéciaux adverses, l'Abwehr, les services italiens, éventuellement les Soviets, les Japonais. D'autre part, il y avait la protection de notre défense nationale, c'est-à-dire la mise en place de mesures préventives permettant à la France de se soustraire aux objectifs de l'ennemi. Cela veut dire surveillance des frontières, surveillance des établissements travaillant pour la défense nationale, surveillance des étrangers... toute une série de mesures qui concourent à la protection de la nation et de ses secrets.

Cette mission de protection avait deux aspects : civil et militaire. Dans le domaine militaire, il a fallu mettre en œuvre dans toutes les grandes unités, jusqu'à l'échelon régiment, de spécialistes en matière de défense, de contre-espionnage, de propagande, etc., capables de déceler ce qui pouvait être nuisible à l'armée : protection des établissements militaires travaillant pour la défense nationale, des arsenaux, protection des points sensibles. La même chose dans le domaine civil : mise en état de défense des grandes entreprises qui concourent à la prospérité du pays : car la recherche allemande ne se bornait pas au domaine purement militaire, elle s'étendait également à tous les secteurs d'activité, essentiellement l'activité économique mais aussi politique. Tout cela était centralisé entre les mains du chef de nos services de contre-espionnage. Il y avait enfin un domaine qui coiffait le tout : la protection du secret dans tous les domaines. Avec ce que cela nécessitait d'instructions, de décrets d'application. Nous devions évidemment rester en contact avec les organisations civiles et militaires qui concouraient comme nous à la défense du pays. Tout cela faisait que le rôle du colonel Schlesser, et le mien comme adjoint, étaient très divers et passionnants. Je peux vous dire que j'ai passé des nuits à travailler avec lui d'une façon très intense. Ce qui ne m'empêchait pas de continuer à traiter les quelques agents de pénétration que j'avais recrutés naguère.

– *Vous avez évoqué le colonel Bertrand, et la machine Enigma. Dans le livre que vous avez écrit*[18] *sur cette affaire, vous expliquez vos rapports avec d'autres services secrets – je pense surtout aux polonais, aux tchèques – qui eux, avaient conscience du danger, beaucoup plus que les français, car ils se sentaient menacés directement. Ils savaient très bien que c'était une course contre la montre...*

– Vous posez là, indirectement, une question sur la nature de nos rapports avec ces services alliés. Les services britanniques étaient vraiment des services frères. Nous agissions la main dans la main. Vous me demandiez

18. *Notre espion chez Hitler,* Robert Laffont, 1985.

tout à l'heure quel était mon travail dès que j'ai été muté dans la maison. J'arrivais au bureau vers huit heures. Quelquefois l'officier britannique, mon correspondant à Paris, m'attendait pour discuter d'un certain nombre de choses. Cet échange d'informations, nous le faisions en toute confiance. Nous n'avons jamais eu avec les Britanniques la moindre difficulté pour travailler ensemble. Je suis allé à Londres deux ou trois mois après ma prise de service faire la connaissance de mes camarades britanniques. J'ai été reçu fort gentiment. J'ai maintenu ces rapports amicaux à partir de 1935 et pendant toute la guerre, et même au-delà puisque actuellement, un de mes meilleurs amis en Angleterre est l'ancien numéro deux de l'Intelligence Service : le colonel Bruce Lockhart. Nous n'avons jamais eu, quelles que soient les circonstances, quelle que soit l'évolution des événements, la moindre ombre dans nos relations. Nous avons toujours maintenu des rapports étroits et confiants, mais de nature différente. Les Anglais sont les Anglais ! Je reconnais que leurs objectifs étaient, du moins dans les premières années de ma prise de fonction, un peu différents des nôtres. Leur préoccupation majeure en 1935 n'était pas l'Allemagne : c'était l'empire britannique ! Leurs services secrets y avaient en fonction une élite.

Les premiers camarades de l'Intelligence Service, M.I. 5 ou M.I. 6[19], avec qui j'ai travaillé étaient peu informés de ce qui se passait en Europe et surtout en Allemagne. Ils avaient à Paris un représentant distingué, parlant admirablement le français, le capitaine de frégate Bill Dunderdale. Il venait au moins deux ou trois fois par semaine passer quelques heures avec nous ; on déjeunait ou dînait souvent ensemble. Il nous rapportait ce qu'il savait, mais il repartait avec plus de renseignements qu'il ne nous en amenait ; car, je le

19. M.I. 5 : sécurité intérieure ; M.I. 6 : sécurité extérieure.

répète et je suis sûr de ce que j'avance, en 1935-1936, les Anglais n'avaient pas comme préoccupation majeure la situation de l'Europe et notamment de l'Allemagne. En réalité, ce n'est qu'après l'Anschluss[20] qu'ils se sont rendu compte que les informations et les avertissements qu'on leur donnait avaient un fondement très grave. Ils ont de ce fait développé leurs services européens et fait venir des gens de l'extérieur, des Indes notamment. L'officier de l'I.S. qui a été mon homologue à la section allemande de Londres, le commandant Cawguil, est venu en 1938 faire un stage chez nous pour perfectionner sa connaissance du métier ; il arrivait des Indes. Je me souviens que je l'ai mis en garde sur la façon de travailler de ses camarades en Hollande. Je savais qu'ils étaient imprudents et connaissaient mal les méthodes des nazis. Ils en furent les victimes à Venlo[21].

Les Polonais, c'était essentiellement Bertrand qui s'en occupait. On avait de bonnes relations avec l'attaché militaire de Paris. Il venait chez nous de temps en temps et réciproquement. Mais les échanges de renseignements étaient plutôt rares. Je dois dire que la Pologne a eu à un moment, avec le colonel Beck à sa tête, une politique à l'égard de l'Allemagne assez équivoque. En revanche, les Tchèques : cent pour cent effi-

---

20. Annexion de l'Autriche par l'Allemagne. En 1938, employant la pression militaire, Hitler contraint le chancelier autrichien Schuschnigg à laisser la place à Seyss-Inquart, homme politique dévoué au parti nazi. Sitôt en poste, il appelle les troupes allemandes qui occupent l'Autriche le 12 mars 1938. L'Anschluss est proclamé et ratifié à 97 % par la population des deux pays réunis.

21. Ville frontière entre la Hollande et l'Allemagne où, en 1939, les services britanniques ont été victimes d'une opération d'intoxication imaginée par les Allemands. Sous couvert de révélations, les deux responsables nouvellement nommés du bureau de l'I.S. à La Haye ont été attirés à Venlo et enlevés par les Allemands de Schellenberg (S.D.). (N.d.A.)

caces, cent pour cent confiants ! Ce fut une faute majeure d'abandonner les Tchèques. Ils avaient un service de renseignements étoffé, très bien orienté, connaissant l'Allemagne et qui travaillait avec nous. Lorsque malheureusement après Munich cette nation a été absorbée par l'Allemagne, le chef de son service de renseignements et une partie de ses officiers sont venus se réfugier en France. Ils ont été incorporés dans notre maison et avaient un statut identique au nôtre.

Les Belges pratiquaient une politique de neutralité, en dépit de tout ce qu'on pouvait leur affirmer : « Vous serez tôt ou tard les premières victimes de l'expansion hitlérienne ! » Ils voulaient garder leur neutralité ! Nos contacts étaient filandreux avec les services de renseignements et de police belges. Mais il y a toujours eu, en Belgique, des Belges conscients du danger allemand. Ils ont entretenu avec nous, malgré les instructions officielles de leur gouvernement, des rapports fructueux. Notamment dans le domaine du contre-espionnage. Les Hollandais, on ne les voyait pas non plus officiellement. À cause de leur politique de neutralité, nous avions peu de contacts ; suffisamment tout de même pour être informés de ce qu'ils savaient sur l'Allemagne. C'était un peu la même situation au Luxembourg où tout de même notre patron Rivet avait pu obtenir un organisme commun d'observation à la frontière germano-luxembourgeoise.

L'Espagne, n'en parlons pas, c'était Franco ! En revanche, nous avions recruté dans l'armée républicaine espagnole quelques anciens de son deuxième bureau. Ils ont travaillé avec nous durant la guerre et nous ont rendu des services réels. D'autant plus que la politique allemande était orientée sur l'Espagne où Canaris avait conservé de nombreuses relations.

– Est-ce que vous aviez quelquefois l'impression que c'était un espèce de match entre les Allemands et vous ?

– Une espèce de face-à-face où l'on comptait les coups ? Les hostilités étaient telles... c'était vraiment un champ de bataille. Les Allemands nous arrêtaient du monde, on leur arrêtait du monde ! Il y eut les condamnations à mort, aussi bien d'un côté que de l'autre. Chez les Allemands, dès l'avènement de Hitler, ce fut la répression sanglante qui est allée crescendo. Ils n'ont jamais cherché, même d'une façon hypocrite, à avoir un contact avec nos services. La seule chose à signaler s'est passée, je crois, en 1938 : Bömelburg – qui sera entre 1940 et 1944 le chef de la Gestapo de Paris, c'était un haut gradé dans les S.S. Police –, est venu en France prendre contact avec le ministère de l'Intérieur et la Sûreté nationale. Il a été reçu par un haut fonctionnaire français, M. Mondanel. Il a fait un appel du pied pour des échanges de renseignements sur le plan de la police judiciaire. Comme Mondanel était en rapport avec nous et qu'il avait à l'égard des services spéciaux allemands une opinion très réservée, il a compris quc c'était une manœuvre et l'a mis à la porte, littéralement ! Ce qui lui a valu d'être arrêté par Bömelburg et déporté en 1943.

4.

ASCHE

ALAIN-GILLES MINELLA – *Vous avez mentionné, au cours de notre précédent entretien, l'affaire de la machine Enigma. Vous avez écrit un livre sur cette affaire très caractéristique du travail effectué dans les services spéciaux. J'aimerais que nous l'évoquions.*

PAUL PAILLOLE – Vers la Toussaint 1931, nos services sont entrés en contact avec Hans-Thilo Schmidt, un Allemand, fonctionnaire au ministère de la Guerre à Berlin. Il était le frère cadet d'un officier d'active brillant et issu comme lui d'une très bonne famille berlinoise. Le père était proviseur dans un lycée, la mère venait de la haute société prussienne. Les enfants, en l'occurrence Rudolph, l'aîné, et le deuxième, Hans-Thilo, avaient été élevés dans une rigueur morale stricte. Tous les deux avaient fait la guerre 1914-1918 ; l'aîné brillamment puisqu'il en était sorti avec le grade de commandant et avait été immédiatement nommé à l'état-major de l'armée allemande à Berlin. Quand au deuxième fils, celui qui nous occupe, il n'avait pas connu le même sort bien qu'ayant fait une guerre honorable. Il n'avait pas trouvé, dans l'Allemagne vaincue, une situation à la mesure de ses ambitions. Il avait pourtant un diplôme d'ingénieur chimiste.

Petit à petit, avec les facilités financières que lui donnait sa famille, il s'est lancé dans une vie de débauche et dans des entreprises scabreuses qui n'ont pas abouti à des résultats satisfaisants. Fort de son titre d'ingénieur chimiste, il avait exploré diverses voies dans les cosmétiques, l'industrie chimique... tout cela n'avait pas donné grand-chose ! Son frère, au début de l'année 1931, inquiet de ses dérapages, lui avait trouvé une situation au ministère de la Guerre où il occupait lui-même le poste très enviable et important de chef du service de cryptologie, la Chiffrierstelle. Rudolph Schmidt, qui avait alors le grade de commandant, avait la responsabilité de tout ce qui touchait au secret des transmissions. Son poste était en pleine expansion, il avait besoin de personnel, et avait pris son frère avec lui. Pour Hans-Thilo Schmidt, ce fut une véritable aubaine que de plonger brutalement dans le secret le plus fermé de l'état-major allemand. Comme la vie depuis la fin de la guerre ne lui avait pas été favorable et que la société allemande faisait face à d'énormes difficultés économiques, sociales, et surtout morales, il avait délibérément glissé vers le plus facile. En constatant qu'il avait accès dans ce bureau aux secrets les plus précieux et les plus nécessaires aux transmissions de l'armée allemande, il s'était dit : « Pourquoi je ne monnayerais pas tout cela, quitte à faire un seul coup pour ensuite me retirer et utiliser cet argent pour monter une affaire et m'installer à mon compte ? »

Il s'est donc présenté à l'ambassade de France à Berlin dans le courant de l'été 1931. Il a été repoussé lorsqu'il a proposé ses services au fonctionnaire qui le recevait. Il était impossible à l'ambassade de donner elle-même une suite à l'offre de services de Hans-Thilo Schmidt. Cette offre était ni plus ni moins de livrer à la France les secrets dont il était dépositaire au sein de la Chiffrierstelle. Fort heureusement il était tombé à l'ambassade de France sur un fonctionnaire appartenant secrètement à nos services, Maurice Dejean, qui par la suite allait devenir une personnalité du monde diplomatique français. Il rendit compte immédiatement à Paris de ce contact qui paraissait intéressant. Il avait pris la précaution de suggérer à Hans-Thilo Schmidt de s'adresser directement à Paris. Il lui avait donné une adresse, 75, rue de l'Université. C'était une de nos boîtes aux lettres à l'intérieur même du ministère de la Guerre.

Hans-Thilo Schmidt, qui n'avait plus aucun scrupule ni aucune retenue, avait tout bonnement envoyé une lettre rue de l'Université pour confirmer ses offres de service. La lettre avait été expédiée hors d'Allemagne de façon à éviter la censure, ce qui prouvait déjà qu'il avait le sens du secret. Sur la base de cette lettre et sur le témoignage de notre représentant à Berlin, nos services ont décidé de donner suite à la proposition d'Hans-Thilo Schmidt. Il lui fut donné rendez-vous au début du mois de novembre 1931 au Grand Hôtel de Verviers en Belgique. Le représentant français qui le premier prit contact avec Hans-Thilo Schmidt était l'agent recruteur numéro un du S.R. français, confirmé dans ce travail depuis des années ; un Allemand d'origine, naturalisé français, qui avait fait ses preuves pendant la guerre 1914-1918 et s'était marié avec une Française. Dès qu'une personne paraissait apte à être utilisée par le S.R. ou le service de contre-espionnage, on demandait à Lemoine – « Rex » – de prendre le premier contact pour sonder la personnalité de celui qui offrait ses services. Il le faisait très bien, avec un culot monstre, une autorité exceptionnelle. Il en imposait énormément, par sa connaissance approfondie de l'Allemagne dont il était issu, de la langue allemande, et parce qu'il représentait l'état-major de l'armée française, mais aussi par sa prestance physique : il mesurait près de deux mètres, costaud avec des épaules de déménageur, et un visage expressif illuminé par des yeux bleus très clairs qui vous pénétraient. Tout à fait l'homme capable d'impressionner le Bon Dieu lui-même !

C'est dans ces conditions que la première rencontre eut lieu et que Lemoine, après avoir sondé H-T. Schmidt, conseilla à notre service de renseignements de poursuivre le contact avec lui. L'intérêt de la collaboration d'Asche – c'est le nom de code que nous lui avions donné – s'est révélé de plus en plus important à mesure que le temps passait. Il nous permettait d'obtenir sur les conditions de cryptage dans l'armée allemande les renseignements les plus secrets. Grâce à eux, il a été possible de percer le mystère de la machine à chiffrer de l'armée allemande dénommée Enigma. Elle permettait, en partant d'un texte en clair, de le transformer en un texte indéchiffrable. Pourquoi indéchiffrable ? Parce qu'il y avait, outre un réglage fréquent, toute une série de transformations à l'intérieur de la machine de sorte que si vous tapiez sur le A une première fois, le texte crypté donnait par exemple le C, si vous tapiez une deuxième fois sur le A, le texte crypté donnait le B ou le U et ainsi de suite. L'état-major de l'armée française, qui disposait d'un service du chiffre et d'un service d'interception des messages radio, n'avait jusqu'alors jamais réussi à décrypter les messages transmis par la radio et chiffrés par la machine Enigma. Dans une première phase, Asche nous a donné des éléments pour reconstituer cette machine Enigma, son mécanisme et ses secrets de réglage.

– Nous n'avions pas trouvé de système équivalent en France ?

– À ce moment non, absolument pas ! Il y a eu vers les années 1938-1939 des tentatives pour disposer d'une machine à chiffrer d'origine suédoise aussi performante mais ses essais n'ont pas été poursuivis. Dans tous les cas, les moyens dont nous avons disposé au début de la guerre en 1939 en matière de cryptage secret étaient restés à l'état de prototype. Nous n'avions pas, comme les Allemands, de moyens mécaniques de chiffrement aussi performants que la machine Enigma, reproduite en plusieurs dizaines de milliers d'exemplaires pour équiper leurs grandes unités et leurs grands services...

– Ils étaient donc très en avance !...

– C'est incontestable... ! Dans un deuxième temps, les livraisons d'Asche nous ont aidé – quand je dis nous, nous verrons qui j'entends par là – à reconstituer les réglages de la machine Enigma. Ils étaient modifiés périodiquement, toutes les semaines ou toutes les vingt-quatre ou quarante-huit heures. Ce réglage était subordonné à des contraintes que fixait le service de chiffrement chaque fois que c'était nécessaire de manière à ce qu'un adversaire ne puisse pas les reconstituer dans des délais suffisamment brefs pour les rendre utilisables. Les règles de chiffrement ainsi modifiées fréquemment, il était extrêmement difficile de procéder à des décryptements rapides lorsqu'on n'avait pas les tableaux de réglage dont disposaient les Allemands eux-mêmes.

Il y a un autre domaine où la collaboration de H.-T. Schmidt s'est vite révélée essentielle. Par les positions privilégiées qu'occupait son frère dans l'état-major puis dans la constitution de la Wehrmacht, il a pu nous donner, sur l'évolution de l'armement et les intentions du haut commandement allemand, des renseignements déterminants. Toujours très astucieux, ce garcon fort intelligent avait estimé indispensable, au moment où Hitler s'avancait vers le pouvoir, d'entrer lui-même, en 1932, dans le parti national socialiste. De sorte qu'en 1933, il avait déjà une position de couverture dans le parti nazi lui permettant d'en connaître les objectifs, les conditions de recrutement, les moyens. Il a pu nous informer de la politique des nazis. Ce qui est exceptionnel et caractérise l'importance d'un agent comme Asche, c'est qu'il couvrait une marge de l'activité allemande énorme aussi bien sur le plan technique avec la machine Enigma, que sur les plans militaire et politique. C'est ainsi qu'il nous a révélé l'existence et le rôle capital du Forschungsamt. Sans cesse, sa production est allée en augmentant et ce qui est également caractéristique dans une affaire de ce genre, c'est de constater l'évolution de la personnalité même de cet agent.

– *Au départ son intérêt est purement vénal ?*

– Au départ c'est un dépravé de haut vol qui cherche à monnayer une trahison ; car ce n'est pas autre chose ! On ne peut alors lui accorder aucun crédit sur le plan moral. D'autant moins qu'il est issu d'une famille qui ne méritait pas un tel affront. Mais petit à petit, conscient de l'importance du travail qu'il accomplissait, impressionné aussi par la qualité morale des officiers français qui dirigeaient son travail de recherche, il a évolué dans sa façon d'être. Au fur et à mesure que son pays s'enfonçait dans le régime hitlérien, il comprenait qu'il représentait une source d'information inégalable et dont il convenait que les Français tirent le maximum de profit. Au bout de deux ou trois ans, nous avons vu ce personnage évoluer, prendre son « métier » de plus en plus à cœur, devenir, j'en suis convaincu, anti-nazi et donner l'impression qu'il travaillait contre son pays certes par intérêt – parce que malgré tout il continuait à toucher de l'argent – mais aussi par conviction politique. Ayant pris conscience de l'immoralité de sa trahison, sans doute cherchait-il une sorte de réhabilitation en justifiant son orientation perverse par son hostilité apparente, sinon sincère, au régime hitlérien.

– Finalement le fait d'être un espion lui a « ouvert les yeux » !

– Je le crois ! Tous ceux de mes camarades qui ont traité Asche et que j'ai connus ont constaté l'évolution de sa mentalité et du crédit que l'on pouvait donner à sa personnalité comme à ses informations. Sa sincérité était réelle. Nous étions régulièrement informés de tous les objectifs poursuivis par Hitler. Par lui, nous étions au courant de la préparation de l'Anschluss, des conditions dans lesquelles s'est préparé le fameux traité de Munich, l'absorption de la Tchécoslovaquie, l'attaque de la Pologne... Nous avons pu informer le commandement dans des conditions de précision et de temps qui auraient méritées d'être prises en considération.

Il y a un renseignement en particulier dont le gouvernement et le commandement français auraient dû tenir compte pour prendre des décisions sans doute déterminantes pour la suite de l'Histoire, c'est la préparation de l'invasion de la zone démilitarisée rhénane au mois de mars 1936[22]. Hitler qui n'avait pas encore

22. Le 7 mars 1936, dénonçant le pacte franco-soviétique et le pacte de Locarno, et misant sur la mollesse des réactions franco-soviétiques, Hitler décide de violer le traité de Versailles qui prévoyait la démilitarisation de la rive gauche du Rhin – la Rhénanie –, et y fait entrer

reconstitué son armée, qui n'avait pas encore les moyens suffisants pour la guerre, avait donné aux détachements de l'armée allemande chargés d'occuper la rive gauche du Rhin l'ordre de se replier s'il y avait la moindre réaction militaire de la part des autorités alliées ou françaises. En révélant les conditions dans lesquelles Hitler avait décidé ce premier coup de couteau dans le traité de Versailles[23], Asche donnait au commandement et au gouvernement français une indication qui aurait pu permettre de réagir sans grand risque. Le gouvernement ne l'a pas fait en dépit des assurances de Sarraut[24] : « On ne discutera pas tant que Strasbourg sera sous la menace des canons allemands ! » En l'occurrence les Anglais ont été encore plus pusillanimes que nous et ont incité notre gouvernement à ne rien faire. Le Führer a ainsi montré à l'opi-

---

quelques bataillons de soldats. C'est là qu'il fera construire la ligne de fortification dite *ligne Siegfried* pour protéger cette région.

23. Signé le 28 juin 1919 entre les Alliés et l'Allemagne, ce traité met fin à la Première Guerre mondiale. Il comporte des clauses territoriales, militaires et financières à l'encontre d'une Allemagne vaincue et tenue à l'écart des négociations. Celle-ci, entre autres, doit abandonner toutes ses colonies, permettre le passage du corridor polonais vers Dantzig, restituer l'Alsace-Lorraine à la France, confier l'administration de la Sarre à la S.D.N. pour une durée de quinze ans, réduire ses effectifs militaires, accepter l'occupation alliée de sa rive gauche du Rhin, et enfin verser des réparations. Imposé à l'Allemagne, ce « diktat » de Versailles ne fut jamais accepté, et l'effacer fut un des thèmes de la politique hitlérienne.

24. À cette époque président du Conseil (depuis janvier 1936), Albert Sarraut (1872-1962) mise, pour une action française plus efficace, sur une mobilisation générale du pays. Mais devant les élections générales prévues deux mois plus tard, l'opinion française fortement pacifiste, et les hésitations anglaises, Sarraut doit renoncer à toute intervention. Les gouvernements du Front populaire succèdent au sien en juin 1936, et, après avoir détenu différents portefeuilles ministériels, il est déporté en Allemagne en 1944-1945. Il réapparaît dans la vie politique française en 1951 comme président de l'Assemblée de l'Union française.

nion allemande que sa politique n'était pas aventureuse. Il a acquis la conviction que les Alliés étaient incapables de réaction. Ce fut déterminant sur le crédit que l'on pouvait accorder aux clauses du traité de Versailles et à leur respect.

Schmidt a été certainement l'espion le plus important de la Deuxième Guerre mondiale. Plus important que Sorge, l'espion utilisé par Staline au Japon et qui était installé au sein de l'ambassade d'Allemagne à Tokyo. Il travaillait avec l'ambassadeur d'Allemagne, le général Ott ; il était très lié avec lui, recueillait ses confidences et les exploitait. Il renseignait le Kremlin sur les politiques allemande et japonaise. Fin 1941, Sorge a pu être informé des objectifs stratégiques favorables à l'U.R.S.S. du gouvernement nippon et en aviser Staline. Mais c'était des renseignements venant de Tokyo, des renseignements de deuxième main ! Alors que Asche était lui en contact direct avec les sources majeures du renseignement au sein du Troisième Reich. Il disposait des confidences de son frère qui n'avait aucune raison de se méfier. Par le général Rudolph Schmidt, l'état-major français a eu connaissance au jour le jour du réarmement de la Wehrmacht. Il était l'un des officiers généraux en lesquels Hitler a eu le plus de confiance jusqu'au moment, en mars 1943, où il a su que, par ses imprudences, il avait livré à son frère des informations majeures. Il fut destitué.

Pendant la campagne de 1939-1940, le général Rudolph Schmidt était à la tête d'un corps d'armée blindé. C'est lui qui a foncé sur la Hollande, s'est emparé de Rotterdam, et, par la suite, a exécuté un raid magistral depuis Rotterdam jusqu'à la frontière suisse. Un raid de plus d'un millier de kilomètres qui a duré un peu plus d'un mois, du 8 mai au 15 juin. Ce raid fabuleux n'a d'ailleurs pu être réalisé que parce que Rudolph Schmidt a toujours été en contact avec ses diverses unités. La machine Enigma permettait des transmissions permanentes dans des conditions de secret absolu.

Lorsque la Wehrmacht a attaqué l'Union soviétique au mois de juin 1941, Rudolph Schmidt était à la tête d'une armée blindée. Au mois de décembre 1941 la Wehrmacht a été stoppée devant les faubourgs de Moscou. Elle s'est heurtée non seulement à une défense opiniâtre de l'armée soviétique mais aussi à des conditions météorologiques épouvantables. La Wehrmacht n'était pas familiarisée avec ce genre d'obstacle – pluies diluviennes, terrains gelés, verglas, neige, etc. –, ses premières unités, face à Moscou, ont été dans l'obligation de refluer. Ce fut le moment où la pression soviétique s'exercait au maximum grâce aux renseignements venant de Sorge. Il avait assuré Staline que le Japon ne l'attaquerait pas. Alors, disposant des réserves de Sibérie, Staline avait pu bousculer la Wehrmacht au moment où elle faisait face aux pires intempéries de l'hiver 1941. Débandade des troupes allemandes qui se replient dans des conditions de désordre absolu, coup de gueule de Hitler qui limoge ses principaux généraux dont Guderian. Et par qui le remplace-t-il ?... par Rudolph Schmidt ! Je raconte cela pour montrer que cet officier général, à la fin de 1940 et pendant l'année 1941, a eu, dans la Wehrmacht, une position clé. Il était un des grands généraux de l'armée blindée.

– Finalement, Hans-Thilo Schmidt a été découvert par les Allemands ?

– Il a été arrêté à la suite des révélations de Lemoine, car Lemoine a été pris en France au moment où il se disposait à passer en Espagne. Il était vieux et malade et pour sauver sa peau il a donné à l'Abwehr un certain nombre de ses informateurs dont Asche qui a été arrêté dans le courant du mois de mars 1943. Nous n'avons pas su dans quelles conditions il avait été interrogé ni comment il est mort à la prison de Mohabit à Berlin. Son frère a été compromis. On lit dans les Mémoires de Goebbels que lorsqu'il a appris « l'imprudence » de Rudolph Schmidt, Hitler en a conçu une très grande amertume car il avait la plus grande confiance en ce général. Il a pris la décision de le relever de son commandement et de l'expédier en disgrâce dans le fin fond de l'Allemagne. À ce moment-là, remarque Goebbels, il s'est rendu compte de la fragilité de son autorité sur la Wehrmacht.

Le sort de Rudolph Schmidt a été malheureux. J'ai pu prendre contact avec sa famille au moment où j'ai écrit mon livre, notamment avec sa veuve. Cette femme ne m'a pas fermé sa porte mais m'a fait comprendre qu'elle ne souhaitait pas parler de tout cela. J'ai été touché par la dignité de cette famille meurtrie par la trahison de Hans-Thilo Schmidt. Rudolph en a subi les dures conséquences. Les Russes se sont emparés de lui en 1945, l'ont enfermé à la prison de Vladimir, près de Moscou, et là, Asche étant mort, Rudolph Schmidt a expié en quelque sorte pour son frère. Il est resté dans cette prison six ou sept ans. Il en est sorti malade, épuisé, pour se retirer et mourir à Kassel.

– Ce qui est intéressant c'est l'évolution du personnage d'Asche !

– Cette évolution a été spectaculaire ! Au point d'ailleurs qu'Asche dès l'année 1938 tout de suite après les événements de Tchécoslovaquie, après l'Anschluss, et à la veille des événements de Pologne, prenait à partie les officiers français avec qui il était en contact pour leur dire : « Mais enfin, qu'est-ce que vous faites, vous ne réagissez pas ? Vous voyez bien que le Fürher est en train d'entraîner l'Europe vers la guerre ! » Il était outré de voir le manque de réaction des Alliés devant les exactions de Hitler et de sa clique. C'était un garçon remarquablement intelligent. Cette intelligence, qui était tournée vers le mal en 1930, avait incontestablement évolué vers le bien, du moins vers une opposition déterminée au régime nazi.

Mais j'insiste une fois de plus sur le rôle capital joué par nos officiers traitants sur l'évolution de H.T. Schmidt. Les officiers, Bertrand, Navarre, Perruche et surtout Schlesser, ont fait preuve d'une exceptionnelle compétence, d'une rigueur morale impressionnante, de qualités humaines et d'un respect de l'informateur qui ne pouvaient que l'impressionner et forcer sa confiance. C'est tout cela qui fait la valeur d'un officier des services spéciaux et conditionne son efficacité et celle de son agent.

– Finalement, cela n'a pas beaucoup servi, puisque les renseignements que vous récoltiez n'étaient pas toujours pris en compte !

– C'est partiellement vrai et votre observation tend à rejoindre celles qui en déduisent l'inutilité du service de renseignements. Confondre la découverte du renseignement avec son exploitation est d'une légèreté coupable. Mais il est vrai qu'on n'a pas assez tenu compte de l'importance du réarmement allemand tel que notre S.R. le définissait. On n'a pas suffisamment tenu compte non plus des avertissements prodigués quant à la progression des ambitions de Hitler. La responsabilité en incombe à d'autres que nos services. Par contre nos renseignements sur la machine Enigma ont été décisifs. Enigma a rendu aux Alliés d'énormes services pendant toute la guerre. Les Polonais d'abord, les Anglais ensuite, ont réussi à reconstituer cette machine et les conditions dans lesquelles elle était réglée. Ils ont réussi en tous lieux, pendant la durée de la guerre, non seulement à capter les messages cryptés, mais à les décrypter avec une rapidité remarquable due aux découvertes scientifiques sensationnelles qui furent à l'origine des premiers ordinateurs. On peut considérer que sur ce plan-là, les renseignements fournis par Asche ont été décisifs.

Sur le plan politique et du commandement, ses informations n'ont pas été exploitées comme elles auraient dû l'être. Par contre, il faut reconnaître que ses révélations ont permis aux services techniques français de se lancer eux aussi dans la recherche, dans l'amélioration des techniques d'armement, de s'adapter et d'essayer de faire mieux que ce que faisaient les Allemands. Je ne peux pas vous détailler d'une façon concrète quel a été le bilan positif de ces informations d'Asche, mais je suis certain qu'elles étaient prisées des services de l'armement français et des services de l'armée de l'air. Je reconnais encore une fois qu'il a été malheureux de voir que le commandement et le gouvernement négligeaient nos avertissements et que petit à petit Hitler réalisait un programme que Hans-Thilo Schmidt, année après année, avait énoncé.

– Si je me souviens bien, on a beaucoup parlé de Sorge, de Leopold Trepper qui, avec son Orchestre rouge[25]*, avait prévenu Staline de l'opération Barbarossa*[26]*, ce dont Staline n'avait pas tenu compte ; finalement, la même chose s'est déroulée du côté français !...*

---

25. Réseau d'espionnage communiste, lié à Moscou, créé par Leopold Trepper.

26. Avec le Plan Barbarossa Hitler prévoyait une attaque sur la Russie, attaque qui, menée sous forme d'une guerre éclair, conduirait les troupes allemandes vers trois objectifs : Leningrad, Kiev, et Mos-

– L'explication profonde est que les gouvernants n'ont pas une confiance suffisante dans leurs services de renseignements, quels qu'ils soient. C'est vrai dans beaucoup de pays mais particulièrement en France où les autorités civiles et militaires ont toujours considéré que les services de renseignements et de contre-espionnage étaient des services « spéciaux » auxquels on ne comprenait pas grand-chose et entre les mains de personnalités en qui l'on n'était pas obligé d'avoir une totale confiance ! Notre appareil était pauvre, vétuste, mal ou peu considéré, à tel point que le chef de nos services de renseignements ne rencontrait presque jamais le chef du gouvernement ou les ministres intéressés. Par ailleurs la philosophie des gouvernements est souvent orientée par des points de vue tout à fait différents de ceux des services de renseignements.

– En quelque sorte, vous aussi étiez victime du pacifisme ambiant ?

– Tout à fait !... Et de la politique générale des Alliés ! Il faut tenir compte de la position des Anglais dans ce contexte. Si nous, nous étions « pacifistes » comme vous dites, les Anglais, eux, l'étaient encore plus que nous ! Car contrairement à ce que l'on a pu dire, jusqu'en 1938, jusqu'à l'Anschluss, ils n'ont pas pris très au sérieux la menace allemande ! Ils étaient beaucoup plus axés sur la défense de leur empire que sur ce qui se passait en Europe. Bien sûr ils avaient des informations, surtout grâce à nous ! Ils savaient ce

---

cou. Cette opération, avec un front de l'ouest encore en guerre, représentait de gros risques en cas d'échec ; Hitler serait alors amené à mener une guerre longue sur deux fronts différents. Mais malgré tout, l'Allemagne lance l'opération le 22 juin 1941, une opération qui, devant l'hiver très précoce et la forte résistance de l'Armée rouge, s'enlise très vite dans les pires difficultés.

qui se passait mais ils n'imaginaient pas que c'était à ce point dangereux car ils n'avaient pas eux-mêmes les moyens d'information que nous avions.

– On a du mal, aujourd'hui, à percevoir cette ambiance de pacifisme. Quand on regarde les événements avec cinquante ou soixante ans de recul, il est évident qu'Hitler va attaquer et on a du mal à comprendre que jusqu'à la dernière minute on n'ait pas voulu le voir !... Je suppose que, dans le cadre de la lutte contre la propagande, vous vous intéressiez aux réactions de la population. Il devait y avoir un monde entre les renseignements que vous aviez et la façon dont les gens vivaient !

– C'est certain ! Les gouvernements qui se sont succédé dans l'immédiate avant-guerre ont été terriblement influencés d'abord par l'opinion publique française, une opinion publique qui vivait sur les acquis de la victoire de 1918. Elle était impressionnée par la propagande allemande qui s'exercait en France impunément et qui répétait que l'Allemagne ne souhaitait rien d'autre que de mettre un terme aux ambitions de la Russie soviétique et de détruire le régime communiste.

Cette propagande allemande était relayée par des milieux déjà collaborationnistes. Il y avait en France, à côté du comité France-Allemagne, toute une société qui admirait certains aspects du national-socialisme. François-Poncet lui-même, ambassadeur de France à Berlin, faisait en 1937 et 1938 des rapports dithyrambiques sur la façon dont les nazis éduquaient leur jeunesse et orientaient son avenir.

L'élite française elle-même, qu'on ne peut pas accuser de germanophilie outrancière, était fortement impressionnée. Des journaux qui apparemment auraient plutôt dû être neutres ou orientés vers une opposition aux ambitions de Hitler, *Le Temps* ou *Le Figaro*, soutenaient précisément sa politique. Ils étaient eux aussi pénétrés par le ver de la propagande allemande ! Pas étonnant que la population française ait été très réticente à mourir pour Dantzig et ensuite à se battre contre l'Allemagne.

– Il y a quand même eu le pacte germano-soviétique[27] *à un moment donné qui a dû faire réfléchir certains...*

– Oui, mais là nous étions déjà dans la guerre ! Nous savions qu'il y avait des tractations entre la Wehrmacht et l'Armée rouge. Nous le savions d'autant mieux que dans les années 1933-1935, tout de suite après l'avènement de Hitler, des manœuvres militaires allemandes se faisaient discrètement en Russie ou en Ukraine avec la complicité de l'Union soviétique. Nous le savions parfaitement ! Mais le pacte germano-soviétique signé par Ribbentrop et Molotov à la veille de la déclaration de guerre, et de l'occupation de la Pologne, nous ne l'avons pas prévu ! Nous n'avons pas pu avertir le gouvernement et le commandement français qu'un pacte de ce genre était en gestation. Pour dire la vérité, il a été rapidement élaboré et exécuté. Au même moment les Français et les Anglais avaient envoyé à Moscou une mission militaire pour s'entendre avec l'Armée soviétique et envisager les conditions d'une alliance avec elle. Quel camouflet !

---

27. L'alliance franco-soviétique à l'étude depuis avril 1939 entre Staline et les dirigeants français ne parvient pas à aboutir de façon satisfaisante, chacun restant sur des positions très fermes. Et c'est donc contre toute attente que l'Allemagne et l'URSS signent, le 23 août 1939, un pacte de non-agression. Par des dispositions secrètes et territoriales très favorables à Staline, l'Allemagne parvient ainsi à éviter la menace d'une guerre sur deux fronts.

– La propagande allemande se dirigeait également avec la même ampleur vers la Grande-Bretagne, l'Italie ou l'Espagne ?

– Non, l'Italie sûrement pas ! Mussolini et Hitler avaient des convictions politiques analogues ; ils étaient alliés. À partir de 1936, on a vu s'établir des rapports intimes entre les deux gouvernements et on a même vu le chef du service secret italien, le général Roata, prendre contact avec l'amiral Canaris. L'Espagne non plus, au contraire ! Le gouvernement espagnol a toujours facilité les menées allemandes et réciproquement. En ce qui concerne l'Angleterre, je ne crois pas – d'ailleurs elle l'a prouvé par sa façon de résister en 1940 – qu'elle ait été contaminée au même point que nous ; loin de là !

Par contre, il y a d'autres nations qui ont été aussi touchées que nous : la Belgique avec Léon Degrelle et ses rexistes[28]... La Hollande aussi, dans une moindre mesure... ! L'effort principal de propagande allemand a été intelligent. Précédant le jour où Hitler donnerait l'ordre à la Wehrmacht de foncer sur l'ouest, il s'est exercé sur les pays concernés !

– En fait ils ont très bien préparé le terrain !

– D'une façon magistrale... !

– Avez-vous des souvenirs de ce qui s'est passé au moment de l'invasion de la Pologne, les quelques

28. Très influencé par le nationalisme de Maurras, Léon Degrelle, homme politique belge, fonde en 1932 la revue *Rex*, organe d'un mouvement politique, le rexisme, de tendance antiparlementaire et fasciste. Degrelle prône même la collaboration avec l'Allemagne après la défaite de 1940, et, pour ce faire, crée la division s.s. Wallonie, qui ira combattre sur le front russe. Condamné à mort en 1944, il s'exile et son mouvement est interdit.

semaines précédant la déclaration de guerre ? Des souvenirs, je suppose, d'euphorie, de travail intense... à ce moment-là les événements ont dû se bousculer ?

– Il faut reprendre les choses à Munich ! Nous avons été, nous, services spéciaux français, péniblement impressionnés par les accords de Munich. Nous avions la conviction que c'étaient des accords de dupes. Pour nous c'était un désastre. Tout en observant, malgré tout, que les Français s'en satisfaisaient !

– Pierre Delanoë, qui avait vingt ans à l'époque, m'a confié dans les entretiens que nous avons eus, que le soir des accords de Munich, il avait fait un bon gueuleton avec sa fiancée tellement ils étaient soulagés[29] *!*

– Exactement ! D'où venait ce soulagement et d'où venait que l'opinion était à ce point satisfaite ?... Elle était convaincue qu'on avait évité la guerre ! Alors que nous, nous savions que ce n'était qu'une pause ! L'objectif de Hitler avait été largement défini, non seulement dans *Mein Kampf,* mais dans un certain nombre de conférences depuis 1937 au cours desquelles il avait fixé les étapes de sa politique : l'Anschluss, la Tchécoslovaquie, la Pologne et enfin l'invasion de la Belgique, de la Hollande, du Luxembourg, et de la France. Nous savions que la volonté de Hitler de dominer l'Europe de cette façon-là était arrêtée ! L'échéance était certaine ! Notre réaction après Munich était à la fois désespérée, navrée, et d'un autre côté, perplexe de voir l'opinion à la fois convaincue et contente que la guerre soit écartée. C'était une sorte de soulagement de constater cette détente dans le pays. L'imminence du danger au moment de Munich était telle qu'elle avait

29. Entretiens avec Pierre Delanoë : *La Chanson en colère*, collection « Trajectoire », éd. Mame, 1993.

créé dans la population une véritable panique. Les Français étaient catastrophés à l'idée d'en découdre à nouveau. Il y a eu cette explosion de joie ; on ne peut pas le nier ! De même qu'en juin 1940 quatre-vingts ou quatre-vingt-dix pour cent des gens étaient pour le Maréchal ! Ils étaient pourtant germanophobes, surtout après la raclée reçue. Il n'y avait pas tellement de gens fanatisés par le pouvoir hitlérien ; mais encore une fois, l'impression de soulagement dominait une opinion laxiste.

C'est une période vraiment pénible !... La réaction de nos services a été franche ; il fallait avoir le courage de dire ce que nous pensions et je reconnais que là, notre patron, le général Rivet, a été très clair ; il a dit au commandement : « Ne vous réjouissez pas, c'est reculer pour mieux sauter ! »

– Dans les services vous n'avez pas été surpris par ce qui s'est passé à peine un an après ?

– Un peu avant Munich nous avions déjà pris des mesures de mobilisation pour nos services : on avait rappelé des réservistes, convaincus que Munich pouvait déboucher sur la guerre. Après les accords, nous avons poursuivi ces mesures parce que nous savions que cela finirait de toute façon par la guerre. Hitler avait comme objectif de dominer l'Europe. Il la dominait avec les Italiens, avec les Espagnols ; pourquoi n'aurait-il pas dominé la France, la Belgique et la Hollande ?... Et accéder à l'Atlantique par l'Europe de l'Ouest ! Il l'avait toujours proclamé et d'ailleurs Asche nous l'avait souvent confirmé.

– Quelle étrange période ! Il y avait ceux qui savaient et ceux qui ne savaient pas ! C'est une chose que je remarque au fil d'entretiens que j'ai pu faire...

Certains avaient conscience de la réalité du danger pour des raisons personnelles : par exemple, Elisabeth de Miribel[30] *se trouvait en Suisse en 1936-1937, elle a l'occasion d'aller en Allemagne, voit ce qui s'y passe, des amis allemands la renseignent, elle lit* Mein Kampf, *etc. Elle était complètement affolée par ce qui allait arriver. Elle savait ! Et elle se rend compte, en revenant en France, que les gens ne savaient pas ou ne voulaient pas voir ! Le Père Riquet savait aussi grâce à ses contacts, notamment dans les congrès de Pax Romana*[31] *; mais Pierre Delanoë qui vivait en France, qui était monsieur tout le monde, lui, n'était absolument au courant de rien ! J'ai l'impression que peu de gens savaient, mais surtout ils n'arrivaient pas à faire passer le message !...*

– Aujourd'hui nous parlons avec en mémoire les faits tels qu'ils se sont produits. Mettez-vous dans la peau de nos services, dans la mienne : j'avais la conviction, après Munich, que c'était un accord de dupes mais je ne pouvais pas m'empêcher au fond de moi-même de me dire : « Il y aura peut-être un miracle, peut-être un événement imprévu !... » Vous comprenez que, pour nous qui étions au cœur du renseignement, nous savions que si la guerre éclatait, elle serait perdue. Nous ne pouvions que nous accrocher au miraculeux, à l'espoir fou d'arriver à une solution pacifique ! De quelle façon ? Je n'en sais rien, ce n'est pas mon propos ! Je ne suis pas diplomate, je ne suis pas au gouvernement ! Je sais que Hitler a tout fait pour qu'il en soit ainsi, que sa volonté est inébranlable, mais il y a face à lui un certain nombre d'éléments, de facteurs imprévus, comme l'intervention de l'Amérique... enfin

---

30. *La Liberté souffre violence*, éd. Plon, 1989.
31. Entretiens avec le père Riquet : *Le Rebelle discipliné*, collection « Trajectoire », éd. Mame, 1993.

je ne sais pas ! Je voudrais vous faire comprendre que ce que nous jugeons aujourd'hui comme une certitude, à l'époque ce n'en était pas tout à fait une, même avec la conviction qui était la nôtre. On n'avait pas le droit, honnêtement, de dire qu'il était interdit d'espérer !

– Il y a un fond d'optimisme « coupable » !...

– Ce n'est pas de l'optimisme, c'est une espérance dans le désespoir !

– « Espérer contre toute espérance !... »

– Voyez comme les événements vont se dérouler : après Munich, que se passe-t-il ? Hitler se tourne vers la Pologne. Au fond c'est le sens de Munich : « Foutez-moi la paix, je m'occupe de l'Est ! » Ensuite ce sera l'accord avec les Soviétiques. Les Français et les Anglais signent avec la Pologne un traité d'alliance impliquant une intervention des armées alliées dans le cas d'une offensive allemande sur la Pologne... Avec l'espoir que cet accord, connu de Hitler, le dissuadera d'agir. Il se trouve que cela ne l'empêche pas du tout. Sa volonté est formelle ! Et nous nous retrouvons prisonniers d'une décision qui en définitive a été prise dans le but d'éviter le clash et dont nous n'étions pas en mesure d'assumer les conséquences.

– Et qui en fait va provoquer ce clash !

– Vous ne pouvez pas empêcher des gens qui, connaissant la détermination de Hitler, voient les choses avec scepticisme, de penser : « C'est inutile, on perd son temps !... Mais après tout, si par hasard ça marchait !... »

– C'est un état d'esprit parfaitement normal, humain, logique et qui explique beaucoup de choses.

C'est la première fois que j'entends aborder la période de l'immédiat avant-guerre sous cet angle-là : une forme d'optimisme... j'allais dire : viscéral !...

– Considérez l'accord d'alliance signé au dernier moment entre la France, la Pologne et l'Angleterre, sous l'optique d'un ultime avertissement pour dire à Hitler : « Attention ! Soyez prudent, vous nous obligeriez à... » Mais Hitler, lui, sait que nos menaces sont vaines et que nous n'avons pas les moyens, ni la volonté surtout, d'accomplir les gestes qui découlent de cet accord. Et on ne le fera pas, les événements qui vont se produire le prouvent ! Si, encore une fois, on condamne véhémentement la politique de l'époque, et en particulier celle de Daladier, des gouvernements de 1937, 38, 39 et 40, on est peut-être injuste par rapport à l'optique du moment... Tout à l'heure, vous me posiez la question de savoir pourquoi le gouvernement et le commandement n'ont pas tenu compte des informations d'Asche qui nous avait dit, au mois de mai 1939 : « Attention à la fin du mois d'août 1939 ! » Ça voulait dire le déclenchement de l'offensive sur la Pologne. Pour nous c'est un renseignement sûr à « cent pour cent ». On a confiance en cet informateur ; s'il nous dit cela, c'est qu'il en a discuté avec son frère qui a reçu des instructions pour tenir son unité blindée prête. Supposons que j'aille trouver Daladier pour lui dire ce que je sais... Daladier va me demander : « C'est sûr ? Vous en êtes sûr ? »

– *On ne peut jamais être sûr ! Les moyens d'espérer, on en trouve toujours !*

– C'est une question que je pose !... En réalité elle ne s'est pas tout à fait présentée ainsi car évidemment – *testis unus, testis nullus !* – il y avait d'autres informations prévoyant que l'opération de Pologne allait se faire, elles se recoupaient. Il est très difficile, pour un service de renseignements, de dire à un chef de gouvernement : « Ce que je vous dis est sûr, vous pouvez y aller, vous ne vous tromperez pas ! » Qui prendrait cette responsabilité ? On touche du doigt la grande responsabilité que prennent les chefs des services spéciaux quand ils donnent des informations. Il faut qu'ils soient d'une objectivité absolue, qu'ils n'interprètent pas, en fonction de leurs propres sentiments, les renseignements qu'ils reçoivent et surtout qu'ils sachent évaluer le degré de confiance à attribuer à leurs informations.

Nous venons d'aborder une phase parmi les plus délicates et les plus controversées des origines de la Deuxième Guerre mondiale. Je me souviens que mon patron avait rencontré le roi de Roumanie, qui avait lui-même rencontré Hitler. C'était en 1938. Et le roi de Roumanie avait dit à Rivet : « Il est fou ! C'est un visionnaire ! J'ai discuté avec lui : il n'a pas des idées normales ! Il est fou ! » Ceux qui avaient lu *Mein Kampf* les premiers ont pu penser la même chose. C'est trop facile et imprudent – avec l'âge maintenant je m'en rends compte – de juger souverainement des événements que l'on n'a pas vécus.

– Je crois qu'il faut surtout ne pas nier la dimension humaine des choses, les doutes, les espoirs, les envies... Il y a trop d'éléments qui entrent en jeu ! Il ne s'agit pas seulement de faits qui s'alignent les uns derrière les autres !

– Si l'on se borne à l'examen des faits brutaux, incontestablement et nos gouvernants et nos commandements ont été dans l'erreur, pour ne pas dire en faute ! Les indications, les informations, les renseignements, les recoupements, tout était net, tout indiquait l'orientation vers le conflit et les conditions de ce conflit. Il ne pouvait à cet égard y avoir de doutes pour des chefs de caractère et conscients de leurs responsabilités.

Je reconnais qu'en présence de renseignements parfois contradictoires, parfois différents, on peut avoir tendance à prendre en considération le renseignement qui correspond à ce que l'on souhaite, même s'il n'a pas le sérieux des autres. Je reste prudent et hésitant sur la sévérité du jugement à porter sur les destinataires de ces informations. Quelquefois, j'oserai dire le plus souvent, ils n'ont pas attaché l'importance qui convenait à nos interventions et ont négligé les multiples avertissements que nous lançions. Mais il est hors de doute que l'exploitation des renseignements pose un problème fondamental d'appréciation. Même pour des renseignements apparemment sûrs, recueillis, par exemple, lors d'interceptions radio, on peut imaginer que l'adversaire use de leurres et lance des informations qu'il souhaite voir interpréter par le commandement adverse dans un sens conforme à ses intérêts. Cela rend l'interprétation du renseignement, en l'occurrence le rôle du deuxième bureau, difficile et sujet à controverses. Pour condamner sans appel et *a posteriori* les services qui étaient chargés d'exploiter nos informations à la veille de la guerre, il faut une certaine dose d'outrecuidance.

Et puis il y a ce facteur humain dont vous avez parlé, cet espoir dans un miracle qui ne devrait pas exister mais qui, au fond de chacun de nous, existe toujours. Aujourd'hui encore dans bien des cas ! Regardez ce qui se passe en ex-Yougoslavie !

– Il est évident qu'à part quelques malades, personne n'a envie de faire la guerre !

– On espère ! On dit aux Serbes : « Attention, on va

agir ! » Vous croyez que cela va servir à quelque chose ? On va « gagner » du temps ! Pendant ce temps-là, il y a des morts ! Les historiens de l'an 2000, que diront-ils ? Comment nous jugeront-ils ?

– Vous venez de prononcer le mot « historiens » ; comment expliquez-vous que les historiens et l'Histoire – en dehors du livre que vous lui avez consacrée – n'ai pas retenu l'aventure de Hans-Thilo Schmidt ? Vous dites vous-même que les renseignements fournis par Asche étaient beaucoup plus importants que ceux de Sorge, et pourtant, c'est Sorge qui passe pour être le plus grand espion de la Deuxième Guerre mondiale...

– C'est exact ! Et cinquante ans après sa mort – il a été pendu à Tokyo le 7 novembre 1944 – la presse française a cru bon de rappeler la destinée de Sorge en affirmant que « ses renseignements ont pesé sur le cours de la Seconde Guerre mondiale ». À l'inverse, curieusement, un silence de plomb persiste sur le sort de cet autre Allemand qu'était Hans-Thilo Schmidt ; et pourtant ses renseignements étaient à l'origine des décryptements qui, selon Churchill lui-même, « précipitèrent la victoire de 1945 ».

Votre question, en fait, en soulève deux ; l'une sur l'efficacité des deux plus grands espions de la Seconde Guerre mondiale ; l'autre sur le silence de ce que vous appelez « l'histoire » sur le travail de Schmidt. Je dois répondre à ces deux questions avec plus de détails que précédemment : Sorge et Schmidt sont deux Allemands traîtres à leur patrie. Sorge, c'est par idéal ; il était inféodé dès 1920 au Parti communiste allemand et à Moscou. Schmidt, c'est par cupidité de 1931 à 1933 puis, progressivement et, il faut bien le souligner, sous l'influence des officiers français qui le traitent, par opposition au régime hitlérien. Leurs interventions, majeures dans le deuxième conflit mondial, diffèrent totalement d'origine, de caractère et d'ampleur.

Sorge est en poste à Tokyo comme journaliste allemand accrédité auprès de l'ambassade du Reich à partir de la fin 1934. Il réussira à donner à Staline la certitude qu'il n'y a rien à craindre du Japon ; du coup il permettra aux Soviétiques d'utiliser les troupes en réserve en Sibérie pour contenir puis repousser l'offensive de la Wehrmacht sur Moscou. C'est une victoire importante des Soviétiques qui pèsera incontestablement sur l'évolution du conflit.

Schmidt était fonctionnaire au cœur des services les plus secrets du ministère de la Guerre allemand à Berlin. Il va donner, à partir de 1931, les informations qui permettront de percer les secrets de la machine à chiffrer Enigma ; ses révélations, à la base du développement scientifique des décryptements et de la naissance des ordinateurs, pèseront avec une efficacité croissante pendant toute la durée du conflit de 1940 à 1945.

Sorge, qui a pesé par une action ponctuelle sur l'évolution de la guerre germano-soviétique fin 1941 – il est arrêté par la police japonaise à Tokyo le 18 octobre 1941 –, mérite évidemment d'entrer dans l'Histoire et d'être sacré « Héros des Républiques soviétiques ». Quant à Schmidt, il demeure inconnu. Il est condamné à l'oubli en dépit de son action constante de 1931 à 1940 ; constante non seulement par la précision de ses renseignements sur la machine Enigma, mais aussi par l'ampleur de ses informations sur les intentions de Hitler, l'activité du parti nazi, le réarmement du Troisième Reich, l'organisation et la tactique de la Wehrmacht : ses plans, ses offensives... et j'en passe ! Tout cela était recueilli aux meilleures sources à Berlin !

– Comment expliquez-vous cette ignorance du travail de Hans-Thilo Schmidt ?

– Vous abordez-là le deuxième aspect de votre question initiale. C'est un point important !

Je supporte mal, en ce qui me concerne, cette injustice qui, depuis la fin de la guerre, porte aux nues, par espions interposés, les exploits des services secrets parce qu'ils sont soviétiques, britanniques, voir américains, et voue aux gémonies nos services secrets de la Deuxième Guerre mondiale parce qu'ils sont français. Il est vrai que Sorge a servi une nation victorieuse à part entière et que Schmidt a suivi le sort d'une nation vaincue, tout juste sortie du naufrage par l'héroïsme de quelques-uns ; mais en dehors de cette considération, il y a d'autres explications à ce mutisme général vis-à-vis de Schmidt.

La première est la discrétion de nos anciens sur l'activité de cette maison. C'était une règle d'or dont je ne me suis dégagé que trente ans après la fin de mes fonctions officielles, avec l'accord du ministre de la Défense, et en ne révélant que ce qui ne pouvait pas avoir de conséquences sur le fonctionnement des services actuels ou nuire aux personnes que je pouvais, directement ou indirectement, mettre en cause. C'est si vrai qu'en 1984, en préparant mon livre sur Hans-Thilo Schmidt, je n'ai pas voulu insister auprès de la famille de cet agent pour aller plus avant dans mon enquête.

À cette discrétion, règle fondamentale de nos services, il faut ajouter l'absence d'archives. Nous avons détruit par le feu, de 1940 à 1942, tout ce qui pouvait être considéré d'actualité et susceptible d'exploitation par l'ennemi en cas de saisie de ces archives. Toute la production de Schmidt a disparu, notamment celle fournie au deuxième bureau de l'état-major de l'armée et au commandement où notre agent révélait les visées de Hitler, les offensives de la Wehrmacht, la situation en Allemagne, l'activité du R.S.H.A., l'existence et le rôle du Forschungsamt, le réarmement, etc.

Enfin, il y a une autre considération qu'il m'est désagréable d'évoquer, c'est la désaffection dont nos services spéciaux sont généralement entourés. Ce manque de considération que traduisait déjà la faiblesse des moyens qui nous étaient attribués avant la guerre et malgré nos cris d'alarme s'est transformé en mépris lors de la débâcle de 1940. Il était si facile d'affirmer que l'on n'était pas renseigné, si commode de nous rendre responsables d'une cinquième colonne fantôme, si pratique de nous associer aux responsables de la défaite. Schmidt, dans ce déchaînement, ne pouvait que passer à la trappe avec nous !

Encore une fois, vous avez là l'exemple type de l'erreur fondamentale et répandue qui consiste à confondre deux actes totalement différents : la recherche des renseignements d'une part, leur exploitation d'autre part.

5.

L'ESPION ET LA MORALE

ALAIN-GILLES MINELLA – *Après l'affaire Frogé et Hans-Thilo Schmidt, j'aimerais que nous abordions maintenant l'affaire Aubert que vous évoquez dans* Services spéciaux[32]...

PAUL PAILLOLE – C'est une affaire qui mérite d'être évoquée, parce qu'elle montre le point de départ d'une répression de l'espionnage et de la trahison enfin adaptée à la conjoncture et à une défense rigoureuse de nos secrets militaires et de défense. Cette affaire Aubert est en elle-même émouvante. Elle caractérise la faiblesse de certains détenteurs de secrets d'intérêt national, et aussi l'insuffisance des mises en garde qui devraient être faites à tous les échelons éducatifs. Elle est tout à fait caractéristique de la façon dont les services de renseignements allemands, en 1938-1939, s'efforçaient de recueillir nos secrets militaires. Elle montre enfin l'efficacité de nos rapports avec nos amis de l'Intelligence Service.

Aubert était élève à l'école navale de Brest. C'était un garçon solide, bien charpenté... un beau garçon ! Peut-être un peu lourd. Quand il en a assez de Brest,

---

32. Éd. Robert Laffont, 1975.

il va passer ses week-ends à Rennes, où il fait la connaissance d'une prostituée. Comme tout bien-pensant, il s'imagine que sa passion et sa morale auront de l'influence sur cette prostituée. Il la fait sortir de la maison close où elle exerçait ses talents, et quand il est affecté à Toulon sur le contre-torpilleur *Vauquelin*, il emmène avec lui cette femme et l'installe. Les économies qu'avait pu faire la femme étant épuisées, les ressources du ménage n'étant plus que celles d'une solde d'enseigne de vaisseau – ce qui n'était pas énorme en 1936 –, Aubert aux abois financièrement se résout un beau jour à se rendre à Paris pour parler avec l'attaché naval de l'ambassade d'Allemagne. C'est un peu une démarche analogue, mais dans un autre sens, à celle utilisée par Hans-Thilo Schmidt lorsqu'il a présenté ses services à notre ambassade de France à Berlin. Aubert, alors âgé d'environ vingt-six ans, se présente rue de Lille, à l'ambassade d'Allemagne. Il est reçu par l'attaché naval à qui il explique quelle est son affectation, qu'il admire le régime allemand et qu'il souhaiterait travailler en liaison avec l'Allemagne et ses services spéciaux dans le domaine qui est le sien.

L'attaché naval bondit sur cette occasion, en informe l'Abwehr, et comme il est marin, c'est l'Abwehr de Hambourg qui est chargée de prendre contact avec Aubert. Un capitaine de corvette allemand nommé Hunterberg est désigné pour traiter le cas de l'enseigne de vaisseau. Il lui donne rendez-vous à Bruxelles, dans le courant de l'année 1937, le temps de faire une enquête pour savoir si on est en présence d'un provocateur, ou d'un escroc. En règle générale on ne se précipite pas sur une offre de service quand on ignore l'origine exacte de celui qui la propose et de ses motivations ; nous l'avons déjà vu avec le recrutement de Asche en 1931.

Donc rendez-vous Aubert-Hunterberg à Bruxelles.

Un entretien courtois, l'Allemand rassure pleinement Aubert, lui précisant qu'on ne lui demandera jamais rien qui puisse faire obstacle à sa carrière ou qui puisse nuire à son pays ; c'est toujours le même leitmotiv ! Après ce premier contact, un second contact est proposé à Aubert mais cette fois, à Paris. Là, c'est un entretien infiniment plus précis : Hunterberg lui demande un certain nombre d'informations sur l'escadre française de la Méditerranée... Un questionnaire simple, mais suffisamment précis et intéressant pour permettre aux Allemands de se faire une opinion sur la politique navale suivie par la France en Méditerranée et sur la valeur de ce nouvel informateur. Par prudence, on convient de lui donner une adresse à Dublin, en Irlande. C'est une boîte aux lettres du service de renseignements allemand qui fonctionne là – et c'est la grosse faute de l'Abwehr – depuis déjà pas mal de temps. Elle n'est pas exclusivement réservée à Aubert. L'Allemand donne les moyens de correspondre avec cette adresse à l'encre sympathique. Il ajoute quelques conseils sur la façon de recueillir les informations, quelques conseils de prudence et surtout une forte somme d'argent. L'affaire se met en route en 1937.

J'étais l'adjoint du colonel Schlesser, chef de nos services de contre-espionnage, lorsque je reçois, vers la mi-juillet 1938, une demande urgente de rendez-vous d'un officier de l'Intelligence Service pour une communication importante. Je l'accueille tout de suite et il me donne une lettre qui avait été expédiée de Paris à cette fameuse boîte aux lettres de Dublin. Les Anglais l'avaient interceptée. L'adresse en question était sous surveillance depuis la découverte d'une affaire d'espionnage aux État-Unis où l'Abwehr utilisait cette boîte aux lettres comme relais de correspondance. L'enveloppe avait été ouverte avec précaution par l'Intelligence Service. Elle contenait quatre ou cinq pages donnant des détails sur la composition de la flotte de la Méditerranée. Elle se terminait par une demande d'argent justifiée en partie par des frais de déplacement.

Je fais prendre des photocopies des pages et de l'enveloppe. Je referme le tout et je prie l'officier britannique de bien vouloir remettre la lettre le plus rapidement possible dans le circuit postal. Je lui recommande de nous tenir informés de cette affaire et je le remercie vivement de cette collaboration.

On étudie alors les photocopies. On remarque évidemment que les renseignements viennent d'un marin. On fait faire une expertise par un graphologue célèbre, le professeur Locard. Cette expertise est assez révélatrice de la morphologie de l'auteur de la lettre. Comme il l'a écrite à la main, l'expert nous dit que « nous avons affaire à un personnage grand, sensuel, solide, peut-être un peu primaire… ». Il nous donne un profil assez proche de celui que nous allons trouver par la suite.

Malgré tout, si l'on s'en tient à cette première lettre, les indications pour repérer l'auteur sont vagues. Nous recevons un mois plus tard, toujours de la part des Anglais, une nouvelle lettre prélevée dans la boîte aux lettres de Dublin. Elle est beaucoup plus explicite : elle parle en termes assez nets de la possibilité pour l'auteur de profiter de son prochain tour de service – il doit être de garde sur son torpilleur un dimanche – pour copier les codes secrets du bateau.

Là, nous avons un élément sérieux supplémentaire. Nous mettons le deuxième bureau de la Marine dans le coup. Cela lui permet d'être alerté et de savoir que ses codes risquent d'être connus s'ils ne le sont pas déjà. Avec nos camarades du deuxième bureau de la Marine, le capitaine Bonnefous, chef de notre section allemande de contre-espionnage, se met au travail et épluche la totalité des dossiers des officiers de la marine de Toulon en tenant compte d'abord des indications qui avaient été données par l'expert graphologue, puis en tenant compte aussi du fait que dans un avenir prochain cet officier devait être de service à bord de son bateau. Notre attention avait été attirée aussi sur le fait que les indications données ne pouvaient guère provenir d'un échelon élevé. Ça ne pouvait se situer que parmi le personnel officier subalterne. À force de travail et en procédant par éliminations, nous arrivons à réduire le nombre des officiers suspects à une dizaine. Arrive une autre lettre qui, elle, est encore plus précise : l'homme remercie pour l'argent envoyé – nous ne savons pas comment –, remercie pour les indications fournies et précise qu'il profitera « la semaine prochaine » de son tour de service à bord pour faire le travail qu'il avait proposé ; travail qui était déjà rétribué d'avance, en partie tout au moins. Il ne nous reste plus qu'à savoir quels sont les officiers subalternes qui seront de service à bord dans les jours prochains. Il fallait faire tout cela bien entendu sans éveiller l'attention de qui que ce soit et dans le plus grand secret. Le capitaine Bonnefous se rend à Toulon avec un policier, spécialiste du contre-espionnage, le commissaire Osvald. Ils étudient d'une façon plus précise les indications recueillies, et les personnalités des officiers de service à bord les prochains dimanches ; travail de bénédictin, nuit et jour pendant une semaine.

Finalement, ils s'arrêtent sur Aubert en poste sur le *Vauquelin*. Pourquoi ? Parce que sa morphologie correspond au portrait fait par le graphologue et que son écriture correspond aux spécimens que l'on a recueillis de tous les officiers susceptibles d'être suspectés. Tout cela est assez précis ! Par ailleurs, l'âge et le cursus général d'Aubert semblent correspondre également. Après tout s'il y a un risque à courir, il faut le courir !

Et obtenir peut-être un flagrant délit ! Le dimanche suivant vers quinze heures, Osvald, Bonnefous et un officier du deuxième bureau de la marine de Toulon se présentent à bord du *Vauquelin* sans avoir prévenu de leur arrivée. Ils descendent rapidement dans le bureau de l'officier de quart et tombent sur Aubert, coffres ouverts, en train de recopier les codes de la Marine. Il devient vert, pâle, à la limite de l'évanouissement... Il est immédiatement arrêté.

L'affaire ne pouvait pas s'arrêter là ! Comme je vous l'ai déjà expliqué, le contre-espionnage ce n'est pas simplement faire arrêter quelqu'un ; c'est également faire en sorte que le secret qui a fui soit neutralisé. Il faut noyer le vrai dans du faux à caractère vraisemblable. Après avoir arrêté Aubert, il fallait continuer ! Par l'intermédiaire de la boîte aux lettres de Dublin, il fallait alimenter l'Abwehr ! Aubert n'a pas l'esprit retors, méchant et hargneux : il avoue sa trahison et raconte, sans cacher quoi que ce soit, sa misérable existence et les conditions dans lesquelles il a pris contact avec l'Abwehr. On arrête également sa maîtresse à Toulon. Elle était évidemment complice, tout au moins dans l'utilisation des fonds qu'elle retirait de cette trahison. Aubert nous révèle également les conditions dans lesquelles il était alimenté en instructions et en fonds par les Allemands. Nous savions la façon dont il correspondait avec Dublin, mais nous ne savions pas comment les Allemands lui adressaient leurs questionnaires, leurs réflexions et l'argent. Nous apprenons ainsi qu'il reçoit des bouquins. Ces livres sont « renseignés », si l'on peut dire. À certaines pages des petits trous d'épingle au-dessous des caractères imprimés composent un message. C'est astucieux et compliqué. On saisit l'un de ces bouquins. Nous arrivons à reconstituer le message de l'Abwehr en regardant par transparence les chiffres et les lettres qui étaient très légèrement trouées en dessous. Par ailleurs, l'argent sous forme de billets de banque était glissé dans les pages non découpées et qui formaient poche. C'est ainsi que, à peu près tous les mois, Aubert recevait les instructions, les questionnaires et l'argent dont il avait besoin. On apprend également que ces livres sont livrés à Paris par l'intermédiaire d'un Schaffner, c'est-à-dire d'un employé des wagons-lits allemands, faisant le trajet de Berlin ou de Hambourg. Les livres étaient achetés par les Allemands, je ne sais où, et bricolés à Hambourg. On remettait le tout au Schaffner qui, arrivé à Paris, le postait à l'adresse d'Aubert. Ni vu, ni connu ! Tout le monde peut recevoir des livres sans attirer spécialement l'attention. C'était bien fait ! Les messages étaient évidemment difficiles à percevoir pour un profane qui ne se méfiait pas ; en général ils étaient courts et les questionnaires précis.

Le problème était de nous substituer à Aubert pendant un certain temps, car il n'était pas question d'empêcher la justice de faire son œuvre. Quand il a été arrêté, à la fin de 1938, c'est précisément le moment où, après de véhéments efforts, nous avions obtenu du ministère de la Justice que l'espionnage et la trahison soient considérés comme crimes, et non plus comme délits de caractère politique. Il n'était pas possible, notamment après Munich, de mollir sur les peines à appliquer à un traître. Il y avait en plus une force dissuasive dans la publication de la sentence qui allait être prononcée à l'encontre d'Aubert. Nous avions pour nous substituer à lui un délai relativement court, une marge de manœuvre limitée. Il s'agissait d'une part de répondre aux questionnaires de l'Abwehr, et d'autre part d'envoyer le travail que venait de faire Aubert. Nous avons tapé sur une machine à écrire du *Vauquelin* la réponse qu'aurait faite Aubert lui-même. Nous indiquions, dans cette réponse, que nous utilisions une machine à écrire pour être plus précis dans l'exposé de notre travail et la reproduction des codes ; il restait à signer ou faire un grigri qui correspondait à la façon dont Aubert signait ses lettres. Il ne signait d'ailleurs pas de son nom mais d'une espèce de sigle qu'il avait peut-être convenu avec Hunterberg, et que Bonnefous a pu reproduire de façon impeccable. Dans notre réponse, nous avons envoyé effectivement un code, mais périmé et tapé à la machine. C'était long, mais Aubert était censé disposer de toute la journée pour le faire. Pour finir, nous avons ajouté à la petite formule de politesse : « J'espère que vous serez content. J'attends la manifestation de votre satisfaction, etc. »

Quinze jours plus tard, quelle joie lorsque, au domicile d'Aubert, on reçoit un livre pointé, avec félicitations, et des billets de banque… ! Dans la même correspondance, l'Abwehr de Hambourg demandait quelques précisions complémentaires sur plusieurs bateaux, précisions que, en accord avec la Marine, nous avons données en évitant qu'elles ne puissent présenter un danger pour l'avenir. Nous répondions toujours en tapant à la machine, en soulignant les bénéfices de ce procédé précis et plus sûr. Pendant ce temps, l'instruction de l'affaire Aubert se poursuivait en secret devant le juge d'instruction militaire qui avait été mis en garde contre toute indiscrétion sur cette affaire. Nous nous rendions bien compte que le jeu ne pouvait pas durer éternellement… Et d'ailleurs d'un autre côté, je vous l'ai dit, nous voulions absolument qu'il y ait une sentence et que cette sentence soit publique et dissuasive. Six mois après son arrestation, Aubert passe devant le tribunal militaire de Toulon, et il est condamné à mort. On ne pouvait pas ne pas laisser publier cette sentence. Quelques jours après, le Président de la République refuse la grâce et Aubert est fusillé dans l'arsenal de Toulon. Quelques jours plus tard, le Schaffner arrive à la gare du Nord avec un nouveau paquet de livres. Nous le faisons arrêter, nous prenons connaissance des livres, et à l'intérieur de l'un d'eux – les Allemands ont su par la presse la condamnation à mort et l'exécution d'Aubert – nous trouvons un message de félicitations ! Voilà la bien triste affaire Aubert... !

– La fin est très fair-play !... Cette histoire m'amène à un certain nombre de réflexions ; d'abord la facilité avec laquelle on peut aller trouver un attaché militaire dans une ambassade, et lui dire : « Je veux faire de l'espionnage, j'ai envie de trahir... est-ce que vous êtes d'accord ? » Mais les choses étaient peut-être plus faciles dans une période historique très trouble... ?

– Il y a deux raisons qui peuvent expliquer la démarche d'Aubert. Tout d'abord la faiblesse de son caractère et l'influence de la fille qui lui pompe tout son argent. Ce qui était significatif, c'est que dans son expertise, le graphologue avait précisé que c'était un « sensuel ». Ce garçon avait été littéralement envoûté par sa maîtresse.

Il y a aussi l'ambiance générale, j'allais dire politique, qui explique un peu sa démarche auprès de l'Allemagne : car il aurait pu aussi bien aller voir les Italiens ou les Russes ! C'est l'Allemagne, car on sent depuis Munich sa pression politique pour obtenir la révision du Traité de Versailles, et un certain nombre d'avantages. En France, l'opposition aux visées de Hitler était faible, mais l'éventualité d'un conflit n'était pas totalement écartée. Plutôt que d'aller présenter ses services aux Japonnais ou ailleurs, Aubert va chez les Allemands car il sent très bien que ce sont eux qui profiteront au mieux des indications qu'il est susceptible de donner.

Vous dites qu'il est tout de même fabuleux que

n'importe qui puisse aller trouver un attaché militaire ou tout simplement un attaché d'ambassade pour offrir ses services ; j'ose vous dire que c'est quotidien ! Et même encore maintenant ! Je n'ai pas d'exemple précis à vous donner, mais je suis convaincu que des démarches de ce genre sont toujours possibles. Pour vous montrer à quel point ce procédé était pour nous classique, en face du consulat général d'Allemagne, et en face de l'ambassade d'Allemagne, rue de Lille, nous avions loué des locaux où en permanence des agents de nos services prenaient les photographies des gens qui entraient à l'intérieur et que nous cherchions à identifier. Pour vous donner encore plus de précisions, je peux vous dire que devant le consulat général d'Allemagne, rue Huysmans – où venaient beaucoup plus de Français qu'à l'ambassade – un de nos honorables correspondants avait eu la gentillesse de louer à ses frais des locaux, et d'y installer un petit studio où était en place un observateur avec appareil photo de précision.

Ce correspondant, M. Dobrouchkess, était le patron d'une entreprise de ramassage d'ordures ménagères. Il avait fait une guerre 1914-1918 remarquable. Il était venu à nous en 1937 car en passant sur la route qui traverse le camp de Satory – entre Versailles et Saint-Cyr-l'École – vers seize ou dix-sept heures, il avait aperçu des voitures allemandes arrêtées et des hommes qui prenaient des photographies du matériel à l'essai sur le champ de manœuvre. Ce n'étaient pas des matériels particulièrement secrets mais lui, ne sachant pas de quoi il retournait, a téléphoné au premier bureau de police de Versailles trouvé dans l'annuaire. On l'a envoyé promener : « Ce n'est pas de notre compétence, adressez-vous à l'état-major de l'armée ! » Il téléphone à Paris, fait tout un périple, pour finalement aboutir à mon bureau. Je pense avoir affaire à un fou ! « Croyez-moi, les Allemands sont en train de photographier du matériel ! Il faut faire quelque chose ! » Je lui dis de venir me voir, pour qu'il m'explique de quoi il retourne. Il était trop tard pour intervenir. Effectivement il est venu. Il nous a parlé de ce qu'il avait vu et nous a offert ses services. Voilà comment ce monsieur est devenu un honorable correspondant de notre maison. Cela dit pour vous montrer que nous savions et nous comprenions parfaitement l'utilisation qui pouvait être faite des représentations consulaires et diplomatiques étrangères dans le recrutement des agents. Ne vous étonnez pas si, nous-mêmes, nous avons pu de cette façon-là recruter Hans-Thilo Schmidt et quelques autres !... Les Allemands faisaient la même chose !

– C'était de bonne guerre... ?

– C'était de bonne guerre !

– Je suis frappé par le côté « sportif » de votre lutte avec l'Abwehr ; on s'arrête un espion, on s'envoie un petit mot de félicitations... nous sommes entre militaires ! Mais entre vous il y a un homme utilisé comme un pion – que ce soit Aubert ou Hans-Thilo Schmidt et d'autres je suppose – qui va y laisser sa peau... C'est peut-être du sport, mais pour eux, c'est un sport fatal ! Si vous n'aviez pas lancé cette politique de dureté, de répression de la trahison, vous auriez pu retourner simplement ce brave Aubert qui aurait servi à intoxiquer les Allemands pendant quelque temps...

– Nous étions, fin 1938, en présence d'une situation exceptionnelle qui, sur le plan de la répression de la trahison, méritait des exemples... et surtout dans l'armée !

Par ailleurs, s'agissant d'un officier français, nous avions quelques scrupules d'ordre moral à lui demander de se prêter à un tel jeu. Il a trahi... il a trahi ! Il le reconnaît, donc il paie ! Continuer le jeu en trahissant maintenant son employeur, une trahison à double détente, ça avait quelque chose de répugnant. Je ne veux pas dire par là que nous n'en avons jamais usé ! Chaque fois, et notamment pendant l'Occupation, que nous avons eu la possibilité de retourner un agent, on l'a fait ! Comme les Allemands l'ont fait eux-mêmes et à une grande échelle. À cet égard, ils ont été très habiles ! À tel point qu'il a fallu utiliser des procédés techniques pointus pour être à peu près sûrs que l'on n'avait pas en face de soi un manipulateur radio différent de celui qu'on avait envoyé.

Autant l'agent de pénétration est un agent remarquable et respectable, autant le monsieur qui est retourné, qui a commencé par trahir, est peu recommandable. En le retournant, on lui donne une sorte de possibilité de réhabilitation. Mais jusqu'à quel point est-ce sincère ? Dans la majorité des cas, celui qui est arrêté en flagrant délit de trahison fera ce que vous voulez pour échapper à la sanction… Mais est-ce profond ? Est-ce crédible ?

– Hans-Thilo Schmidt est un cas assez ambigu. Il commence par des motivations totalement vénales, méprisables, et il est « blanchi » en quelque sorte, réhabilité, par une prise de conscience politique et idéologique. Néanmoins il trahit… !

– Bien sûr !… Et il ne pouvait inspirer en 1931 qu'un sentiment de mépris, mépris monnayé, qui nous rapportait énormément. Avec le temps, il s'est transformé. Au cours des douze ans où il a été sous notre contrôle, il a évolué ! Déjà entre le mois de novembre 1931, où Hans-Thilo Schmidt nous fait ses offres de services, et janvier 1933 où Hitler prend le pouvoir, il change moralement. Il faut approfondir cet aspect psychologique du problème d'Hans-Thilo Schmidt. Il avait été élevé dans une famille très digne où l'honneur de son pays était toujours mis en avant, il ne pouvait, à un moment donné, qu'être conscient du caractère vil de son initiative de départ. Et c'est tout le mérite des officiers français qui ont traité avec lui, et qui étaient, eux, des officiers de la qualité morale de son frère, d'avoir provoqué le retournement de cet homme.

– Sauf qu'il continue à toucher de l'argent ...

– Oui, mais c'est plus nuancé que ça ! Il est certain, que de fin 1930 à janvier 1933, à l'avènement d'Hitler la motivation essentielle de son action, c'était l'argent ; après, ce n'est plus tellement évident ! Il fallait bien vivre et nous, lui témoigner notre reconnaissance.

– Est-ce qu'il ne s'agit pas là d'un travail particulièrement intelligent de son officier traitant – c'est vrai que quelqu'un qui travaille pour de l'argent n'est pas sûr longtemps ; je ne pense pas que ça aurait duré douze ans dans ces conditions – qui tout doucement l'a fait basculer de manière à lui donner une justification idéologique ?

– Absolument... ! Nous touchons de nouveau à l'un des aspects essentiels de la formation d'un officier traitant. En matière de contre-espionnage, l'agent numéro un, c'est l'agent de pénétration. Celui-là, nous l'avons recruté, il n'y a pas de problème de confiance ! Par contre, l'agent ennemi que l'on retourne nous donne toutes sortes de raisons pour douter de sa sincérité. Il y a des exceptions. Un exemple, à cet égard qui est tout à fait caractéristique, c'est celui d'un ancien intendant de police de Vichy, ancien officier supérieur de l'armée française, officier de la Légion d'honneur, qui, au mois de novembre 1942, a été recruté et expédié par l'Abwehr en Tunisie, au moment où ce pays était occupé par l'Allemagne. Cet homme est arrivé à Tunis, avec du personnel, des moyens et des instructions pour mettre en place un réseau dans toute l'Afrique du Nord. Il s'arrange pour nous trouver, et nous dire : « Voilà, je me mets à votre disposition !... » Bien sûr, au départ, il a accepté la mission de trahison ! Ça pose un problème. Je suis directeur de la sécurité militaire, et chef des services de contre-espionnage à Alger. Je dois décider du sort de ce personnage que je ne connais pas mais dont je sais qu'il a travaillé pour le régime de Vichy comme intendant de police... Que dois-je faire ? J'ai décidé de jouer le jeu ! Et il va nous aider effectivement, d'une façon magistrale, à tromper les Allemands, permettre l'occupation de la Tunisie sans coup férir au mois de mai 1943, faciliter le débarquement des Alliés en Sicile par les informations orientées qu'il passait à l'Abwehr. En définitive, il a participé aux opérations de libération de notre pays en continuant à travailler au « bénéfice » de l'Abwehr, mais sous notre contrôle...

Il faut dire que c'était un personnage aussi retors qu'intelligent, qu'il fut traité par des officiers avisés et prudents et dans des circonstances où il eut été fou de persister à servir la cause perdue de l'Axe.

Vous sentez bien dans mes réflexions la considération très particulière que j'ai éprouvée pour cet agent. Finalement, dans le cadre de l'action d'intoxication entreprise par les Alliés, il nous a été d'une très grande utilité. Voilà un exemple qui montre qu'en certaines circonstances, la règle que nous avions établie peut être infléchie... avec précautions et en fonction des besoins du moment.

Il y a eu un autre exemple, toujours pendant cette période d'Afrique du Nord en 1943-1944 : un officier français d'active, ancien saint-cyrien. Pour des raisons personnelles que j'ignore, il était entré en contact avec

Reile, le chef de l'Abwehr III à Paris, fin 1943. Celui-ci, dont je vous ai dit le médiocre professionnalisme, l'instruit, lui donne du personnel, du matériel, et l'expédie par avion en avril 1944 en Afrique du Nord. Il est parachuté dans la région d'Oujda. Nous avions été informés de la préparation de cette opération par un de nos agents de pénétration. Je demande à la Surveillance du Territoire d'envoyer du personnel pour le coincer tout de suite. Problème pour moi : est-ce que je le laisse faire, ou est-ce que je le fais arrêter tout de suite ?... J'ai donné l'ordre qu'il soit arrêté tout de suite ! Je n'ai pas voulu qu'un jeune officier français, saint-cyrien, puisse à un moment donné servir l'Allemagne, quitte à ce que par la suite, on le retourne. Vous voyez ce que je veux dire ? J'ai estimé que je n'avais pas le droit moral de courir le risque de le voir s'enfoncer dans la trahison... !

– Vous l'avez « moralisé » malgré lui en quelque sorte... !

– Je l'ai mis entre les mains de la justice. Il avait déjà amorcé un acte de trahison en acceptant sans être mandaté par nous de travailler pour l'ennemi. Il a eu une défense facile : il a dit au juge d'instruction chargé de son affaire : « J'ai été arrêté par la Surveillance du Territoire sur ordre du commandant Paillole alors que je me proposais de lui offrir mes services... » Il m'a dit aussi la même chose lorsque j'étais allé le voir au lendemain de son arrestation.

– ...et c'était peut-être vrai... ?

– ...et c'était peut-être vrai ! Mais quel cas de conscience pour moi ! Croyez-moi, en attendant le parachutage de cette mission ennemie et le résultat de l'arrestation que j'avais prescrite, j'ai passé quelques nuits blanches !

– Je trouve cet aspect moral et terriblement humain de votre métier passionnant ! Par exemple avez-vous eu le cas d'un militaire, venant vous voir en vous disant : « Est-ce que vous pensez que ce soit une bonne idée que j'aille proposer aux Allemands de devenir leur espion ? » ; et qui l'ait fait ?

– Bien sûr... ! Je viens de vous dire tout de suite que nous avions un agent de pénétration auprès de Reile, qui nous avait prévenus de la mission en cause. C'était un officier français remarquable que j'avais expédié d'Alger. Il était passé par l'Espagne et, sous des prétextes idéologiques, avait offert ses services à l'ambassade d'Allemagne à Madrid. Il avait été recruté par l'Abwehr. C'est un des terribles aspects de nos missions !

– Vous insistez beaucoup sur la « moralité » des agents que vous recrutiez ; aviez-vous l'impression que chez les Allemands il y avait les mêmes personnages, cette même moralité ?

– Chez certains officiers de l'Abwehr ?... Oui ! Mais dans la majorité des cas, peut-être pas... ! Je vous ai parlé du recrutement pléthorique de Canaris. On avait le plus souvent, en face de soi dans l'Abwehr, et surtout dans les services nazis de la Sicherheits Polizei, de la Gestapo, des besogneux, qui eux étaient sans scrupules. Mais je reconnais que l'Abwehr a eu un certain nombre d'officiers qui, sur le plan moral, avaient les mêmes principes que les nôtres.

– Des gens qui venaient de la Wehrmacht ?

– Oui... ! Il ne faut pas oublier que l'armée allemande de 1933, la Reichswehr, était une armée réduite, autorisée par le Traité de Versailles, avec un recrutement faible. L'ossature de l'Abwehr, qui a été créée au lendemain même de l'armistice de 1918 – sa naissance date des années 1920 –, était formée de très petits effectifs. Il y avait en principe un poste de l'Abwehr par région militaire allemande constitué souvent d'officiers de carrière. Un officier de réserve y faisait peut-être son service occasionnellement avec quelques sous-officiers. C'était tout ! C'est seulement après l'arrivée de Hitler au pouvoir, et la prise de commandement de l'Abwehr par Canaris en 1935, que l'on a étoffé ces services considérablement.

– Finalement le jeu des services secrets est agréable lorsqu'il se joue entre militaires... ?

– Si vous voulez... ! Vous avez l'air de considérer qu'il s'agit d'un jeu purement militaire, un jeu d'exception... Vous devez comprendre qu'en 1939-1940, les services spéciaux, aussi bien français qu'alliés et allemands, étaient essentiellement constitués par des militaires ou du moins encadrés par des militaires. C'était la notion de défense, prise dans son acception la plus large, qui avait motivé la constitution de ces services secrets. Et cette notion de défense trouvait ses meilleurs défenseurs, si je peux dire, dans l'armée. Cela ne veut pas dire qu'il n'y avait que des militaires dans nos services ; il y avait aussi des civils. Mais c'était quand même les militaires qui étaient à la base de tout. C'est différent maintenant, parce qu'il y a une autre conception de la recherche. Elle s'étend non seulement aux questions militaires de défense, mais à toutes les questions politiques, économiques, industrielles, et de progrès technologique. Il a fallu, étant donné l'étendue et la spécificité de la recherche atomique et son caractère souvent très technique, ouvrir le recrutement à des personnalités qui ont plus de compétences que les militaires, dans bien des cas. Il n'en reste pas moins que dans la plupart des services secrets, les militaires occupent encore une grande place.

Je ne voudrais pas que vous ayez dans la tête l'idée qu'il y avait une sorte d'entente, de connivence, entre officiers, entre militaires de nations adverses... ! Ce qui fait le sel des affaires d'espionnage, lorsqu'elles sont traitées comme celles que je viens de vous indiquer, c'est que ce sont des conflits parfois féroces mais présentant aussi un certain panache. « Der Nachrichtendienst ist ein Ehrendienst : le service de renseignement est un service d'honneur. » C'est tout à fait ça ! Une des caractéristiques de cette activité, c'est qu'on touche à ce qu'il y a parfois de plus abject, et en même temps, la notion de l'honneur et de morale ne doit jamais être perdue de vue. Parce que l'on est toujours confronté à des sujets ou des situations en marge de la morale, le renseignement et le contre-espionnage ne peuvent être confiés qu'à des personnalités à la rigueur morale éprouvée et avec un solide sens patriotique. C'est peut-être difficile à comprendre ! Et c'est la raison pour laquelle, en définitive, cette recommandation de l'Abwehr correspond à ce qu'était notre raison d'être.

Nous nous devions d'être d'autant plus rigoureux que nous avions affaire à des situations terriblement ambiguës, angoissantes, quelquefois sordides !

– *Dans* Services spéciaux, *vous racontez l'histoire d'un maçon italien qui espionnait des dépôts d'armes clandestins et des chantiers secrets de construction militaire, et que vous avez été obligé de faire « disparaître » ; je suppose que ça n'a pas été le seul cas et que, surtout pendant la période de la Résistance, vous avez dû ordonner quelquefois des exécutions sommaires... comment s'accorde-t-on avec la rectitude morale, dans ce genre de situation ?*

– Les faits auxquels vous faites allusion se sont déroulés après l'armistice et durant l'Occupation. Ne perdez pas de vue que nous sommes toujours en guerre et que l'appareil policier et judiciaire, chargé en temps normal de réprimer les crimes d'espionnage, est sous contrôle de l'occupant voire totalement supprimé. En tout cas, il est hors de question, surtout après le 11 novembre 1942, que l'ennemi tolère une répression légale des ses agissements nuisibles à la Résistance et contraires aux intérêts des Alliés et de la France combattante.

Notre mission était sans équivoque ; elle a déterminé la création de nos réseaux clandestins de renseignements et de contre-espionnage en juillet 1940. Nous devions poursuivre par tous les moyens de guerre la lutte contre l'Axe et nous opposer aux menées des services spéciaux ennemis et de leurs auxiliaires.

Lorsque nous recueillions l'assurance d'actions dévastatrices envisagées par l'Abwehr, le Sicherheitsdienst, la Gestapo, surtout avec l'aide de mauvais Français, convenez que nous avions le devoir de nous y opposer. La rectitude morale, en de telles circonstances, consiste à conformer ses actes à l'engagement de défendre sa patrie et ceux qui la soutiennent.

Si nous avons été contraints, en diverses circonstances, de procéder nous-mêmes à la répression brutale du crime d'espionnage et de trahison, ce fut toujours en toute connaissance de cause, avec la conviction que nous n'avions pas d'autre solution pour faire ce que nous estimions être notre devoir.

6.

LE PIRE N'EST PAS TOUJOURS SÛR

ALAIN-GILLES MINELLA – *Vous souvenez-vous du jour de la déclaration de guerre ?*

PAUL PAILLOLE – La déclaration de guerre n'est pas un événement en soi dans la perspective de ce qui était à l'époque la situation générale en Europe et dans le monde. Entre les premières actions marquant la volonté de Hitler de piétiner le Traité de Versailles et la déclaration de guerre proprement dite, il y a eu toute une progression d'événements qui inéluctablement conduisait à la guerre. L'élément déterminant de ce que vous appelez la déclaration de guerre de septembre 1939 a été l'accord signé entre l'Angleterre, la France et la Pologne pour garantir les frontières polonaises. Nous déclarer solidaires de la Pologne entraînerait fatalement une intervention ou alors ce serait renier nos engagements ! À partir du moment où nous avons su, dans un étonnement général, le rapprochement entre l'Allemagne et l'Union soviétique, nous avons compris que la guerre était inéluctable. Ce traité visait essentiellement le partage de la Pologne et par conséquent nous donnait l'obligation de faire quelque chose pour soulager la Pologne en cas d'attaque. Dès cet instant nous avons considéré que le guerre était inévitable ; alors déclaration ou pas déclaration !... Nos dispositifs pris à partir de Munich pour nous préparer à la guerre ont été renforcés et lorsque nous avons appris l'attaque de la Pologne par la Wehrmacht au mois d'août 1939, nous nous attendions d'un instant à l'autre à ce que la France et l'Angleterre tiennent leur parole et réalisent les obligations que leur imposait le traité d'alliance. C'était la guerre bien sûr, mais pour notre part, cela ne pouvait être qu'une action offensive, qui n'a pas eu lieu.

Nous n'avons pas été surpris de la déclaration de guerre. Dans notre maison toutes les dispositions avaient été prises pour faire face à cette situation, non seulement au service central mais également dans nos postes à l'extérieur, en France ou à l'étranger. Le colonel Rivet avait depuis plusieurs semaines alerté tout le monde pour que les dispositions de guerre soient adoptées.

– Nous arrivons dans ce que l'on a appelé la « drôle de guerre », une période de soldats désœuvrés, d'ennui qui dure des mois, qui mine le moral, où personne ne fait rien en se demandant ce qui va se passer... Pour vous cela a dû être exactement le contraire, une période de suractivité incroyable, tout devait bouger dans tous les sens, le renseignement, la course aux espions ?...

– Il y a d'abord eu la guerre éclair faite par l'Allemagne à la Pologne. Elle était pleine d'enseignements et nous en avons suivi de très près le déroulement. Rien ne nous a échappé de cette guerre qui s'est terminée par le désastre de l'armée polonaise et l'occupation totale de la Pologne, une partie par l'Allemagne et l'autre par les Soviétiques. Cette guerre a donc été un sujet d'observations avec des conclusions qui auraient dû, sur la base des informations fournies par nos services et celles directement recueillies par le deuxième bureau de l'armée, inciter le commandement à porter son attention sur les caractéristiques de cette guerre éclair, c'est-à-dire l'utilisation massive et concomitante du char et de l'aviation. Ces enseignements auraient dû inciter notre commandement à réfléchir à la parade dans l'hypothèse d'une attaque sur le front ouest. Cela échappe à ma compréhension que des hommes aussi intelligents que ceux que nous avions à la tête de l'armée, et en particulier dans l'état-major, n'aient pas tiré quelques directives sur la façon dont il convenait de s'opposer à une éventuelle offensive allemande ! Nous sommes restés dans la conception défensive de la ligne Maginot ! Il eût sans doute fallu étendre rapidement et puissamment la couverture défensive de la France depuis les Ardennes jusqu'à la mer du Nord, c'est-à-dire compléter la ligne Maginot puisque l'on savait que l'intention de Hitler et du commandement allemand était de passer par le Luxembourg, la Belgique et la Hollande pour attaquer la France. Il y avait certainement une conception tactique à rénover pour faire face à celle de la Wehrmacht. La réponse du commandement français à ce que nous affirmions être l'enseignement majeur de la campagne de Pologne a été de dire que « la France n'est pas la Pologne » ! Il était hors de question de faire la guerre à l'ouest comme elle a été faite à l'est !... Une réponse qui aujourd'hui, évidemment, paraît simpliste, sinon coupable !

Dès après l'écrasement de la Pologne, nous avons assisté au retour progressif et massif des unités de la Wehrmacht vers l'ouest. Nous en avons tenu compte et nous avons toujours donné l'ordre de bataille allemand avec une précision qui touche l'absolu. Cela impliquait pour nous la certitude qu'un jour, si un événement n'intervenait pas, cette armée allemande prendrait l'offensive sensiblement dans les mêmes conditions qu'en Pologne. On s'est alors enfoncé dans la « drôle de guerre ». Petit à petit devant cette inertie, certains ont pu imaginer qu'en temporisant, l'Allemagne recherchait une solution pacifique et que le dispositif dont elle usait avait pour but de faire peur, tout en faisant comprendre que les événements à l'est étaient définitivement acquis et qu'elle ne cherchait pas à étendre davantage le conflit à l'ouest.

– On a vraiment pensé que l'Allemagne avait peur d'attaquer la France ?

– On a vraiment pensé qu'elle répugnait à étendre le conflit. Lors de notre dernier entretien, je vous disais qu'entre Munich et l'invasion de la Pologne, il s'était passé un an. Cette année-là, nous le savions, était bénéfique pour l'Allemagne dont le potentiel de guerre allait en augmentant avec une rapidité supérieure à la nôtre.

Pendant la « drôle de guerre », l'opinion publique en France restait dans ce même état d'esprit « pacifiste » dont nous avons déjà parlé. À force d'entendre aussi bien au sommet de l'État que dans l'opinion : « Mais les Allemands n'attaquent pas, vous le voyez bien ! Ils cherchent une solution pacifique ; pourquoi pas ! On doit la trouver !... » et ainsi de suite... Cette temporisation a sûrement été considérée comme une hésitation, de la part du commandement et du gouvernement allemands, à déclencher une hostilité générale et comme la recherche d'une solution pacifique. C'était la propagande répandue généralement par le Reich.

Si dans nos esprits de spécialistes du renseignement et de la lutte contre l'espionnage la conviction demeurait que la Wehrmacht attaquerait un jour, il n'en restait pas moins que nous étions comme tout le monde tributaires de la politique d'atermoiements du gouvernement et du commandement. Cette politique se concrétisait par une négligence à prendre en considération les informations que nous donnions et qui chaque jour étaient plus précises : d'une part sur la concentration et la nature des grandes unités de la Wehrmacht qui participeraient à l'offensive à l'ouest, d'autre part sur l'orientation de cette offensive à travers le Luxembourg, la Belgique, la Hollande et *in fine*, à partir des mois de mars et avril 1940, la certitude que cette offensive se ferait en mai à travers les Ardennes. Tout cela est devenu une donnée certaine que nous avons mise à la disposition du commandement. Elle a été étudiée. De l'étude, il a été conclu que cette hypothèse ne pouvait pas être retenue car la maintenance d'une importante offensive à travers un pays aussi tourmenté que les Ardennes n'était pas réalisable.

– Lorsque j'ai étudié la Bataille de France à l'école, trente ans après, on m'a appris que le franchissement des Ardennes avait été une surprise absolue, que personne ne s'y attendait alors que vous le saviez des semaines à l'avance.

– Absolument ! Vous soulevez là un problème clé. Cet endormissement, cette léthargie ambiante qui sont allés croissants depuis le mois d'octobre 1939 jusqu'au mois de mai 1940 ont fait que l'armée française était elle aussi touchée et n'a pas su, n'a pas pu résister à l'offensive de la Wehrmacht. Encore une fois, la maîtrise des services de propagande allemands a été décisive. Il était essentiel pour eux que la France doute et qu'elle ne soit pas en état moral de lutter.

C'est le moment où l'offensive des services de l'Abwehr 2, la partie de l'Abwehr spécialisée dans la propagande et le sabotage autant moral que matériel, s'est accentuée dans la zone des armées et à l'intérieur de notre pays. L'influence de cette propagande a été déterminante aussi bien en Alsace qu'en Bretagne, dans le Pays basque, un peu partout, et bien entendu à Paris. Propagande dont on voyait également les effets sur les troupes en opération. Je pense à Ferdonnet qui, depuis la radio de Stuttgart, inondait l'armée française de fausses nouvelles, de perspectives de paix : « Ne vous en faites pas, l'Allemagne n'attaquera jamais ! Tout ce que nous cherchons, c'est chasser le communisme, laissez nous agir à l'est. » Et cette propagande, perçue jusque dans les unités en opération, était mortelle ! Nous avons tenté de la stopper mais nous n'y sommes pas parvenus. Nous avions demandé que les troupes sur les théâtres d'opérations ne puissent pas disposer d'appareil récepteur radio. Non seulement nous ne l'avons pas obtenu mais le commandement à fait distribuer des postes pour permettre à toutes les unités sur le front, qui ne faisaient rien, qui s'ennuyaient et qui écoutaient la radio à longueur de journée, de bien se pénétrer de la propagande allemande ! Vous imaginez dans quel état d'esprit pouvait être une armée matraquée de cette façon-là pendant des mois et des mois ! Dans quel état moral elle se trouvait lorsqu'elle subit le choc d'une Wehrmacht qui, elle, était surtendue !

– *Vous est-il arrivé de souhaiter que les Allemands attaquent pour qu'enfin on sorte de cette impuissance ?*

– Nous ne l'avons jamais souhaité parce que nous avons toujours eu conscience que la Wehrmacht était trop forte ! Nous en avons eu la confirmation dès le mois d'octobre 1939. Dans l'espoir de donner un souffle de soulagement à la Pologne, le commandement français a lancé une offensive sur la Sarre, une offensive minime. Au contact des troupes allemandes, il y a eu combat ; les Français sont restés quelque temps en territoire allemand et finalement sont revenus sur les positions de départ, sans pour autant que l'on puisse considérer qu'il y ait eu défaite de la part de l'un ou l'autre des belligérants.

À l'occasion de cette offensive, certains de mes camarades m'ont informé de la façon dont les choses s'étaient déroulées. Ils m'ont dit : « La combativité de la Wehrmacht est fabuleuse ! Nous nous sommes trouvés en présence de soldats instruits, courageux, sachant se battre et malgré les gros moyens que nous avons mis pour occuper une petite parcelle de terrain, nous avons eu les pires difficultés pour atteindre les objectifs – totalement bidons d'ailleurs ! – que le commandement nous avait assignés. » Nous nous étions donc parfaitement rendu compte que le combattant allemand était un combattant de valeur, motivé par un idéal : annuler le Traité de Versailles et récupérer tout ce qui avait été perdu en 1918. Quand vous me demandez si nous souhaitions que l'offensive allemande intervienne le plus rapidement possible pour obliger le commandement français et allié à un peu plus de vigueur et de détermination... pour notre part, c'était non ! C'était une douloureuse expectative parce que nous savions que les capacités de l'armement allemand était encore supérieures aux nôtres.

– On ne pouvait pas gagner, c'était impossible !...

– Impossible ! D'ailleurs il y a quelqu'un qui le dit d'une façon nette, c'est le colonel Gauché qui était chef du deuxième bureau de l'état-major de l'armée et qui à la veille de la prise de décision de déclarer la guerre à l'Allemagne a établi un rapport pour le commandement français indiquant que jamais la France ne s'est lancée dans une guerre avec moins de moyens et moins de possibilités d'envisager une issue heureuse du conflit.

Nous ne souhaitions pas la bataille, en revanche nous souhaitions que l'Amérique s'engage ! Si par bonheur les État-Unis avaient pris nettement position dans le conflit dès la fin de 1939 ou au début de 1940, leur intervention aurait changé les choses ; en tout cas c'était notre espoir ! Nous étions très désireux de voir l'engagement des État-Unis à nos côtés, mais un engagement militaire, pas simplement un engagement moral et économique comme ce fut le cas. Cette période de septembre 1939 à mai 1940 a été pour nous très décevante car nous voyions notre pays se vautrer dans la léthargie et un vain espoir de paix ; parallèlement l'Allemagne, de plus en plus déterminée, préparait son offensive avec méthode, minutie et tous les moyens de son industrie survoltée.

Ce qui s'est produit malgré nos avertissements nous a tout de même laissé une amère impression de surprise. Nous pensions effectivement que la Wehrmacht était en possession des forces suffisantes pour attaquer durement notre dispositif défensif. Nous ne pensions pas que nous aboutirions à une débâcle aussi totale. C'est là encore un des pénibles enseignements de cette guerre ; nous avons probablement – je parle de nos services – manqué de réalisme et d'audace. Nous connaissions la détermination de Hitler et du commandement allemand ; nous savions la puissance de la Wehrmacht et les difficultés que nous aurions à nous défendre ; nous étions parfaitement conscients que, malgré nos avertissements, le dispositif défensif installé au débouché des Ardennes était insuffisant ; nous connaissions également la stupide politique de neutralité des Belges et des Hollandais qui aboutirait à leur impossibilité d'arrêter voire même de paralyser un temps l'offensive allemande... Ces éléments auraient dû nous amener à envisager le pire : l'occupation de la France ; nous ne l'avons pas fait ! En fonction de cette tragique mais réaliste hypothèse qui était la logique conclusion de ce que nous pensions, nous aurions dû mettre en place déjà des moyens « d'arrière-garde » qui nous auraient permis de nous replier en ordre et de disposer de moyens d'information et de lutte clandestine contre l'envahisseur. Là encore, nous ne l'avons pas fait ! Mes patrons – je pense à Rivet, à Schlesser et au-dessus d'eux – n'ont jamais imaginé que la déroute de l'armée pouvait être à ce point décisive. Car je ne crois pas qu'il y ait dans notre histoire moderne une débâcle pareille à celle qui fut la nôtre pendant ce mois de juin 1940. C'était affolant !

– C'est une des premières choses que vous m'ayez dites lorsque nous préparions ces entretiens, à quel point il est affolant de voir un peuple entier sur les routes...

– Absolument ! C'est un enseignement aussi pour l'avenir. Il faut toujours prévoir le pire. Claudel écrit dans *Le Soulier de satin* : « Le pire n'est pas toujours sûr ! » ; c'est vrai, mais il faut toujours l'envisager. Malheureusement pour nous, nous ne l'avions pas envisagé. Nous avons eu de grosses difficultés pour faire face à une situation qui, je le répète, aurait dû être préparée dès Munich ! C'est toujours la même chose, on recherche dans le fond de soi-même ce refuge miracle qui évitera que le pire n'advienne. C'était vrai pour nous comme pour tout le monde.

– Au moment de la débâcle, je suppose qu'il vous a fallu, comme pour la plupart des administrations, vous replier au sud de la Loire ?

– Quand nous avons constaté la défaite totale de nos

armées, il a fallu se rendre à l'évidence. Un ordre de repli fut transmis à nos services, mais les conditions de ce repli n'étaient pas préparées. Nous avons fait ainsi une série de sauts de puce vers l'arrière ; chaque fois avec des moyens improvisés, perdant plus ou moins le contact avec nos informateurs, avec les postes disséminés en France et à l'étranger, pour perdre finalement le contact avec les Britanniques eux-mêmes. Du 12 juin au 1er juillet 1940, nous avons vécu une période navrante, désolante à tout point de vue. La question des archives s'est posée !

Nous avions une quarantaine de tonnes d'archives qui, à la veille de Munich, avaient été transférées de Paris à La Ferté-sous-Jouarre, pas loin du poste de commandement du général Georges, commandant en chef du théâtre d'opérations du Nord-Ouest. Nous les avions mises en place dans un château réquisitionné, le château Pereire. En juin 1940, il a fallu les transférer vers le sud. Nous avons réquisitionné des camions, ce qui n'a pas été trop difficile, malgré la lourdeur de l'opération.

Elles furent expédiées sur la Loire où on les a déballées avec l'espoir fou que l'on arriverait malgré tout à colmater l'offensive allemande. Installés là provisoirement, nous avons recommencé à travailler, à tenter de reprendre le contact avec nos informateurs, avec nos postes… On n'avait pas encore réalisé cette opération qu'il fallait tout remballer et de nouveau se replier. De la Loire nous sommes allés dans le Massif central, au camp militaire de La Courtine, puis de là sur la Garonne à La Réole, enfin à Bon Encontre, près d'Agen, et Brax, près de Toulouse. La question du transfert par camions s'est encore posée : ceux qui avaient été utilisés jusqu'à la Loire avaient dû être remis à la disposition de l'armée qui en avait grand besoin. Il a fallu en trouver d'autres. Bref, au fur et à mesure que nous descendions vers le Midi, ces archives devenaient de plus en plus encombrantes. La pagaille était telle que, je ne sais pourquoi, fin juin, j'ai hérité de ces archives en perdition. Embarrassé par cette mission, à laquelle je ne m'attendais pas, je me suis tourné vers des honorables correspondants qui pouvaient m'aider ; on a d'abord camouflé ces archives dans les caves des fromageries de Roquefort ; comme on ne pouvait pas rester éternellement là, nous les avons de nouveau véhiculées vers le sud. Là, j'ai donné l'ordre d'alléger notre fardeau et de détruire celles des archives qui n'étaient plus nécessaires, c'est-à-dire les plus anciennes qui ne pouvaient plus être exploitées. Au fur et à mesure que l'on se repliait, on brûlait des tonnes d'archives, et finalement, lorsque nous sommes arrivés dans le Midi, à Brax, on s'est retrouvé avec une trentaine de tonnes, qui étaient encore bien encombrantes. Et nous avons continué à brûler…

– *Une véritable peau de chagrin ?...*

– C'est exactement ça ! Finalement, celles qui sont restées, et qui représentaient quelque chose comme vingt-cinq tonnes, ont été transférées vers le point de repli que je m'étais assigné, à Marseille. Ne sachant trop qu'en faire, craignant toujours une incursion ennemie, je me suis tourné vers les marins pour leur demander de les embarquer sur un bateau de guerre, et les transférer ainsi en Afrique du Nord. Les marins ont transmis ma demande à l'état-major de la Marine à Vichy qui a refusé.

Je demandai alors aux marins qu'ils nous aident au moins à camoufler ces dossiers et ces milliers de fiches. La clé d'un service de contre-espionnage, c'est un fichier aussi complet et précis que possible. Au mois d'août 1940, les tonnes d'archives restantes ont été camouflées dans la prison maritime de l'arsenal de Toulon.

J'ai trouvé en la personne du commandant Nomura, le chef du deuxième bureau de la Marine à Toulon, un camarade compréhensif qui m'a beaucoup aidé. Finalement, en novembre 1940, le commandant Nomura m'a dit : « Ces archives occupent beaucoup de place. Il faut songer à nous en débarrasser. » Je les ai fait transférer à Marseille, dans notre P.C. clandestin de la villa Éole, où là encore elles m'ont créé de gros soucis. Nous avons continué à nous chauffer pendant tout l'hiver avec quelques tonnes de documents. Les vingt-cinq tonnes furent réduites à vingt tonnes. Ainsi, depuis Paris, j'avais allégé de moitié notre fardeau.

Après Montoire, la politique de collaboration nous ayant fait fâcheuse impression, nous avons pensé, avec le colonel Rivet, que le gouvernement de Vichy était capable de prendre des solutions extrêmes dans le conflit, et peut-être même d'envisager une alliance avec l'ennemi. On pouvait tout craindre. C'était vraiment une situation inconfortable. On a redemandé à l'amirauté de transférer ces archives à Alger. Nouveau refus ! Alors nous avons continué à brûler.

Arrive 1942, année qui marque un tournant dans le conflit ; l'Amérique est entrée en guerre, la Wehrmacht est stoppée en Russie soviétique. Les perspectives étaient totalement différentes de celles de 1940. Dans l'hypothèse où les Américains et les Alliés, suivant d'ailleurs les injonctions de Staline, créeraient un deuxième front à l'ouest, nous imaginions bien que les Allemands, un jour ou l'autre, occuperaient la totalité de la zone libre. Nous avons de nouveau demandé à l'amiral Darlan, au mois de juillet 1942, d'autoriser le transport de nos archives en Afrique du Nord. Et nous l'avons fait d'une façon très insistante ! Il nous a fait cette réponse assez extraordinaire : « Vous avez tout fait pour que ces archives ne tombent pas entre les mains des Allemands, et vous voulez maintenant les faire tomber entre les mains des Anglais ? » Refus ! Il n'y avait plus qu'une solution : nous débrouiller pour sauver ce qui devait l'être à tout prix. Je dois dire que, aux vingt tonnes d'archives, s'étaient ajoutés quelque mille kilos, et même davantage, d'archives constituées pendant la période de juillet 1940 à juillet 1942. Pendant ces deux années-là, nous avions beaucoup travaillé ! Nous avions recueilli sur les activités de la Wehrmacht, de l'Abwehr, du Sichereitsdienst, des auxiliaires, de l'Allemagne, de l'O.V.R.A. (les services secrets italiens), etc., des masses d'informations. On avait travaillé avec un rendement qui était très supérieur à ce que je pouvais attendre. Jamais je n'aurais imaginé qu'en l'espace de deux années, nous aurions pu acquérir autant d'informations, qui, elles, étaient d'actualité et qu'il fallait sauver à tout prix.

Nous avons donc fait trois lots, à partir de juillet 1942. Le premier, le plus gros, représentait le reliquat des fameuses vingt tonnes d'archives expurgées ; un deuxième lot était constitué par les renseignements que l'on venait de recueillir ; un troisième paquet enfin, extrêmement précieux, avec ce que je peux appeler notre propre ordre de bataille, c'est-à-dire la liste de nos agents, des honorables correspondants et des camarades qui travaillaient pour nous, etc.

Chacun de ces lots devait avoir une destination d'autant plus sûre qu'ils étaient plus sensibles ; le troisième lot étant de loin le plus précieux.

Pour le premier lot, nous avons pris contact avec un de nos honorables correspondants, ancien officier de l'armée de l'air, héros de la Première Guerre mondiale, le colonel Favre de Thiérens, celui-là même qui fut le premier « employeur » de François Mitterrand à Vichy dans le cadre de la Légion française des anciens combattants. Nous lui avons demandé l'autorisation de camoufler nos archives dans son domaine rural situé à Lédenon, à une trentaine de kilomètres au nord de Nîmes, dans la garrigue. Cette garrigue offrait toutes sortes d'avantages : le village était isolé, la propriété était cloturée et vaste... C'était vraiment bien, sous réserve, évidemment, que le transfert à Lédenon se fasse discrètement, et que les archives, dans ce nouveau refuge, puissent être enterrées...

Le deuxième lot était déjà plus précieux puisque c'était les archives d'actualité. Il représentait peut-être une à deux tonnes. C'est mon ami le professeur Recordier qui s'est chargé de le camoufler dans son village de naissance, du côté de Salon-de-Provence, à Eyguières.

Le dernier lot, qui représentait trois à quatre cents kilos comprenant les listes de nos agents, les moyens de les joindre, etc., fut camouflé chez l'un de nos camarades qui avait une petite propriété en Auvergne. On l'a retrouvé intact à la Libération, tout comme le lot d'Eyguières.

Le gros lot de Lédenon a été victime d'un quiproquo, qui évidemment a été catastrophique pour nous tous. J'avais mis pour garder ces archives deux militaires : un chef d'archives, le capitaine Garnier, et un de ses adjoints, le gendarme Saint-Jean. Je leur avais demandé d'habiter Lédenon, dans la demeure de M. Favre de Thiérens, de veiller sur nos archives et de les enterrer. Tout cela a été fait ! Au mois de mars 1943, Saint-Jean a été rappelé pour faire un temps de commandement dans la gendarmerie. Dans le courant du mois d'avril, en faisant une tournée à Montpellier, il rencontre un de nos camarades qui avait été au service central de nos services spéciaux, l'adjudant Duplan. C'était un de ses amis. Tous les deux travaillaient ensemble avant la guerre et pendant la première période d'occupation jusqu'en 1942. Effusions. « Comment vas-tu ? Comment vont les camarades ? Et où est le commandant Paillole ? Et où est Garnier ? – Il a une bonne planque ; il est à Lédenon avec les archives ! » Catastrophe !... Duplan travaillait sous contrôle de l'Abwehr ! Il avait été arrêté, et, pour sauver sa peau, avait accepté de faire le mouton. Huit jours plus tard, des camions de la Wehrmacht arrivent. Les Allemands s'emparent de Garnier et de Saint-Jean qu'ils sont allés chercher dans sa brigade. Sous la direction de Geissler, le chef de la Gestapo à Vichy, ils embarquent les deux hommes avec les archives dans un premier temps pour Vichy. Puis de là, les archives, avec leurs gardiens, sont transférées en train jusqu'en Tchécoslovaquie, dans un camp S.S. où l'Abwehr tente de les exploiter. Après avoir vu qu'il s'agissait d'archives historiques n'ayant aucun intérêt immédiat, les Allemands referment le tout et le laissent sur place avec Garnier. Saint-Jean est envoyé dans un camp de représailles en Tchécoslovaquie, où il sera terriblement malmené.

La guerre évolue : l'armée soviétique pénètre en Tchécoslovaquie, s'empare du camp où étaient entreposées les archives, les saisit, et libère Garnier qui rentre en France. Les fameuses vingt tonnes, ou ce qu'il en restait, partent vers Moscou !

À la Libération, nous avons cherché à les récupérer. Nous ne savions pas exactement ce qu'il en était advenu. Garnier n'en savait rien non plus depuis son départ de Tchécoslovaquie. Il nous avait simplement rendu compte que les Allemands ne les avaient pas étudiées et qu'elles étaient en bon état. Il se doutait bien que les Soviétiques les utiliseraient. Dans un premier temps nous avons proposé une enquête sur place. Le premier ambassadeur de France en Tchécoslovaquie après la guerre était Maurice Dejean, honorable correspondant de notre maison. Il était en poste à Berlin de 1930 à 1938. En 1940, Dejean, qui avait rejoint les Affaires étrangères, s'était rallié à de Gaulle et s'était réfugié à Londres, où il était devenu l'un des premiers collaborateurs du service des affaires étrangères du mouvement gaulliste. Ambassadeur de France à Prague, nous lui demandons de rechercher ce qu'il était advenu de nos archives ; il nous a confirmé qu'elles avaient été enlevées par les Soviétiques. Démarches vaines auprès des autorités russes. Quelque temps plus tard, Dejean lui-même devient ambassadeur à Moscou. On lui demande de reprendre cette affaire. Impossible de savoir quoi que ce soit malgré tous les efforts faits par le gouvernement, nos services et moi-même, car j'étais très affecté par la disparition de ces fameuses archives !

En 1992, après les événements survenus en U.R.S.S. et la venue au pouvoir de Boris Eltsine, l'ex-chef des archives soviétiques a déclaré à un correspondant américain : « Nous sommes possesseurs de tonnes et de tonnes d'archives de France, que nous avons récupérées sur les Allemands… il y a même les archives du deuxième bureau ! » Je me suis adressé au ministre de la Défense pour lui demander de vérifier l'information et, si elle est exacte, de nous faire restituer ces archives. Le ministre a chargé le chef du service historique de l'armée de terre de suivre cette affaire avec les Affaires étrangères, de les récupérer, de les entreposer à Vincennes, et de me permettre de confirmer qu'il s'agissait bien des archives de nos services.

À ce jour, il est rentré à Vincennes, ou au ministère des Affaires étrangères, ou au ministère de l'Intérieur, un certain nombre de dossiers particuliers qui avaient été saisis par les Allemands dans divers ministères mais qui n'ont rien à voir avec les archives de nos services. Pour ce qui les concerne, je peux seulement dire aujourd'hui que les tractations sont au point mort, les

Russes débordés par leurs problèmes intérieurs et extérieurs, semblent ne pas avoir obtenu satisfaction sur le plan des compensations matérielles ou financières qu'ils exigeraient pour la restitution de ces archives. Pour ma part, j'ai relancé le ministère de la Défense et la D.G.S.E. pour tenter de sortir de cette impasse, mais je doute fort que ma génération voie un jour le retour de ces biens qui appartiennent à la France.

– *Quoi qu'il en soit, c'est une très belle histoire ; ces archives ont vu du pays !*

– Depuis les caves de Roquefort, jusqu'aux caves du K.G.B. On pourrait en faire un roman !

7.

UN PEUPLE SUR LES ROUTES

ALAIN-GILLES MINELLA – *En dehors de l'épopée des archives, comment vous-même et vos services avez vécu la débâcle ?*

PAUL PAILLOLE – Il faut situer le problème : nous sommes l'organe central des services de renseignements et de contre-espionnage de l'armée française[33] ; nous sommes dans la débâcle générale, et d'étape en étape, misérables, perdons à chaque fois un peu plus le contact avec le commandement et le gouvernement. Nous étions divisés en deux colonnes. L'une, de commandement, comprenant le colonel Rivet, chef de service, et l'état-major de la maison, arrive cahin-caha à une dizaine de kilomètres à l'est d'Agen, à Bon Encontre, et nous essayons de nous installer dans le séminaire de cette petite commune.

L'autre colonne, constituée par le personnel autre que celui de l'état-major avec nos archives et le matériel qu'on a pu sauver, notamment les matériels de transmission, se réfugie dans la banlieue de Toulouse, dans le château de Brax, a peu près abandonné et dont la gardienne nous ouvre largement les portes. Cette

33. Environ trois cents personnes. (N.d.A.)

seconde colonne placée sous le commandement du numéro deux de la maison, le colonel Malraison, y restera plusieurs jours. Ce château, par la suite, va devenir un point de rassemblement déterminant pour notre action résistante. La première colonne arrive donc dans ce séminaire de Bon Encontre le 19 ou le 20 juin 1940. Nous sommes mal reçus par le supérieur, un prêtre, furieux de voir que nous pénétrons chez lui sans autorisation. Rivet, homme courtois et gentil, lui explique notre détresse, les conditions pénibles dans lesquelles nous avons effectué cette retraite... Rien n'y fait ! Le prêtre va chercher le président des anciens combattants de la commune pour soutenir sa protestation. On a alors assisté à une violente discussion dans la cour : d'un côté les anciens combattants de 1914-1918 mobilisés par leur président, et de l'autre côté le pauvre colonel Rivet avec plusieurs de nos camarades. C'était très pénible ! Quoi qu'il en soit force est restée à la loi, en l'occurrence à l'armée... Nous avons passé quelques jours dans ce séminaire, et c'est là que nous avons appris les tractations pour l'armistice et sa signature.

L'armistice fut signé en deux temps. Dans un premier temps, l'armistice avec l'Allemagne, celui-ci ne devant être effectif que dans la mesure où l'on signerait un armistice avec les Italiens. L'armistice avec l'Italie a été signé le 26 juin 1940, et c'est donc à cette date que l'armistice est entré en vigueur. Nous savions à quelle sauce nous allions être mangés, que les conditions d'armistice étaient très douloureuses et qu'en particulier, l'armée allemande exigeait une occupation du territoire sinon totale, du moins importante. Cette occupation nous ne la connaissions pas encore très exactement, mais, chose curieuse, nous avons retrouvé dans le tracé des limites de la zone d'occupation une indication qui nous avait déjà été donnée par Hans-Thilo Schmidt en 1937 comme résultant des projets de

Hitler exportés en secret devant les plus hauts dignitaires du IIIe Reich.

Nous nous sommes concertés à l'échelon de la direction, pour définir notre attitude en face de ces conditions d'armistice. Il faut souligner qu'un armistice n'est pas la fin de la guerre. Il peut à tout moment être rompu. La guerre n'étant pas achevée, notre territoire étant occupé et l'ennemi étant toujours le même, notre devoir était de continuer même clandestinement nos activités. Dès le 24 juin, j'avais réuni au séminaire de Bon Encontre les spécialistes du contre-espionnage de nos postes extérieurs et de Paris pour leur demander s'ils étaient d'accord avec moi pour continuer clandestinement, et en dépit des clauses de l'armistice, la lutte contre l'Axe dans les conditions où on l'avait menée jusque-là, c'est-à-dire en liaison intime avec nos amis de l'I.S. Avec en plus les contraintes nouvelles que nous imposaient les circonstances : à savoir un pays partiellement envahi, une Afrique française à sauvegarder et très certainement une activité militaire clandestine que nous avions le devoir de soutenir et de protéger. Je ne cachais pas non plus que nous aurions très certainement des difficultés administratives à surmonter et surtout qu'il fallait s'attendre à une opposition violente de l'Abwehr. Tous mes camarades ont approuvé spontanément et totalement la poursuite clandestine de notre mission et de nos liens avec les anglais restés seuls dans la lutte.

– C'était ne pas tenir compte du fait qu'il y avait un gouvernement français. Mais à ce moment-là, existait-il encore ?

– Du point de vue politique nous étions dans une situation confuse, vous avez raison de le souligner !

Néanmoins c'était Pétain qui était à la tête de l'État. Il était le recours d'une nation en pleine débandade !

– Comment peut-on se dire, étant militaire : « On va continuer quand même en dépit de... » ? C'est-à-dire, en quelque sorte, se mettre en rébellion ?

– Absolument ! Vous venez d'employer le mot : nous étions des rebelles ! Pour définir l'attitude qui serait la nôtre, il fallait d'abord que nous ayons connaissance des clauses de l'armistice d'une façon plus précise. Revenons à votre réflexion. Vous semblez dire que nous étions en contradiction avec une politique qui sollicitait l'arrêt des combats ! D'accord !... Mais n'est-ce pas la vocation des services de renseignements et de contre-espionnage d'aller au-delà de l'aspect purement politique de la vie d'un État ; voire même de transgresser les règles officielles de rapports entre États, pour poursuivre une mission de défense permanente, quelles que soient les circonstances politiques ? Ce que je veux dire là est extrêmement important ! Les services spéciaux ont pour mission de défendre la nation, le pays par des moyens différents des moyens officiels et normaux. Nous sommes alors en marge des choses régulières ; on n'a, en définitive, pour règles d'action que sa conscience, et la conception que l'on doit avoir de sa mission et de l'intérêt supérieur de la France ; quitte à ce que le pouvoir en exercice prenne ombrage d'une telle activité et y mette un terme en déplaçant le personnel, en lui substituant un personnel plus souple et mieux adapté à sa conception de la défense du pays.

Mais pour ce qui nous concerne, en juin 1940, nous sommes et restons en guerre avec l'Allemagne. Ce n'est pas l'armistice qui change quoi que ce soit à notre mission fondamentale de lutte ! Alors peu nous importe l'attitude du gouvernement ! Nous touchons là l'aspect le plus délicat de notre action à partir de juin 1940. Notre attitude n'a pas toujours été comprise. Certains nous ont reproché de ne pas faire œuvre de discipline vis-à-vis du chef de l'État, le maréchal Pétain. D'autres nous ont fait le reproche d'avoir composé avec un État voué à la collaboration ; car même avant Montoire, on se doutait bien que le gouvernement de Vichy serait obligé d'aller dans le sens voulu par l'occupant ! Nous avions parfaitement conscience que nous prenions une décision qui avait de grandes chances de ne pas être conforme avec la politique du gouvernement de fait. Ce qui pouvait ne pas être compris non seulement par les autorités qui vont dépendre de ce gouvernement, mais aussi par ceux qui à l'extérieur poursuivront la lutte ; je pense en particulier aux gaullistes.

Mais nous, nous n'avions pas d'autre solution. Pourquoi ? Pour la bonne raison que notre outil de travail était notre réseau d'informateurs sur l'Axe. Ce réseau était toujours en place, bien qu'il ait pu être bousculé par l'avance et la répression allemandes, bien que ses membres aient peut-être été sujets à des états d'âme sur l'exploitation de leur travail et l'avenir de la France… On peut comprendre que des informateurs, des agents, qui jusqu'alors nous avaient rendu de grands services, aient pu se demander de bonne foi à quoi ils servaient dans un pays vaincu, soumis à la botte du vainqueur. Il nous appartenait de lever ces incertitudes dans l'hypothèse où elles se manifesteraient.

J'y ai beaucoup réfléchi ; je ne vois pas quelle autre attitude pouvait être adoptée ! Nous sommes en marge de la légalité vichysoise, c'est certain ! Mais il faut voir les choses comme elles sont ; tout le monde nous a laissés tomber dans cette débâcle !… Quelqu'un a dit : « Il était plus difficile de savoir où était son devoir que de le faire. » C'était vrai ! Personne de responsable ne nous donnait d'indications, personne ne nous avait dit : « Nous devons appliquer le plan n° tant, dans l'hypothèse d'une défaite totale. » S'il y avait eu des directives de cette nature, on s'y serait plié, peut-être !

Nous continuons donc notre combat. En France, face à l'ennemi ? Tous les outils dont nous disposons pour travailler sont en France ! La majorité de nos informateurs et de nos agents ont eu le courage et le sens du devoir de refaire surface, de reprendre contact avec nous. Nous sommes sûrs de pouvoir travailler contre l'Axe avec efficacité et de disposer dans l'administration et surtout dans l'armée de l'armistice des complicités de beaucoup de nos camarades ; elles nous seront indispensables. Je pose la question : comment résister en France contre l'occupant sans avoir le concours, le secours de Français patriotes et bien placés pour servir nos desseins ?

– Aviez-vous entendu parler de l'appel du 18 juin ? quand je dis vous, je pense au colonel Rivet et à l'état-major des services spéciaux.

– Je ne l'ai pas entendu, mais j'en avais entendu parler bien sûr… ! Je me suis réjoui mais sans porter vraiment une attention spéciale à cet appel. J'étais personnellement obnubilé par ma mission, très inquiet sur ce que nous allions devenir. On se réjouissait de savoir qu'un général de brigade nommé de Gaulle avait levé l'étendard de la révolte en dehors des frontières, mais pour ma part, j'ai été cruellement déçu de voir qu'il ne se trouvait pas de personnalité politique plus importante pour prendre la même initiative. Nous sommes un certain nombre à n'avoir pas compris que des hommes politiques de premier plan, de la classe de Paul Reynaud ou d'autres, n'aient pas eu le courage de faire la même chose !… Il ne faut pas oublier que de

Gaulle à l'époque n'était pas connu du grand public. Il n'était pas susceptible tout de suite de rameuter ces élans qu'il y avait dans les cœurs d'un grand nombre de Français pour résister malgré la défaite… Changez les choses ! Supposons que ce soit Pétain qui soit allé à Londres et qui ait demandé aux Français de le soutenir, ça aurait eu probablement une tout autre envergure... et tout de suite !

– Une fois votre décision prise, comment avez-vous procédé ?

– Le jour de la signature de l'armistice, le colonel Rivet nous a rassemblés à dix-huit heures, devant le monument aux morts de Bon Encontre, nous avons prêté le serment de continuer clandestinement notre mission jusqu'à la libération du territoire, et nous avons déposé quelques fleurs devant ce mémorial. Dans le même temps, à Brax, le colonel Malraison avait réuni nos camarades dans le grand salon du château et leur avait fait un laïus dans le même esprit.

À partir du moment où j'ai eu connaissance des conventions de l'armistice, et où j'ai vu qu'elles impliquaient la dissolution officielle de nos services, nous avons cherché le moyen de camoufler notre action. Ce fut la création du réseau des « Travaux ruraux » pour ce qui concerne le contre-espionnage. Un de mes camarades m'a conseillé de voir le colonel Préau, chef d'un bureau au ministère de la Guerre. Il était dans le même état d'esprit que nous. J'ai eu avec lui, le lendemain de l'armistice, le 27 juin, un entretien particulier qui m'a conforté dans les décisions de résistance que nous avions prises. Préau m'a informé qu'il avait un de ses parents au ministère de l'Agriculture, responsable des questions d'assainissement et de développement rural. Il m'a dit : « Pourquoi ne prendriez-vous pas une couverture de ce genre ? » Il m'a introduit auprès de ce haut fonctionnaire, et c'est ce contact, réalisé avant la fin juin à Agen, qui m'a orienté vers le camouflage du service dans les « Travaux ruraux ». Par chance, il y avait parmi nos réservistes des ingénieurs des travaux ruraux, notamment le chef de notre cellule de contre-espionnage de Lille, et un de mes adjoints à Paris. Cette petite équipe de spécialistes me permettait d'envisager, sans trop faire de bêtises, de transformer apparemment notre service en un organisme à caractère agricole et civil. J'ai réuni mes camarades de nouveau le 1er juillet 1940 et leur ai donné connaissance de la note constituant le service clandestin qui deviendra, par la suite, officiellement le réseau des Forces françaises combattantes – Travaux ruraux[34]. Dans cette directive je schématisais, en fonction de ce qu'était la convention d'armistice, l'emplacement de nos postes, les conditions de travail, les contacts avec les Alliés – les Anglais essentiellement, car eux seuls continuaient la lutte – et je leur donnais également les moyens matériels pour poursuivre leur travail.

Là se pose une question : nous sommes en marge de l'armée. Pour le moment tout le monde est plus ou moins payé mais les réservistes vont être libérés et les militaires d'active… on va voir, nous ne sommes que fin juin. Que va devenir ce personnel ? Sera-t-il dans ou en dehors du cadre de l'armée de l'armistice ?... Il y a donc toute une série d'inconnues que le 1er juillet 1940 je résous d'une façon simpliste en disant à mes camarades : « On se débrouillera !… » Nous avons la chance d'avoir un peu d'argent. Par le truchement de nos agents de pénétration, l'Abwehr nous entretenait partiellement… Ce n'est pas très honorable, mais c'est comme ça !… L'argent n'a pas

34. Réseau S.S.M./F./T.R., homologué Forces françaises combattantes à dater du 1er juillet 1940. (N.d.A.)

d'odeur ! Nous avions ainsi une caisse noire qui nous permettait de faire face aux premières nécessités.

Nous ne sommes pas les seuls dans la maison à avoir pris la décision de résister ! Je viens de vous parler du contre-espionnage. Il y a également le service de renseignements (S.R.) proprement dit qui prend la même attitude, et qui va créer ce qui sera plus tard le Réseau Kléber : un réseau clandestin de recherches sur la Wehrmacht et le potentiel de guerre du IIIe Reich. Il est constitué par le personnel de base qui était le nôtre, avant et pendant la guerre. La rémunération et la survie de tout ce personnel se posent donc, et notre patron commun, le colonel Rivet, l'évoque avec nous : que va-t-on devenir ? En ce qui me concerne, je ne souhaite pas faire partie de l'armée de l'armistice qui est en gestation. Je ne veux recevoir de directives que de lui ! Ma mission est claire. Je sais ce que j'ai à faire et, en fonction de l'organisation territoriale et de l'état d'esprit de l'armée de l'armistice, nous verrons dans quelles conditions nous aurons, ou pas, des contacts avec elle ! Pas question pour mon personnel, comme pour moi, de rentrer dans le cadre de l'armée de l'armistice, de cent mille hommes. Il faut que le colonel Rivet prenne à bras-le-corps ce problème crucial. Il a lui aussi, à sa disposition, les fonds secrets qu'il a conservés, et qui lui avaient été alloués par les gouvernements précédents. Il a eu la sagesse de s'être constitué un fonds de réserve important lui permettant de faire face à une période d'incertitude et lui laissant le temps de négocier ! Sa négociation va tendre à obtenir du gouvernement de Vichy et notamment du général Weygand[35], ministre de la Défense – dont jusqu'à nou-

35. Saint-cyrien, chef d'état-major et principal collaborateur de Foch au cours de la Première Guerre mondiale, Maxime Weygand (1867-1965) est chef d'état-major de l'armée de 1930 à 1935. Rappelé

vel ordre, moralement du moins, nous dépendons –, un statut particulier à définir, qui permettra non seulement d'alimenter financièrement les services et le personnel sous ses ordres, mais aussi de donner à certains de ses services une apparence de fondement légal. Cette sorte de légalité lui apparaît utile et opportune car les cadres de l'armée, en juin 1940, ne sont pas anti-Pétain. Ils sont à presque 100% pour le Maréchal, tout comme la nation d'ailleurs ! On approuve ce que fait de Gaulle, mais on est aussi heureux qu'il y ait Pétain à la tête du pays… et Weygand ! Pour beaucoup d'entre nous, savoir en juillet 1940 que Pétain et Weygand approuvent notre action clandestine est un précieux encouragement.

Le bras droit du général Weygand, le colonel Gasser, était un de nos camarades. Il avait été dans la maison jusqu'au début de 1940, au moment où Weygand avait été nommé par le gouvernement Daladier commandant en chef à Beyrouth. Gasser, qui avait toute la confiance de Weygand, va alors négocier avec Rivet un statut particulier pour les militaires clandestins du service de renseignements et de contre-espionnage.

– Dans l'évolution des événements tels que vous me les décrivez, il y a quelque chose qui tient aux « structures psychiques » des services spéciaux. Vous êtes à la fois clandestins par nature – la clandestinité ne vous dérange pas et vous êtes les premiers à pouvoir y plon-

---

en 1939 sur le théatre d'opérations en Méditerranée, il remplace Gamelin comme généralissime en mai 1940. Favorable à l'armistice, il occupe sous Vichy le poste de ministre de la Défense nationale, puis de délégué général du maréchal Pétain en Afrique du Nord. Il est cependant rappelé par les Allemands puis déporté en 1942. Enfin il obtient à l'issue de son procès en haute cour un non-lieu et recouvre tous ses droits en 1948.

ger – et en même temps, il y a un besoin de se raccrocher à quelque chose d'apparemment officiel.

– Vous avez raison de souligner que nous avons l'habitude du travail secret. Dans ces premiers jours de juillet, le gouvernement nous est sympathique. Weygand soutient et encourage nos projets et Pétain ne nous est pas hostile. Au lendemain de notre résolution de poursuivre clandestinement notre mission, c'était un soulagement pour certains camarades d'avoir la certitude qu'ils n'étaient pas en rébellion contre le Maréchal. Le tout est de trouver un statut clandestin ; en d'autres termes, de faire admettre au sommet de l'État, le Maréchal et son ministre de la Défense, avec toute la prudence et la confidentialité indispensables, qu'un service clandestin doit continuer de se battre dans les mêmes conditions qu'il s'est battu avant l'armistice. Nous savons également qu'il n'est pas sans fondement de notre part d'espérer trouver protection et appuis dans l'organisation militaire de l'armistice qui se met en place.

– C'est la quadrature du cercle ?

– Vous le dites aujourd'hui, parce que vous savez ce qui s'est passé par la suite ! Mais à l'époque ce n'était pas évident… ! Je répète que nous avons trouvé chez Weygand, comme chez Pétain d'ailleurs, des alliés à 100% ! Vous trouverez, dans le carnet de route du général Rivet, que, vers la fin du mois d'août 1940, le statut clandestin de ses services est signé par Pétain. Il est tellement confidentiel qu'il a été rédigé seulement en trois exemplaires. L'un est resté entre les mains du Maréchal, un deuxième entre les mains de Rivet, qui va le déposer dans un lieu secret… si secret, qu'aujourd'hui je ne sais même pas où est le document… Mais je sais qu'il a existé. Le troisième exemplaire a été remis pour exécution discrète au contrôleur général de l'armée, responsable des finances, tout à fait acquis à notre cause.

– *Les trois exemplaires ont disparu ?*

– Je le pense… ! Que disait ce document ? Il autorisait le service à continuer son travail et donnait le bénéfice des congés de l'armistice pour le personnel militaire d'encadrement. L'armée de la défaite était constituée par un grand nombre d'officiers [36] et de sous-officiers d'active. Il y en avait trop pour les besoins limités de l'armée de l'armistice. On ne pouvait pas mettre à la rue tout ce monde sans lui donner les moyens de vivre et de se retourner. On a fait appel aux volontaires pour rester dans l'armée de l'armistice. Les autres ont été mis en congé d'armistice, ce qui leur laissait une partie de leur solde, et les droits à la retraite dans les mêmes conditions que s'ils étaient restés dans l'armée. C'était important pour les camarades d'active qui étaient chez nous. Ils avaient la certitude, et c'était mon cas, que leur avenir n'était pas totalement compromis du point de vue administratif.

Par ailleurs ce document donnait matériellement et financièrement les moyens aux services clandestins de continuer leur mission. Nos services n'étaient pas constitués que de militaires de carrière ou assimilés. Nous avions des militaires réservistes libérés qui allaient nous servir de point d'appui notamment en zone occupée. Car si nous étions bien organisés en dehors des frontières, si nous avions les moyens d'être

36. Sur 31 000 officiers d'active au début de la guerre (septembre 1939) 7 000 environ ont été tués ou fait prisonniers ; 7 000 servant outre-mer. L'armée de l'armistice ne devant comprendre que 4 000 officiers, c'est donc un nombre impressionnant d'officiers qu'il fallut éliminer, soit par une loi de dégagement des cadres soit par les congés d'armistice.

informés sur ce qui s'y passait, en France nous étions en présence d'une situation différente : désormais une partie du pays était occupée ! Et c'était précisément là qu'il fallait être vigilant, regarder ce qui se passait en particulier observer la Wehrmacht et l'Abwehr. Quant à ces réservistes, il fallait être sûr qu'ils continueraient à travailler pour nous… Il fallait les alimenter ! Donc besoin de fonds ! Ces fonds étaient inclus dans la convention secrète. C'est un point important. On s'est souvent demandé : « Comment ils ont fait, comment ça s'est passé ? » Les choses se sont passées d'une façon relativement simple : la soudure a été faite grâce aux fonds clandestins dont nous disposions ! Après la mise en place de la convention secrète, en plus des moyens dont nous disposions et qui étaient réduits, s'ajoutaient un statut précis pour le personnel et des fonds qui permettaient de vivre.

– À ce moment-là, pour qui travaillez-vous ?... Pour les Anglais ?

– D'abord pour la France ! Pour le réseau clandestin que je constituais l'important était de faire comprendre aux Français que travailler pour l'Allemagne, c'était travailler pour l'ennemi donc trahir. Bien sûr nous continuerons à travailler avec les Anglais, mais il nous paraissait essentiel, au mois de juillet 1940, de donner au Maréchal et à Weygand les moyens de mieux comprendre les dangers du nazisme et la nécessité de pratiquer une politique prudente et favorable aux Alliés. Les informer des actions de l'Abwehr, de la Gestapo, des projets de Hitler... tout cela pouvait peser sur la politique vis-à-vis de l'Allemagne ! Nous étions encore dans l'illusion !… Puis il y aura Montoire… tout va alors être bousculé !

De plus en plus nous allons être en marge, mais personne ne songera à dénoncer la convention secrète. La politique de Montoire va faire évoluer les choses d'une façon dramatique. Weygand n'est plus là. Il a quitté la Défense nationale pour aller prendre le commandement en chef en Afrique du Nord, où il va stimuler la résistance, le camouflage des armes, et s'opposer aux activités de l'Axe dans le Maghreb, en Tunisie notamment, à tel point que les Allemands vont exiger son départ... Tout cela vous le savez, c'est de l'histoire !

L'évolution des événements a amené de notre part aussi l'évolution de notre comportement vis-à-vis de l'état-major et du gouvernement de Vichy.

– Qui a continué à verser l'argent ?

– L'administration est ainsi faite qu'elle ne cherche pas à savoir ! Nous sommes en congé d'armistice. Nous percevons tous les mois une solde, sans qu'on recherche si nous sommes pour, contre, ou avec ! Administrativement, jusqu'à l'occupation totale, nous n'avons pas eu de problème ; après, c'est une autre histoire qui sera résolue d'Alger ou de Londres !

En plus de la solde des personnels en congé d'armistice, nous avions nos fonds réservés sous une rubrique discrète que percevaient Rivet ou son adjoint administratif, Bergeat. L'administration n'est peut-être pas aveugle, mais quand elle a des instructions elle les applique aveuglément. Quant à Laval[37], lorsqu'il s'est

37. On doit à Pierre Laval la révision par le Parlement français de la Constitution qui met fin à la IIIe République. Il est remplacé par Darlan en 1941 avant que les Allemands eux-mêmes le rappelle au gouvernement en 1942. Il cumule alors aux côtés de Pétain les fonctions de ministre de l'Intérieur, de l'Information et des Affaires étrangères. Souhaitant la victoire de l'Allemagne, c'est lui qui organise l'entrevue Hitler-Pétain à Montoire. A la fin de la guerre, il est arrêté par les Américains en Autriche qui le livrent aux Français. Il est fusillé à Fresnes en 1945.

aperçu que nous avions une action qui choquait les Allemands – puisqu'ils ont été amenés à demander des sanctions contre nous –, il aurait fallu qu'il fasse opposition aux demandes de fonds de Rivet auprès de la Trésorerie générale. C'était aller à l'encontre de ce qu'avait signé le Maréchal à l'origine, et cela il l'a toujours ignoré !

– Le cloisonnement bureaucratique !... Dans ce genre de situation ça peut aider !

– C'est évident !

– Vous aviez une position assez paradoxale. Cette situation a duré deux ans, jusqu'à l'occupation de la zone libre ?

– Elle est allée en se dégradant à partir de Montoire, pour arriver à un point culminant dans le courant de mai 1942, où, sur la pression des Allemands, Laval a exigé le départ d'un certain nombre de nos camarades : Perruche, Baril, Rivet, d'Alès, etc., et la dissolution de tout organisme, secret ou non, hostile à l'occupant. Et curieusement on n'a pas parlé d'argent !

– À partir de quel moment vous êtes-vous vraiment opposé à la politique de Vichy ?

– Il y a un test irrécusable ! Nous avons toujours travaillé contre l'Axe en liaison étroite avec le deuxième bureau de l'armée de l'armistice qui était dirigé en 1941 par un homme exceptionnel, le général Baril. Il « bouffait du Boche »...

– À tous les repas... ?

– À tous les repas ! (Rires.) Évidemment nous le rendions destinataire de ce que nous savions. Il l'exploitait au bénéfice des Alliés. Il était en rapports quotidiens avec l'attaché militaire américain à Vichy, Bob Schow. Il travaillait sur nos informations ainsi que sur celles qu'il recevait des attachés militaires ou de ses correspondants à l'étranger. Lorsque, au mois de juin 1941, la Wehrmacht s'est lancée contre l'U.R.S.S., il a fait un rapport explosif : « C'est fini, l'Axe a perdu la guerre ! Il ne peut plus vaincre. Les meilleures têtes allemandes – je me souviens de son expression – vont être enterrées dans la terre russe ! » Les conclusions de ce rapport ont été tellement impressionnantes que le gouvernement de Vichy s'en est offusqué et a réclamé son départ. Au fur et à mesure de la débâcle de l'armée allemande en U.R.S.S., le gouvernement de Vichy, excédé de la conformité des prévisions de Baril avec les événements, l'a expédié en Afrique du Nord prendre le commandement d'un régiment. Vichy devenait ainsi de plus en plus le partenaire officiel de l'ennemi. Nous en étions arrivés à espionner le gouvernement et le haut commandement pour donner aux Alliés des indications exactes sur la situation en France.

– C'est-à-dire que par rapport à une ligne de conduite, c'est le gouvernement qui s'est marginalisé petit à petit et pas vous ?

– Ce qui est vrai de l'évolution des rapports de ce gouvernement de Vichy avec nous l'est également de ses rapports avec la population. Après Montoire et surtout après les rafles anti-juives et les propos de Laval souhaitant la victoire de l'Allemagne, on a vu l'opinion française, en zone occupée comme en zone libre, se détacher progressivement du Maréchal et surtout du régime de Vichy. Pour schématiser, en terme de pourcentages : fin juin 1940, 90 % des Français étaient pour la politique suivie par Pétain et pour Pétain ; un an après, au moment où les Allemands pénétraient en Russie soviétique, sa popularité était tombée à 60/70%. Quand Laval a repris le pouvoir et que sa politique a été de plus en plus asservie au bon vouloir des Allemands, la population est devenue encore plus méfiante. À partir du moment où, le 11 novembre 1942, la zone libre a été occupée par la Wehrmacht, un fossé infranchissable s'est créé entre le gouvernement de Vichy et une grande partie de la population, sans pour autant qu'elle devienne majoritairement hostile à la personne du Maréchal.

Nous avons été amenés à nous poser des questions sur la forme de notre opposition à ce gouvernement. Je pense en particulier à la période de 1942 où, en accord avec Laval, le général Bridoux, ministre de la Guerre, a permis à l'Abwehr de pénétrer dans la zone libre pour poursuivre les résistants avec la complicité du secrétaire général pour la police de Vichy, René Bousquet. Là, nous sommes véritablement entrés en conflit. Partis en juillet 1940 dans des rapports que j'ose dire confiants avec ceux qui étaient à la tête du gouvernement, deux ans plus tard, ces rapports s'étaient dégradés à tel point qu'en août 1942, a été lancé à mon encontre un ordre de recherche. Et non seulement à l'encontre du commandant Paillole, mais de la plupart de mes camarades ! Face à ces actes de trahison, nous ne pouvions que combattre les responsables et entrer encore davantage dans l'action clandestine contre eux.

– Dans le même temps vos rapports avec les gaullistes ont changé ?

– Dans le même temps les rapports avec les gaullistes n'ont pas évolué ; ils n'évolueront pas jusqu'à la fin de 1943 à Alger. Il y a des tas de raisons à cela. Au départ, c'est-à-dire en juillet 1940, de Gaulle, installé à Londres, crée un état-major et un deuxième bureau. Il met Dewavrin (Passy) à sa tête... mais il n'a aucun moyen ! Petit à petit, ce service va se développer et tenter de justifier son existence aux yeux des Anglais. Les Anglais sont évidemment très inquiets sur l'évolution de la guerre et sur ce qui se passe dans la France occupée, ils vont accepter d'aider le deuxième bureau de De Gaulle à recueillir des informations et à soutenir la Résistance naissante. Tout cela est très progressif. Pendant ce temps, les événements continuent. Il faut bien que les Anglais, et par la suite les Alliés, reçoivent les informations qui leur sont indispensables pour la poursuite de la guerre. En juin 1940, les Anglais, en France occupée, n'ont aucun moyen d'information en dehors des écoutes et de l'observation par avion. Les seuls qui ont les moyens de les renseigner... c'est nous ! Pendant cette période cruciale – de juillet à fin 1940 – ce sont nos services qui ont donné aux Anglais les éléments essentiels à leur information. Rien d'étonnant à cela car dans l'organisation de la recherche, ce sont de loin nos techniciens les plus efficaces. La compétence conditionne l'efficacité : ce n'est pas parce que par la suite les services du colonel Passy vont recruter beaucoup de patriotes pour faire de la recherche et de l'action qu'ils seront plus efficaces que les « professionnels » de nos services traditionnels.

– Par rapport aux difficultés que vous aviez eues à convaincre les gouvernements du danger allemand, et puis l'impuissance que vous avez ressentie, à partir du moment où la décision a été prise de continuer et où finalement Pétain a eu l'air d'être d'accord, est-ce que tout d'un coup vous n'avez pas éprouvé un soulagement terrible et une envie de vous dire : « Allez, on continue ! » Est-ce que vous n'avez pas traversé à ce moment-là une période euphorique ?

– Absolument ! C'était enthousiasmant… !

– Vous êtes peut-être finalement les seuls à qui la guerre avait apporté quelque chose de positif à ce moment là... ?

– Je dois dire que nous avons trouvé – et mes camarades qui participaient à notre première réunion clandestine le soulignent – un élan et un vrai enthousiasme pour poursuivre notre action. Il y a eu, de la part de tout ce service – que ce soit le service de renseignements, le futur réseau Kléber, et le nôtre – un démarrage d'une étonnante rapidité. C'était très réconfortant de voir que nous trouvions les appuis dont nous avions besoin. Après cette grande détresse de la débâcle, c'était un grand air frais qui nous revigorait.

– Une fois les rapports avec Vichy dégradés et tant que vous n'avez pas trouvé une seconde « légitimité officielle » à Alger, vous avez dû traverser une période difficile...

– Notre salut à partir de novembre 1942 était à Alger, car la France allait de nouveau entrer en guerre en Afrique du Nord. C'est là que nous allions pouvoir reprendre nos forces, et nous réinstaller dans une logique administrative… d'une façon légale. Car nous avons besoin de cette légalité pour faire notre travail de sécurité et de recherche aussi bien en France qu'au-dehors et dans les zones d'opérations des armées.

La période qui va du 8 novembre 1942 à la fin de ce même mois, et, en ce qui me concerne, jusqu'à mon arrivée à Alger en janvier 1943, je la rapprocherai, par le désarroi qu'elle a provoqué, des épreuves que j'ai dû traverser au moment de la débâcle. Cette même impression de solitude devant mes responsabilités : plus personne pour contrôler les événements, sinon les dominer, personne pour prendre les décisions qui conviennent. Il a fallu encore décider en fonction de convictions personnelles.

Je me souviens de mon départ par l'Espagne. Mon successeur à la tête du réseau T.R., le colonel Verneuil, est venu me rejoindre à Perpignan à la fin novembre. Il m'a parlé de l'incertitude de notre destinée. Il était bouleversé ! Il m'a dit : « Nous comptons tous beaucoup sur vous. Vous allez entreprendre une aventure à travers l'Espagne et Gibraltar jusqu'à Londres... Il faut absolument que ça réussisse ! Si vous n'arrivez pas à recoller les morceaux avec Londres et Alger, nous sommes perdus ! Nous avons Vichy sur le dos, tout comme l'Abwehr, la Gestapo et l'O.V.R.A. Nous comptons sur vous pour nous sortir de l'ornière, nous rendre notre efficacité et notre légitimité ! »

C'est dans ces conditions que je suis allé à Londres où je suis arrivé à la fin de 1942, pour la Noël. J'ai pu remplir ma mission grâce à l'appui des Anglais, nos alliés qui ne nous avaient jamais lâchés.

– Entre juillet 1940 et novembre 1942, une Résistance assez timide s'est installée en France. Vous avez-eu des contacts avec elle ?

– La première organisation de résistance de quelque consistance dès la fin de 1940 – on a beau chercher dans tous les coins, on n'en trouvera pas d'autre –, c'est celle d'Henri Frenay avec le réseau Combat. Frenay était un de mes amis. Nous nous sommes connus a Saint-Cyr où il avait été mon ancien et mon instructeur. J'avais conservé des rapports amicaux avec lui. Nos destinées ont été différentes : lui a été un très brillant officier de troupes, il a pu faire l'École de guerre, moi je suis rentré dans les services spéciaux.

Un jour de la fin 1940, un de mes officiers en poste

à Marseille avait rencontré au mess des officiers un camarade qui semblait avoir les mêmes sentiments que nous sur le conflit et surtout les mêmes convictions anti-allemandes. Il m'a fait faire sa connaissance : c'était le lieutenant Chevance-Bertin. Je le félicite pour son attitude et le travail qu'il faisait pour recruter, aussi bien dans l'armée qu'en dehors, des sympathisants dans la région de Marseille. Au bout de quelques rencontres, je comprends qu'il était déjà en rapport avec un personnage qui lui donnait des directives. Chevance finit par me dire : « Ce serait bien que vous fassiez la connaissance de mon patron. Vous me demandez un certain nombre de choses que je ne suis pas autorisé à vous donner – je lui demandais purement et simplement de travailler pour nous. Je suis persuadé, me dit-il, que mon patron sera heureux de vous rencontrer et que vous arriverez à vous entendre ! » Nous prenons alors rendez-vous avec lui et son patron, dans un bar, le Cintra, sur le vieux port de Marseille. Cela se passait l'après-midi, vers seize heures. Et qui je vois arriver : Henri Frenay ! Nous tombons dans les bras l'un de l'autre. Il était encore capitaine dans l'armée de l'armistice et en poste à Marseille.

Nous nous congratulons, nous félicitant l'un et l'autre des décisions que nous avions prises. Personnellement j'étais déjà dans le bain, et lui lançait le groupe Combat. Voilà le premier contact que j'ai eu avec la Résistance. À cette époque, je ne connaissais pas d'autre réseau. Pour être plus précis, en zone occupée et en zone libre, il y avait bien des petits groupes qui ne demandaient qu'à faire obstacle à l'occupant mais tout cela n'était pas structuré. Nous sommes convenus avec Frenay de continuer à travailler la main dans la main, étant entendu qu'à Marseille, Chevance ferait la liaison entre nous. Nos rapports ont été toujours confiants. Nous sommes même arrivés à extirper du groupe Combat des taupes que les Allemands y avaient infiltrées. C'était fréquent que l'ennemi envoie des agents français faire des offres de services aux groupes de résistance. L'un d'eux, identifié par mes services et particulièrement nocif, Devillers, a été arrêté vers le mois de mars/avril 1942 ; dans les trois semaines qui ont suivi, il est passé devant le tribunal militaire de Lyon. Condamné à mort, il a été fusillé quelques jours après. Lorsque les Allemands se sont aperçus qu'un de leurs agents avait disparu, ils se sont tournés vers Laval pour protester... c'était trop tard ! Quant à Laval, furieux, il a limogé le président du tribunal militaire.

Voilà un fait qui est souvent mal connu et mal compris. Comment peut-on imaginer aujourd'hui, avec toutes les bêtises que l'on raconte, que, pendant cette période de 1940 à 1942, il existait des tribunaux militaires français qui, saisis de la trahison de certains Français au bénéfice de l'Allemagne, les condamnaient à mort, et faisaient exécuter leurs sentences ?

– Il y en a eu beaucoup ?

– Il y a eu une quarantaine d'exécutions en zone libre et en Afrique du Nord ! En réalité il y a eu beaucoup plus de condamnations. Elles n'étaient pas toutes à mort. En général, quand nous constations que les agents de l'Axe arrêtés – quelquefois c'étaient des ressortissants allemands, ou italiens – avaient une certaine importance, on les faisait partir en Afrique du Nord où ils échappaient plus facilement aux recherches allemandes. C'est ainsi que le gouvernement de Vichy a été saisi, dans le courant de l'année 1942, d'une demande de la commission d'armistice de Wiesbaden réclamant à cor et à cri le retour de cent douze à cent quinze agents de l'Abwehr ou des services spéciaux italiens, qui avaient été arrêtés sur nos initiatives.

– *Mais comment faisiez-vous ? Légalement, vous n'aviez pas le droit de les arrêter, ces gens-là... ?*

– Notre mission clandestine était d'empêcher l'ennemi de faire son travail d'espionnage et de sabotage en zone libre, en zone occupée, en Afrique du Nord ou ailleurs ! Son travail se développait avec d'autant plus de facilité que le recrutement de « collaborateurs » était relativement aisé dans la France occupée, voire même en zone libre. Chaque fois que nous repérions l'identité des individus recrutés par les services ennemis, nous nous tournions vers la police spécialisée, la Surveillance du territoire, en zone libre. Car, en 1940 – et c'est encore un des succès de nos services – nous avions obtenu du directeur de la Sûreté nationale, avec beaucoup de difficultés, que le contrôle général de la Surveillance du territoire continue à faire ce qu'il faisait avant et pendant la guerre : c'est-à-dire être responsable de la répression de l'espionnage à l'intérieur de la zone libre, instruire les affaires sur le plan policier et les soumettre éventuellement à la justice. Nous lui passions nos informations sur les activités de l'ennemi. Selon les résultats de leurs enquêtes, les policiers communiquaient le dossier au tribunal militaire seul compétent en matière d'espionnage dans leur secteur territorial. Un tribunal militaire existait dans chaque circonscription territoriale de l'armée de l'armistice, et bien entendu en Afrique du Nord. Il y avait au Maroc, en Tunisie, mais surtout en Algérie, une représentation de la Surveillance du territoire importante, dirigée à Alger par un commissaire de police particulièrement actif et qui travaillait avec nous au profit des Anglais : le commissaire André Achiary.

Nous n'avions pas la possibilité, nous, dans ce travail répressif, d'intervenir autrement qu'en communiquant à la police compétente les informations que nous possédions ; à elle de les exploiter !

Les choses se sont en général fort bien passées. Les fonctionnaires de la Surveillance du territoire en poste en zone libre, à Lyon, à Marseille, à Toulouse ou à Limoges, étaient en fonction bien avant la guerre. Ils savaient parfaitement qu'ils pouvaient avoir confiance en nous, et que nous leur donnions des informations en général très solides. Ils se sont montrés des patriotes désintéressés et efficaces dans ce travail répressif, parfaitement légal, puisque la zone libre était toujours, de ce point de vue, sous la souveraineté française.

Je vous rappelle également que nous avions pour mission de nous renseigner sur les intentions de l'ennemi en infiltrant leurs services spéciaux, de contrecarrer leurs ambitions – notamment en Afrique du Nord, ce que nous avons pu faire – et de participer à l'intoxication de l'ennemi dans le cadre du plan de fausses nouvelles, que les Alliés ont appelé le « Plan de déception ».

– Vous avez pu à ce moment-là faire sur les Allemands qui étaient en France la même chose que l'Abwehr avait fait sur les Français avant la guerre ! C'était plus facile pour vous dans ces conditions-là ?

– C'est vrai ! Nous avions des agents de pénétration, notamment dans le poste très important de l'Abwehr de Paris, installé à l'hôtel Lutétia. Nous avons toujours pu, pendant toute la guerre, participer à l'intoxication de l'adversaire, c'est-à-dire l'orienter faussement sur les intentions alliées. « Le Plan de déception » a entouré de secret et d'une protection efficace les grandes opérations alliées, que ce soit pour la libération de la Tunisie, la libération de l'Italie, puis bien sûr pour la Normandie, et par la suite la Provence.

– C'était un travail très affiné ?

– Nous nous servions de la doctrine complète de défense que nous avions élaborée avec mon patron, à partir de 1938. Elle était assez exceptionnelle ! Jamais dans les annales des services de sécurité et de contre-espionnage d'une armée, on n'avait mis au point une doctrine aussi rigoureuse et aussi complète. Elle allait de la recherche de l'information à l'intérieur de l'adversaire, jusqu'à son aboutissement par la répression ou par l'intoxication.

– Et vous avez pu l'appliquer et vous en servir parfaitement ?

– Tout le temps ! Avec des succès plus ou moins probants, mais la doctrine était là. Je dois souligner que notre organisation répondait à cette doctrine. J'ai pu la mettre sur pied en Afrique du Nord à partir de 1943. Elle répondait à notre conception du rôle total des services spéciaux de sécurité et de contre-espionnage !

– Sur quelles affaires êtes-vous intervenus pendant l'Occupation ?

– Il y en a eu beaucoup car l'Abwehr a tout de suite voulu s'opposer à la constitution de groupes de résistance et cherché à connaître l'état de nos rapports avec les Alliés, l'attitude de l'armée de l'armistice, le camouflage d'armes, etc., et surtout à pénétrer en Afrique du Nord. La première affaire grave que nous avons traitée s'est déroulée vers octobre 1940, peu de temps après notre installation clandestine à Marseille. En écoutant les conversations téléphoniques de la commission d'armistice d'Aix-en-Provence, nous apprenons qu'un individu, dont nous ne connaissons rien, propose de rencontrer le patron de la commission parce qu'il a des révélations à faire. J'alerte la Surveillance du territoire pour qu'elle dispose un service de surveillance discret autour de l'hôtel du Roi René, le P.C. de la commission d'armistice allemande à Aix-en-Provence ; on repère les personnes étrangères à cette commission qui entrent dans l'immeuble. À la suite d'une autre conversation téléphonique interceptée, nous apprenons que l'individu en question se promène dans toute la région, notamment du côté d'Avignon et de Nîmes, parfois même du côté de Toulon. Il cherche, pour le compte de la commission d'armistice, à identifier les activités clandestines de l'armée de l'armistice en matière notamment de camouflage de matériel.

Les Allemands ne se méfiaient pas, ils n'imaginaient pas que les Français avaient eu le réflexe de se défendre. À la suite de nos interceptions téléphoniques et d'une demande de rendez-vous, la Surveillance du territoire arrête l'individu suspecté au moment où il allait entrer dans l'hôtel du Roi René. On l'amène à Marseille. Évidemment, il est obligé de reconnaître que c'est lui qui téléphonait, et que c'est lui qui avait proposé de donner aux Allemands plusieurs dépôts clandestins de l'armée de l'armistice. Ce qui avait facilité son arrestation, c'était qu'il avait précisé : « Je viendrai avec ma fiancée… » On a facilement repéré le couple.

Dès cette arrestation, je me suis rendu dans les locaux de la Surveillance de territoire. Le contact avec cet Allemand fut pour moi une des épreuves les plus pénibles de mon existence, et j'en ai connu quelques unes !… C'était un israélite réfugié en France au moment où les Allemands avaient accentué leurs pressions anti-juives, dans les années 1935-1936. Il avait été recueilli et correctement traité, et voilà qu'il offrait ses services aux Allemands ; quelle ingratitude à l'égard d'un pays généreux ! Pourquoi ? Faiblesse humaine ? Très probablement, il avait l'intention de rester en France avec sa maîtresse française. Il pensait se « dédouaner » aux yeux des Allemands. L'importance de ses révélations prouvait à l'ennemi que l'activité de l'armée de l'armistice n'était pas simplement celle de maintien de l'ordre mais qu'elle avait la volonté de préparer la revanche en camouflant un matériel destiné à ses réservistes, etc. C'était grave et coupable ! Je lui fais remarquer tout ça. Il s'approche de moi et me crache au visage, en hurlant qu'après tout, je n'étais qu'un soldat d'une armée en déroute, que je n'avais pas le droit de lui poser la moindre question... Imaginez ma réaction... ! Violente ! Pénible ! La femme restait muette, ravissante... belle ! Finalement le couple est arrêté par la Surveillance du territoire. Devant l'importance de cette affaire, le fait qu'elle était révélatrice de notre travail, du fait aussi que la commission d'armistice allemande était directement impliquée, nous nous sommes rendu compte qu'il n'était pas possible de la faire traiter par le tribunal militaire de Marseille. Nous avons obtenu de la justice militaire de faire transférer le couple en Afrique du Nord. Il est passé devant le tribunal militaire d'Oran qui a condamné l'espion à la peine de mort, et la fille à x années de prison.

La commission d'armistice allemande de Wiesbaden a aussitôt fait pression sur le gouvernement de Vichy pour que l'on restitue aux Allemands les deux condamnés. Ils ont été remis à l'Allemagne dans le courant de l'année 1942, à la suite de tractations auxquelles nous avons été, nous, étrangers. Vous mesurez là le degré d'asservissement aux injonctions de l'ennemi et notre écœurement face à ce pouvoir soumis.

L'Abwehr a toujours considéré, et en particulier Canaris, qu'Hitler avait commis une erreur en n'occupant pas la France en totalité, et l'Afrique du Nord. D'où son idée d'implanter un service de renseignements important en Afrique du Nord. Je vous en ai dit un mot tout à l'heure. Pour nous, le problème était de contrecarrer cette tentative de Canaris. J'estime à environ cent cinquante les agents de l'Allemagne recrutés à cet effet en France : des Français ! Acquis à la politique de collaboration ou payés largement, après avoir suivi des stages dans les formations de l'Abwehr, ils devaient se rendre tantôt au Maroc, tantôt en Algérie, tantôt en Tunisie, et se mettre en contact par radio ou par courrier avec leurs employeurs. Nous avons fait arrêter ces apprentis espions. Nous les avons fait maintenir ou transférer en Afrique du Nord pour empêcher les commissions d'armistice allemandes de les retrouver. Souvent, en zone libre, ces commissions exigeaient de visiter les prisons pour s'assurer qu'il n'y avait pas de ressortissants allemands ou de membres de l'Abwehr. Ainsi à plusieurs reprises, en 1941 et 1942, notamment à Marseille aux Baumettes, chaque fois, il fallait extraire les agents de l'Allemagne incarcérés, pour les camoufler quelque part en ville en attendant que la visite soit terminée. On les remettait ensuite en prison… !

En Afrique du Nord, en stoppant la pénétration de l'Abwehr dans le Maghreb, nous avons marqué des points importants. Ils ne laissaient pas indifférente la commission d'armistice allemande. Les autorités françaises à Vichy recevaient de temps en temps des notes péremptoires : « Prière de nous dire ce qu'il est advenu des personnes figurant sur la liste ci-jointe. » C'était le colonel d'Alès qui encaissait ces injonctions en tant que chef des services des menées antinationales. Ces bureaux officiels, incorporés à l'armée d'armistice, nous couvraient et ramassaient tous les pépins. C'étaient les fusibles de nos organisations clandestines.

– Les arrestations étaient clandestines mais les condamnations étaient officielles et finalement ça indiquait aux Allemands votre activité... ?

– C'est vrai ! C'est la raison pour laquelle le fusible a sauté. Les Allemands ont obligé les Bureaux des menées antinationales à disparaître, au mois de mai 1942. En 1941, l'Abwehr et la Feldpolizei avaient arrêté à Paris l'un de mes officiers. Sous la pression et les menaces, il avait révélé un certain nombre de nos secrets parmi lesquels mon existence et le travail clandestin que je lui avais confié. Les Allemands ont immédiatement réagi par les commissions d'armistice, et par l'intermédiaire d'Abetz, pour exiger du gouvernement de Vichy qu'il fasse le ménage dans l'armée et respecte les conventions d'armistice.

Je vous donne cet exemple, mais il y en avait bien d'autres. Les Allemands ne pouvaient pas tolérer ces activités, c'est évident.

– Là, il y a quelque chose de difficilement cernable pour moi qui n'étais pas plongé dans cette atmosphère-là ; c'est qu'en même temps, vous faisiez ça, couverts par un gouvernement... !

– Couverts, non ! Ne mêlons pas, comme c'est trop souvent le cas, la répression officielle et l'action clandestine qui était celle de nos réseaux. La répression officielle, œuvre des tribunaux militaires alimentés par la Surveillance du territoire et les Bureaux de menées antinationales, notre fusible, se heurtaient à l'hostilité de Laval lui-même menacé à cet égard par les Allemands. D'où la suppression des B.M.A., le renvoi, ou l'arrestation et la déportation de leurs chefs et les poursuites déclanchées contre nous.

– Mais cela se passe quelques mois avant que vous ne partiez pour l'Espagne ! En maintenant cette activité comme vous me l'expliquiez, pour bien montrer qu'on était toujours en guerre et que la trahison était un crime, vous étiez totalement en contradiction avec le gouvernement qui allait de plus en plus vers la collaboration !

– En porte-à-faux totalement ! Tout à fait d'accord avec vous ! C'est la raison pour laquelle la position de nos services a été de plus en plus clandestine et opposée effectivement à la politique suivie par le gouvernement. En définitive, nous avons été pourchassés par la police de Vichy en même temps que par l'Abwehr et la Gestapo.

– Puisque vous ne travailliez pas du tout pour Vichy, puisque vous ne travailliez pas non plus pour Londres, pour qui travailliez-vous à ce moment-là ?

– Comment pouvez-vous dire cela ! Nous travaillions pour notre pays ! Vous considérez pour rien d'avoir affaibli l'œuvre des services spéciaux ennemis, de les avoir empêchés de s'implanter en A.F.N. ? Vous négligez les renseignements que nous faisions passer quotidiennement aux Alliés. En supprimant les gens qui trahissaient, on faisait le ménage, on s'efforçait de faire régner un souffle de propreté… Quand vous nettoyez les écuries, vous ne le faites pas pour le propriétaire mais pour la propreté des lieux et la santé des animaux ! Excusez cette comparaison osée !

Nous pensions ainsi défendre l'intérêt du pays. Avec des motivations diverses, chacun avait sa façon de servir son pays. De Gaulle, de son côté… chapeau ! Certains collaborateurs du gouvernement de Vichy, il faut le reconnaître, n'étaient pas des traîtres… ! J'en ai connu qui étaient de bonne foi, croyant à la politique du double jeu, mais facilitant la vie des patriotes. Il y avait les autres, ceux qui résistaient avec nous et comme nous, et puis ceux qui avaient passé nettement le Rubicon, comme Frenay, étaient à la fois des résistants et des opposants à Vichy et enfin d'autres encore plus engagés dans la lutte politique contre le régime de Vichy ; attitudes controversées, et dignes de l'être... !

– Vous agissez parfaitement en idéologue et il n'y a pas plus dangereux que les idéologues. La même énergie et la même rigueur morale, on peut l'appliquer pour le bien ou le mal. Les nazis étaient aussi des idéologues ; c'est une démarche intellectuelle ! C'est la même direction mais ce n'est pas le même sens. Je comprends que cela ait pu en inquiéter certains. Des gens qui font le ménage, tout seuls dans leur coin, deviennent incontrôlables !

– J'ai toujours pensé, et je vous l'ai déjà dit, que le travail des services spéciaux devait se rapprocher de celui de la Justice, c'est-à-dire disposer d'une certaine indépendance vis-à-vis du pouvoir ! Car on défend la France, et le pouvoir, à un moment donné, peut défaillir. Il est difficile d'admettre cette conception !... Et très délicat à la mettre en œuvre ! C'est en tout cas un enseignement que l'on peut tirer de la Deuxième Guerre mondiale. Il mérite que l'on y réfléchisse.

– C'est parfait... si c'est mis entre de bonnes mains !

– Je suis de votre avis. C'est dangereux ! D'où l'obligation de ne recruter dans les services secrets – du moins pour les cadres – qu'un personnel moralement et nationalement solide ; un personnel d'exception offrant toutes les garanties de sérieux, d'objectivité et de patriotisme ; c'est d'autant plus indispensable que nous avons souvent affaire à des situations très ambiguës. C'était bien le cas avec le régime de Vichy et l'état de guerre maintenu contre l'Axe. Je reconnais qu'en temps de paix cette sorte d'indépendance vis-à-vis d'un pouvoir régulier doit avoir ses règles et ses limites.

8.

UNE CERTAINE ÉQUIVOQUE

ALAIN-GILLES MINELLA – *Quelle image aviez-vous de Pétain en 1939 et dans les premiers temps de l'Occupation ?*

PAUL PAILLOLE – Pour répondre à votre question, je dois rappeler mon impression de jeune officier. Je l'ai vu pour la première fois à Saint-Cyr où il était venu présider à un exercice dans le courant de l'année 1926. Comme je vous l'ai déjà raconté, au cours de la critique de l'exercice, il a eu l'occasion de prendre la parole. Il a pas mal critiqué ceux qui avaient imaginé cet exercice, faisant observer que sa conception n'était pas suffisamment réaliste, trop complexe, et manquait de simplicité. Sa façon d'exprimer son sentiment était pragmatique, il raisonnait avec une simplicité et une compétence exceptionnelles... Nous avions gardé de cette inspection de Pétain une impression profonde sur la qualité de l'homme en tant que chef. Il ne maniait pas la langue de bois. Il avait une grande assurance et une rare netteté d'expression, aussi bien à l'égard de nos instructeurs, que de nous-mêmes. Lorsqu'en 1940, on a fait appel à lui pour prendre la tête du gouvernement dans des conditions d'affolement absolu, j'ai éprouvé une sorte de soulagement, en me rappelant cette impression première. Pendant qu'il était en Espagne comme ambassadeur, il avait eu l'occasion de venir dans nos services. Je ne l'avais pas personnellement rencontré, mais je savais qu'il s'intéressait à notre travail, et en plusieurs circonstances, il avait aidé l'implantation de nos services en Espagne pour nous permettre de tirer le maximum de profit des conclusions de la guerre civile espagnole, spécialement en matière d'armement, de comportement des différents belligérants. À son arrivée au pouvoir, nous avions l'impression que si la situation était extrêmement grave, elle était désormais entre les mains d'un homme prestigieux, sans ambitions, solide, à l'intelligence pragmatique, et que précisément il saurait prendre les mesures qu'imposaient la défaite et l'état du pays.

Et puis, je me suis plongé, à partir du 1er juillet 1940, dans l'organisation de nos services clandestins, et je dois à la vérité de dire que je n'ai pas suivi de près les méandres de la politique de Vichy. J'ai toujours pensé, et je ne suis pas le seul, que des mesures d'autorité étaient nécessaires dans une période aussi troublée, aussi pagaille. On ne pouvait plus se permettre de parlementer, de discutailler. Il fallait agir pour rassurer tout un peuple déboussolé.

Ma première réaction de surprise : c'est l'arrestation de Laval, au mois de décembre 1940, concoctée dans des circonstances qu'il ne m'appartient pas de juger, mais où ont été mêlés des camarades de nos services. Et cette mesure voulue par Pétain, et dont les sources profondes nous échappaient, nous l'avons considérée, moi en particulier, comme un acte significatif et de grande valeur. Le Maréchal n'avait pas du tout l'intention de se laisser berner par le retors politique qu'était Laval.

Puis, les événements ont complètement changé

lorsque le Maréchal a pris la décision de rencontrer Hitler, et de lancer la politique de collaboration !... Ce que je veux dire, c'est que dans cette première phase de la mise en place de ce gouvernement de Vichy, nous avions l'impression que le gouvernement de la France était entre des mains fermes, mais humaines, impression favorable corroborée par un certain nombre de décisions à notre égard et dont l'initiative pouvait venir du général Weygand. Nous pensions, jusqu'à Montoire, que nous avions en la personne du Maréchal un allié.

À partir de la politique de collaboration, notre optique a évolué, non seulement par l'impression de malaise qu'elle nous donnait – collaborer avec l'ennemi, ça nous a paru initiative sacrilège –, mais aussi par les réactions que cette décision du Maréchal de rencontrer Hitler et d'accepter sa main avaient provoquées dans la nation. Bon nombre de Français, anti-allemands à 100%, que nous contactions pour travailler dans le même esprit que nous, nous ont demandé : « Vous êtes dans le cadre du gouvernement de Vichy, oui ou non ? Est-ce que ce que nous allons faire pour vous va aller à la politique de collaboration ou bien est-ce que ça va aller vers ceux qui se battent et qui veulent en finir avec l'occupation de la France ?... » Nous avons senti cette cassure ! Autant jusqu'alors nous n'avions aucun problème de recrutement, autant à partir de ce moment-là, il a fallu que nous donnions la preuve que, hostiles à la politique de collaboration, nous avions nos propres missions, nos propres ambitions et un désir profond de travailler avec nos alliés à la libération de la France par tous les moyens, y compris la dissidence ! Y compris la rébellion... !

L'attitude du Maréchal nous est apparue de plus en plus ambiguë et nous laissait perplexes. Je vous donne un exemple. J'avais un ami, le prince André Poniatowski. Il était l'un des premiers à avoir créé, fin 1940 dans l'Aisne du côté de Laon, un groupe de résistance. Né et élevé aux États-Unis, c'était un honorable correspondant de notre maison depuis toujours. Il était marié avec une Américaine, qui, elle-même, était la nièce de Harryman, ancien secrétaire d'État. André avait également des relations en Angleterre. Il avait fait la connaissance du général Menzies, chef de l'Intelligence Service. C'était l'un des premiers qui, à ma connaissance, aient eu une réaction de résistance. Considérant qu'il ne pouvait rien faire tout seul, il avait pris contact avec l'état-major de l'armée. Nous l'avions informé, dans le début de l'année 1941, de notre volonté de participer à la recherche du renseignement au profit des Alliés. On avait bien des contacts directs et quotidiens avec les représentants des Américains à Vichy, et des Anglais à Berne ou à Lisbonne, mais nous avions pensé qu'il fallait aller plus loin et prendre un contact direct avec eux à Londres ou à Washington.

André a donc été chargé par ceux qui résistaient avec nous dans l'état-major de l'armée, Baril, du Vigier, etc., de prendre contact avec ses amis américains et anglais. « Vous connaissez beaucoup de personnalités aux États-Unis et en Angleterre… Il faut leur faire connaître ce que nous représentons, ce que nous faisons et ce que nous pouvons faire ; voir aussi, après quatre ou cinq mois de gouvernement de Vichy et d'évolution du conflit, quels sont leurs sentiments, leurs perspectives… » Un véritable ambassadeur pour nous, mais un ambassadeur clandestin !

Il fallait qu'il sorte de France, et qu'il n'ait pas d'ennuis avec certains zélés du ministère de l'Intérieur. Nous avons pensé, étant donné ce que nous savions des sentiments à notre égard du Maréchal, qu'il était bon de le mettre au courant de ce projet. André a eu une entrevue avec lui. Il lui a exposé notre désir d'établir un contact direct avec le gouvernement et les autorités militaires américains aux États-Unis puis à Londres avec les Anglais.

Le Maréchal l'a écouté, lui a dit combien il était intéressé par une mission de ce genre, lui a recommandé le secret et surtout d'éviter d'en parler à Laval. Il lui a demandé de préparer soigneusement ce voyage et de le tenir informé au retour. C'est dans ces conditions, avec la bénédiction du Maréchal et les autorisations nécessaires de sa part, qu'André Poniatowski est parti à Washington. Il a vu le secrétaire d'État, les hautes autorités militaires, notamment Marshall[38], a exposé ce que nous faisions, ce dont nous étions capables, et demandé aux Américains, qui n'étaient pas encore en guerre, de faciliter notre travail tout en donnant leur avis sur nos objectifs. Mission d'une très grande importance !

Quelques jours après son retour en France, fin décembre 1941, au moment de Pearl Harbor, André a pris soin d'aller rendre compte au Maréchal. Il lui a exposé le résultat de ses contacts avec l'armée américaine et de ses conversations au sommet. Au cours de ses conférences à West Point et dans d'autres institutions militaires, il avait expliqué dans quelles conditions l'armée française résistait et se préparait clandestinement à la reprise du combat. Pendant qu'ils étaient en conversation, Laval, qui avait quelque chose à dire au Maréchal, et peut-être intrigué par la longueur de l'entretien, a cherché à entrer dans le bureau. Le Maré-

---

38. George Marshall. Général et homme politique américain (1880-1959). Nommé chef d'état-major par Roosevelt, ils sera conseiller militaire du Président pendant toute la durée de la Seconde Guerre mondiale. Secrétaire d'État en 1947, il sera l'auteur d'un plan d'assistance pour la reconstruction et le redressement financier de l'Europe qui porte son nom : le plan Marshall.

chal lui a fait signe de rester à l'extérieur et a recommandé à André : « Méfiez-vous de celui-là ! »

Cet exemple pour vous montrer que, encore à la fin de 1941, en dépit de notre réserve que nous avions tous à propos de la politique de collaboration, nous avions sur le Maréchal lui-même une opinion forcément nuancée.

Il y a autre chose, dont la révélation est assez stupéfiante et dont je vous ai déjà parlé. À partir de fin 1940, non seulement nous éliminions ceux qui travaillaient pour l'Allemagne d'une façon expéditive – je n'insiste pas sur cette façon de faire – mais également d'une façon légale lorsque c'était possible. À partir de 1940, et surtout de 1941, nous avons ainsi fait déférer devant les tribunaux militaires français, par la voie légale, des traîtres, des espions, etc. Les tribunaux les condamnaient, allant même jusqu'à les condamner à la peine de mort... ! Et quand le recours en grâce était soumis au Maréchal, il l'accordait ou ne l'accordait pas ! Et dans bien des cas, il l'a refusé au grand dam des Allemands et de Laval !

– *Vous l'avez rencontré ?...*

– Je ne l'ai jamais rencontré personnellement. Ce qui n'a pas été le cas avec Darlan. J'ai eu l'occasion à plusieurs reprises de rencontrer Darlan et d'évoquer avec lui sa politique.

– *Qu'en était-il de cette fameuse histoire à laquelle beaucoup de gens croyaient à l'époque, que de Gaulle et Pétain étaient d'accord, qu'il y en avait un...*

– ...qui était le bouclier, et l'autre le glaive !

– *C'était un bruit qui courait dans vos services... On en parlait ?*

– Non ! Franchement, on ne le pensait pas. Quelque chose nous avait choqué, c'était les décisions de justice à l'encontre de De Gaulle condamné à mort, et à l'encontre aussi de ceux qui travaillaient pour de Gaulle ou pour les Anglais... Ça nous choquait profondément ! Dans bien des circonstances grâce à nos bons rapports avec la surveillance du territoire nous intervenions pour faire relâcher des patriotes, pour essayer d'atténuer les effets lamentables de ces mesures policières.

Dans l'aspect négatif de l'action du Maréchal, avant novembre 1942, il y eut aussi cette accentuation qu'il a tolérée de l'œuvre collaborationniste de Laval !... Le fameux « Je souhaite la victoire de l'Allemagne ! », on ne l'a pas digéré ! Personne ne l'a digéré !... On nous a posé quelquefois la question concernant le serment au Maréchal ; on n'a jamais prêté serment ! Nous n'étions pas une formation militaire astreinte à de tels engagements.

Nous avions l'impression que dans cette équipe qui était au sommet de l'État français, le Maréchal était à part et sans doute dépassé en raison de son âge et des pressions exercées par l'ennemi.

– En fait, vous pensiez que le Maréchal ne gouvernait pas, tout simplement ?

– Oui, il portait le chapeau comme l'on dit ! Connaissant mieux maintenant tout cela, je me demande si certaines mesures qui sont allées apparemment et dans notre esprit au-delà de ce qu'il aurait souhaité ne rencontraient pas son accord. Comme a dit Loustaunau-Lacau, lorsqu'il a été témoin au procès Pétain, en se tournant vers les députés membres du jury : « Vous refilez à ce vieillard les fautes qui sont les vôtres ! » Il exprimait par là un peu la pensée de beaucoup d'entre nous…

– Dans son livre consacré à la jeunesse de François Mitterrand[39]*, Pierre Péan souligne la différence entre « pétainiste » et « maréchaliste » ; le premier terme s'appliquant à une adhésion à la politique de Pétain, et le deuxième à un attachement à la personne même. Vous diriez aujourd'hui qu'à l'époque vous étiez plus maréchaliste que pétainiste ?*

– Ni l'un ni l'autre ! Je comprends parfaitement qu'il y ait eu des nuances entre ceux qui étaient résolument pour les mesures politiques prises par le gouvernement de Pétain, et qui étaient pétainistes, et ceux qui faisaient confiance au maréchal Pétain en tant qu'ancien vainqueur de Verdun et grand soldat quelles que soient les mesures que prenait son gouvernement. Ils alignaient leur attitude non plus tellement sur ces décisions mais plutôt sur un passé qui leur paraissait imposer la confiance au Maréchal.

En ce qui nous concerne, nous étions étrangers à ces considérations ; dans notre P.C. clandestin de Marseille, il ne nous venait jamais à l'esprit de rechercher ou de commenter les décisions prises à Vichy, avec l'accord ou sans l'accord de Pétain. La personnalité du maréchal Pétain nous était étrangère dans l'appréciation et les modalités du travail que nous avions à fournir. Je ne peux donc pas dire que nous étions pétainistes ou maréchalistes, nous n'étions ni l'un, ni l'autre !

– Dans ce livre, vous êtes cité à plusieurs reprises concernant l'appartenance de F. Mitterrand à votre réseau et son travail dans la Résistance...

---

39. *Une jeunesse française*, éd. Fayard, 1994.

– C'est vrai que le livre de Pierre Péan cite plusieurs fois mon nom et fait état des réseaux et services dont j'ai été responsable pendant la guerre, mais c'est une erreur d'en déduire l'appartenance de François Mitterrand à l'un d'eux.

Ce qui est vrai, par contre, c'est que, dès le début de 1943, son activité résistante s'est développée dans la mouvance de nos organisations militaires secrètes, soit celles directement sous mes ordres, soit très proches de moi, comme l'Organisation Résistante de l'Armée (O.R.A.), dont je peux affirmer que les premiers pas et les premiers contacts avec Londres et Alger ont été facilités par mes réseaux et nos moyens de liaison et de transmission.

Il ne faut pas oublier que l'O.R.A. a pris sa source dans les Groupes d'Auto-Défense (G.A.D.) créés en mai 1941 par le chef du troisième bureau de l'armée de l'armistice, le futur général du Vigier, avec le concours de mes services clandestins. Le premier chef des G.A.D., l'un de mes adjoints depuis 1937, le capitaine Lambert, s'est installé dans mon P.C. clandestin de Marseille et, ensemble, nous avons recruté ses principaux collaborateurs dont mes camarades de promotion de Saint-Cyr, Lejeune et du Passage. Tous les deux sont cités par Mitterrand comme ses premiers correspondants dans le cadre de l'O.R.A. et les initiateurs de son premier voyage à Londres à la mi-novembre 1943, puis à Alger. Déjà, depuis février 1943, l'O.R.A. finançait Mitterrand et son mouvement au profit des prisonniers de guerre. Il est à noter que son envoyé à Alger en mai 1943 s'est déplacé sous la couverture de nos services, à l'époque la Direction des Services de Renseignements et de Sécurité Militaire (D.S.R.-S.M.) que dirigeait le colonel Rivet.

J'insiste sur ces premiers pas de François Mitterrand

dans la résistance active, car ils donnent une explication des réserves du B.C.R.A. et du général de Gaulle à son encontre. À son arrivée à Alger, au début de décembre 1943, il a eu une entrevue plutôt fraîche avec le Général et les gaullistes envisageaient son affectation dans le corps expéditionnaire français en Italie plutôt que son retour en France.

En définitive, sur l'intervention d'Henri Frenay auprès de moi, ce sont mes services qui se sont chargés d'acheminer Mitterrand, fin 1943, d'Alger en Angleterre via Marrakech, où effectivement il a été hébergé et pris en compte par mon camarade le capitaine Jacques Abtey que j'avais chargé, fin 1940, sous la couverture de la troupe de Joséphine Baker, d'assurer les liaisons permanentes de mes services avec l'I.S., ce qui fut fait et bien fait ! C'est donc grâce à son intervention et avec l'appui de l'I.S. que Mitterrand a pu retourner à Londres dans un avion britannique.

– On peut comprendre que tout cela n'a pas du améliorer les rapports entre les gaullistes et Mitterrand et avec vos services ; l'intervention de Frenay n'a pas dû être très appréciée par de Gaulle ?...

– Votre observation est juste ! Cette affaire n'a pas facilité le délicat problème de la fusion de nos services spéciaux traditionnels avec le B.C.R.A.

Mais revenons au cas Mitterrand qui, à la fin de l'année 1943, soulevait pas mal de remous. Pour l'O.R.A. qui fournissait matériel et subsides, le soutien au mouvement des prisonniers de Mitterrand devenait difficile devant la position ambiguë du B.C.R.A. C'est le moins qu'on puisse dire ! Henri Frenay, pour cette même raison, constatait les obstacles qui s'accumulaient devant son projet d'unifier en métropole les mouvements de prisonniers sous l'autorité de Mitterrand ; concession pourtant obtenue de De Gaulle à Alger au début de décembre 1943. Il voyait les obstacles qui allaient s'opposer à une action constante de sa part sur l'organisation qu'il projetait en France et dont le but essentiel et final était de préparer et faciliter le retour dans leur patrie de plus d'un million cinq cent mille prisonniers de guerre, déportés, travailleurs forcés, etc., et l'insertion dans la vie de tous les jours des quelques trois cent cinquante mille rapatriés ou évadés des camps. Tout cela sous l'œil inquisiteur du Sicherheitsdienst, avec l'opposition de plus en plus affirmée des anciens services de prisonniers de guerre où Mitterrand avait évolué à Vichy depuis son évasion à fin 1943.

Au lendemain de son installation dans le gouvernement de De Gaulle à Alger, le 10 novembre 1943, Frenay, devenu commissaire aux Déportés, Internés et Prisonniers de guerre, s'est ouvert à moi de l'ampleur de sa mission, de sa confiance dans l'action de Mitterrand en métropole, de l'importance qu'il attachait à des liaisons permanentes et sûres avec lui et enfin de sa volonté de travailler à tout cela avec le concours de mes services, comme nous l'avions fait en métropole avec le groupe Combat. C'est tout naturellement qu'il s'est tourné vers moi au début de décembre 1943 pour faciliter le retour en France du capitaine Monnier – c'est sous ce nom d'emprunt que j'ai connu Mitterrand en Afrique du Nord – et ultérieurement pour aménager des liaisons entre le Rassemblement National des Prisonniers de Guerre (R.N.P.G.) de Mitterrand en métropole et son commissariat à Alger.

Je crois que pour mieux comprendre cette phase de notre histoire, il faut se rappeler ce que Frenay lui-même en dit dans ses Mémoires[40]. Il écrit : « Disposer

40. *Volontaires de la nuit*, éd. Robert Laffont.

d'une liaison (...) échappant à la curiosité de d'Astier[41] était à mes yeux d'une grande importance (...) elle assurerait un lien permanent avec le M.N.P.G.D. sur lequel je comptais pour m'assister lors de mon retour en France dans ma tâche de commissaire aux Prisonniers, Déportés et Réfugiés.

Je m'étais ouvert de ce problème à mon ami le commandant Paillole, chef des services de contre-espionnage et de sécurité militaire. Il m'avait promis de l'étudier et pensait pouvoir le résoudre. J'avais un rendez-vous avec lui pour la mi-février. »

Entre-temps, Frenay constitue avec Henri Lévy, Jacques Parouty et Louis Bouzat la mission « Jasmin » destinée à porter en métropole au M.N.P.G.D. ses consignes et de l'argent. Elle est instruite dans mes services où je fais apprendre par cœur à ses trois membres leurs nouvelles identités, leurs antécédents, leurs professions, les pièges à éviter, le comportement à observer, etc. En sous-marin, la mission « Jasmin » est déposée à Barcelone où elle est hébergée par nos soins en attendant de traverser péniblement les Pyrénées et aboutir à Saillagousse où nous disposons d'un relais accueillant et sûr. Fin mars 1944, argent et directives sont remis à Paris à François Mitterrand et Frenay termine : « La liaison radio avec Alger est établie grâce au réseau Paillole avec qui ils ont pris contact dans la région parisienne et dans le Sud-Ouest. Le courrier par porteur est pratiquement organisé. (...) Grâce à ces trois jeunes camarades et grâce aussi à mon ami Paillole, à partir de la fin du mois d'avril 1944, plusieurs chefs de la résistance présents à Alger, dont moi-

41. Emmanuel d'Astier de La Vigerie, commissaire à l'Intérieur et à ce titre chargé des relations avec la France occupée, et donc avec la Résistance. Il n'inspirait qu'une confiance limitée en raison de ses options politiques communistes. (N.d.A.)

même, auront un contact quasi permanent avec la France. (...) Ainsi pouvait se préparer la mise en place des hommes et des structures aptes à faire face aux graves problèmes qui se poseraient au ministère de Prisonniers, Déportés et Réfugiés dès son retour en France. »

– Il y a un personnage que vous avez mentionné lors de notre précédent entretien et qui, à cette période du régime de Vichy, joue un rôle tragique, c'est René Bousquet. Vous avez eu affaire directement à lui ?

– Bien qu'ayant été témoin à charge lors de son procès en 1949, je n'ai pas connu personnellement René Bousquet. Si je me rappelle bien les termes du jugement, ce haut fonctionnaire a été exonéré du crime d'intelligence avec l'ennemi et pratiquement relaxé par la cour de justice.

Je suis bien obligé de reconnaître que les accusations du seul témoin à charge que j'étais ne pouvaient pas avoir beaucoup de poids sur un jury en majorité composé d'amis politiques de l'accusé. La plupart ignoraient à peu près tout des drames vécus pendant l'Occupation et de l'enjeu que constituait pour nos réseaux de renseignements l'information des Alliés au moment où ils se préparaient à libérer l'Afrique du Nord le 8 novembre 1942.

Rappelez-vous qu'en juin 1942, les Allemands, et surtout Canaris, avaient réussi à persuader certains responsables de Vichy et de l'armée de l'armistice de la nécessité, pour l'Abwehr, de pénétrer en zone libre pour y poursuivre les réseaux de renseignements correspondant avec l'Angleterre par moyens radio. Des accords ont été passés qui donnaient en principe le droit aux services spéciaux ennemis, en l'occurrence l'Abwehr avec ses spécialistes de la détection par goniométrie des postes radio clandestins, la Funkabwehr, de pénétrer en zone libre, d'y agir souverainement avec le concours de la police française. Évidemment, parmi ces postes clandestins menacés, il y avait ceux de nos services. J'ai eu la tristesse de constater que des officiers généraux français, l'amiral Dupré, collaborateur de Darlan, et le général Delmotte, collaborateur du général Bridoux après avoir été à Paris en contact avec Canaris et le colonel Reile, étaient revenus en zone libre pour mettre en œuvre ces accords conclus avec l'ennemi ! Un officier français, le capitaine Desloges, a été mis à la disposition des équipes allemandes pour faciliter leur installation et leur travail. Mais surtout il fallait obtenir de la police nationale qu'elle mette à la disposition des équipes allemandes de la Funkabwehr des policiers pour faciliter leur travail de repérage, d'arrestations et de répression. C'est Bousquet, secrétaire général pour la police, qui a accepté de prendre à son compte cette responsabilité, et de prescrire la mise à la disposition de toutes les équipes allemandes des officiers de police judiciaire français, en principe des policiers de la Surveillance du territoire. Cette invasion clandestine de l'Abwehr dans la zone libre était le prélude à l'occupation totale à la veille du débarquement allié en Afrique du Nord. C'était catastrophique et lourd de conséquences.

Je me suis élevé contre cette trahison des autorités de Vichy… ! Je me souviens d'avoir eu une discussion violente avec le général Delmotte. Je fais une parenthèse pour préciser que Delmotte, après la fin de la guerre, a été poursuivi et traduit devant la haute cour. J'ai dû témoigner avec tristesse contre cet officier qui a été condamné à l'indignité nationale. Ça fait mal au cœur d'être obligé de s'élever dans ces conditions contre un grand soldat qui, par ailleurs, avait toujours été exemplaire.

Concernant Bousquet, je sais que, lors de son procès, il a fait ressortir qu'il n'était pas à l'origine des accords passés à l'hôtel Lutétia à Paris avec Canaris par les envoyés de Laval, Bridoux et Darlan, mais je persiste à penser que faciliter la répression ennemie en zone libre pour supprimer la possibilité d'informer nos alliés sur la situation des forces de l'Axe et leurs éventuelles réactions aux opérations de débarquement en Afrique du Nord constitue au sens de la loi un brile de trahison – comme est trahison le fait de provoquer ou de faciliter de cette manière les arrestations, les déportations et la mort de patriotes engagés dans la lutte contre l'envahisseur.

Et je ne savais pas encore, en 1949, ce que les archives allemandes saisies nous ont révélé de plus sur le comportement odieux de Bousquet : la dénonciation délibérée à Oberg de notre source K, c'est-à-dire nos écoutes sur le câble Paris-Berlin réservé aux Allemands. En plus de la fin d'un précieux moyen d'information, cette autre trahison de Bousquet allait conduire certains de nos camarades vers les camps de la mort.

Je reste surpris que les chefs des services spéciaux français qui nous ont succédé n'aient jamais mis le ministre puis le président Mitterrand en face de tels faits pour l'inciter à mieux comprendre la personnalité ambiguë de Bousquet. Je suis surpris aussi de trouver parmi les amis, sinon les thuriféraires, de Bousquet des personnalités que j'estime comme par exemple le préfet Yves Cazeaux qui fut l'un de mes camarades dans notre maison et resta pendant toute l'Occupation l'un de mes plus fidèles et plus sûrs honorables correspondants.

J'ai souvent observé la pertinence de La Fontaine : « Selon que vous serez puissant ou misérable... » mais en matière d'espionnage, de trahison, de telles attitudes à l'égard des plus hauts personnages de l'État sont des injures à la notion de justice et d'équité.

9.

ALGER ENTRE GIRAUD ET DE GAULLE

ALAIN-GILLES MINELLA – *L'année 1942, c'est le tournant de la guerre ; vous l'avez perçu à ce moment-là ?*

PAUL PAILLOLE – À partir du mois d'octobre 1942, nous avions la certitude que le débarquement allié était imminent. J'avais convoqué à Royat mon camarade le lieutenant-colonel Chrétien, chef de nos services pour l'Afrique du Nord, et d'une façon plus générale pour l'Afrique. Je lui avais demandé d'étudier avec moi les conditions dans lesquelles fonctionnerait le service dans cette perspective. Cette réunion a eu lieu fin septembre. Nous avons profité de ce passage du colonel Chrétien pour rassembler nos chefs de poste, et bien entendu le colonel Verneuil qui avait déjà pris ma place comme patron du réseau clandestin des Travaux ruraux. Il fut convenu que le Service de sécurité militaire, qui devait se substituer au Service des menées antinationales dissout, fonctionnerait clandestinement. Je devrais, en tant que patron des services de contre-espionnage et de sécurité, me joindre à l'armée française lorsque celle-ci reprendrait le combat. Il restait encore l'incertitude provoquée par les idées du général Giraud. Il était convaincu qu'une action retardatrice organisée par l'armée de l'armistice dans quelques réduits montagneux de résistance pouvait permettre aux Alliés de disposer de quelques jours pour débarquer soit en Provence, soit sur la côte atlantique, sans une grande opposition de la Wehrmacht. Il avait à ses côtés, à Lyon, un officier qui avait toute mon estime : le colonel de Linarès, futur général ; je l'avais connu à Saint-Cyr où il était l'un des instructeurs de ma promotion. J'avais rencontré Linarès au mois de septembre. Nous étions convenus tous les deux que, d'une part, j'assurerais, avec mes services, la protection personnelle du général Giraud qui était recherché par l'ennemi – Hitler avait donné l'ordre de l'abattre – et, d'autre part, que nous nous mettrions à la disposition des unités de l'armée de l'armistice qui devaient participer à ce combat retardateur.

– Dès septembre 1942, vous aviez deux certitudes : que les Alliés allaient débarquer et que les Allemands allaient envahir la zone libre... ?

– Exactement ! J'ai mis à la disposition du général Giraud et du colonel de Linarès un officier d'une grande valeur, le capitaine Vélaud. Il allait devenir l'un des chefs de service dans notre organisation clandestine de contre-espionnage. Il sera, au mois de juillet 1944, arrêté à Paris par les Allemands, déporté et fusillé au camp de Buchenwald.

Nous avons également réfléchi à l'action de nos services au bénéfice des unités de l'armée de l'armistice dans le cadre de leur action retardatrice de l'invasion de la zone libre. Je vous ai parlé, lorsque nous avons évoqué le cas Bousquet, de l'accord passé en juin 42 entre Canaris et des responsables de Vichy permettant aux Allemands de pénétrer en zone libre pour y détruire les réseaux de renseignements ; il est certain que cette pré-offensive nazie était révélatrice des intentions de l'Allemagne. À l'été 1942, on ne savait pas encore si les Alliés se manifesteraient sur une côte française de la métropole, ou ailleurs. Il est normal que les Allemands aient tenté de faire table rase en zone libre des moyens dont les Alliés pouvaient disposer pour être informés, au moment où ils en auraient le plus besoin, des réactions de la Wehrmacht.

À plusieurs reprises, j'ai pris contact avec les chefs d'état-major de l'armée de terre, Vernaud et Olleris. Ils avaient l'intention – ils l'ont fait, d'ailleurs – de donner des instructions aux commandants territoriaux de la zone libre, pour préparer la mise en œuvre de ces opérations de retardement. Elles préconisaient le repli des garnisons vers des zones montagneuses et des zones clés, pour y constituer de réduits de résistance. C'était une conception qui en valait une autre : immobiliser la Wehrmacht sur un certain nombre de points, et permettre aux Alliés de disposer de quelques jours pour effectuer leurs débarquements. Ces instructions n'ont pas été exécutées. Seul de Lattre a pris la responsabilité de les respecter, peut-être d'une façon symbolique, mais cela a été fait !

Arrive ce débarquement le 8 novembre au Maroc et en Algérie. Il déçoit dans une certaine mesure le général Giraud. Il s'était embarqué le 5 novembre 1942 au Lavandou pour rejoindre Gibraltar, soit trois jours avant le débarquement, furieux d'apprendre que les Alliés n'avaient pas retenu ses propositions d'opérations en métropole. L'action retardatrice prévue pour l'armée de l'armistice tombait à l'eau ! Que restait-il comme possibilité ? Un baroud d'honneur... voué à l'insuccès ? Le déshonneur de l'armée de l'armistice est d'avoir déposé les armes sans combattre cette nouvelle invasion de la Wehrmacht !... La veille du débarquement allié, le 7, je me suis rendu à Vichy. J'y ai rencontré Delmotte, le chef de cabinet de Bridoux. Triomphalement je lui dis : « C'est pour cette nuit ! Les Alliés vont débarquer en Afrique du Nord !...

– Ah !... Ils font ça, c'est une grave erreur ! »

Je vais ensuite chez Verneau et Olleris, je me mets à leurs ordres, et demande : « Qu'est-ce que vous pensez faire ? que doit faire l'armée de l'armistice... ? » Et ils me répondent : « Nos ordres sont maintenus, les unités doivent sortir de leur cantonnement et éviter d'être faites prisonnières sans combattre. Elles doivent se retrancher dans des réduits que nous avons fixés, essentiellement dans le Massif central et les Pyrénées... »

– C'était aller au casse-pipe de toute façon... !

– Comme vous le dites !... Que s'est-il passé le 11 novembre ? Un seul commandant de région a exécuté les ordres, je le répète, c'est le général de Lattre. D'autres ont critiqué, sinon ridiculisé, cette initiative de De Lattre, qui a eu au moins le mérite de manifester avec panache son opposition. Quant aux autres commandants de division, ils ont été impressionnés par les ordres contraires diffusés le 11 novembre dans la journée par le général Bridoux qui venait de rentrer de Paris. Sachant les instructions secrètes données par l'état-major de l'armée, Bridoux avait immédiatement lancé le contrordre : « Rentrez dans les casernes, et attendez les directives qui vous seront envoyées par moi ! »

C'est ainsi que la Wehrmacht est entrée en zone libre sans aucune opposition. Pendant un certain temps, l'illusion du fameux réduit de Toulon a été entretenue. Pour faire avaler la pilule de l'armée allemande entrant, sans coup férir, dans la zone libre, il fut convenu que l'armée française constituerait autour de Toulon une zone interdite à l'ennemi ; elle permettrait à la flotte de la Méditerranée d'être à l'abri de toute attaque, et à une partie de l'armée de l'armistice de conserver une zone de sécurité donnant la possibilité, si les événements l'exigeaient, d'utiliser la flotte de la Méditerranée pour faire un semblant de résistance. C'était de la caricature ! Encore une tromperie ! Je peux vous dire que pendant plusieurs jours cette idée a pris corps, et c'est parce que ces dispositions ont été rompues que la flotte de la Méditerranée s'est sabordée à la fin de novembre 1942.

Quant à moi, j'avais ramené mes camarades du service central dans la région d'Alès/Montpellier. Je restais dans l'idée que même vouée à l'échec et sans retentissements, la résistance symbolique de l'armée de l'armistice serait malgré tout honorable. Je réalisais ce que j'avais proposé au commandement : transférer le P.C. secret de notre organisation dans la région de Alès/Montpellier, à la disposition du P.C. clandestin d'une armée de l'armistice, combattant je ne savais plus trop pourquoi !... Je suis arrivé à Montpellier le 11 novembre vers dix heures après avoir évacué notre P.C. de Royat dans la nuit du 10 au 11. J'ai appris que le général de Lattre de Tassigny venait de partir avec une partie de ses troupes. J'ai téléphoné à Vichy vers midi au général Olleris, pour l'informer que j'étais sur place, et que j'attendais ses instructions. J'ai été abasourdi quand il m'a répondu : « On ne peut rien faire. Il est inutile d'insister, vous pouvez regagner vos lieux de résidence habituels. Vous-même, revenez à Vichy, je voudrais vous voir ! » Dans la journée du 11 j'ai cherché à savoir ce qui se passait dans les régions de Marseille et de Toulon ; c'était le néant ! Le 12 novembre, en fin de soirée, je me suis mis en route pour rentrer dans la région de Royat. Le 14, j'ai repris contact avec Revers, Vernaud et Olleris. Avec Revers j'ai eu une longue conversation ; sachant que Darlan était en Afrique du Nord et qu'il y avait la responsabilité des opérations – je n'y reviens pas, c'est un autre problème – Revers m'a approuvé de me rendre à Alger, via Londres, et d'y prendre le commandement de mes services officiellement reconstitués puisque l'armée d'Afrique du Nord allait reprendre le combat avec Giraud. Sur ma proposition, il accepte que le matériel clandestin camouflé soit mis à la disposition des organisations clandestines qui en auront besoin ou qui en manifesteront le désir. J'ai immédiatement pris contact avec le groupe Combat. J'ai eu la chance de joindre Chevance, le numéro deux de Frenay à Marseille, pour lui dire : « Mettez-vous en rapport avec le Camouflage du matériel de la région de Marseille. Vous êtes autorisé à prélever le matériel d'armement dont vous avez besoin. » Cela s'est mal passé : une petite partie seulement a été distribuée au groupe Combat ou à d'autres groupes de résistance. Le reste est resté dans les dépôts clandestins ou a été récupéré par les Allemands dans des conditions qui ne sont pas reluisantes. Le général ajouta : « Avec Frère, je vais essayer de regrouper ceux des cadres de l'armée de l'armistice qui voudront bien continuer le travail des C.A.D. et appuyer la Résistance. Nous fournirons ainsi un appoint aux unités alliées qui participeront à la libération de la France. » Je vais ensuite voir les généraux Vernaud et Olleris. Ils étaient catastrophés par les événements qui venaient de se dérouler et pas fiers du comportement de l'armée de l'armistice. Je leur raconte mon entretien avec Revers, et je conclus en disant ma résolution de partir en Afrique du Nord. Je me souviens de la réponse d'Olleris qui avait les larmes aux yeux : « Je vous envie, mais vous ne pouvez pas faire autrement. Je vous souhaite un plein succès dans ce que vous allez entreprendre. » Dans le même temps Vernaud se rapprochait du général

Revers. Tous les deux mettaient au point les premières directives pour l'Organisation de la Résistance de l'Armée : l'O.R.A., en prenant pour base ce qui existait déjà avec les G.A.D. Je pense en particulier à mes camarades de promotion Lejeune et du Passage. Il fut entendu avec Revers que mes services seraient à la disposition de l'O.R.A. pour faciliter ses liaisons avec Londres et Alger et assurer sa protection contre les réactions ennemies. Ainsi les futurs généraux Bonnefous, Mercier, d'Alès furent parmi les premiers, avec le colonel Bonoteaux, à collaborer avec les généraux Frère et Verneau. Tous deux furent par la suite arrêtés et moururent en déportation.

Il ne me restait plus qu'à partir après avoir mis au point avec mes camarades restant en France la poursuite de leurs missions. Je prenais l'engagement de rétablir et d'assurer les liaisons avec Londres et Alger, de fournir les moyens financiers et matériels indispensables à leurs activités en me mettant à la disposition du commandant en chef en Afrique du Nord. Cela impliquait mon évasion de France, alors que j'étais recherché depuis plusieurs semaines par les services de police de Vichy et par l'Abwehr ! Nos organisations de passage au travers des Pyrénées étaient bien au point. Avec trois autres camarades, nous franchissons les Pyrénées à la fin du mois de novembre 1942. En Espagne, à Barcelone, à Madrid j'ai pu bénéficier du concours des Anglais. À peine ont-ils su que j'avais pu franchir les Pyrénées et que j'étais désormais « libre », mes camarades de l'Intelligence Service se sont mis à ma disposition pour faciliter mon transit par Gibraltar et mon voyage à Londres. Avec leur concours j'ai pu mettre à profit mon séjour à Barcelone pour y implanter une base de mes services avec des collaborateurs chevronnés et connaissant bien l'Espagne, tels Ramonatro et Auguste Larquier. Cette base sera plus tard la plaque tournante de nos liaisons secrètes d'Alger en France en passant par les Pyrénées.

– *Vous n'êtes pas allé directement à Alger ? Pourquoi passer par Londres ?*

– Je voulais voir de Gaulle, rencontrer le chef du B.C.R.A., le colonel Passy, et reprendre contact avec mes camarades anglais. Je suis arrivé à Gibraltar le 22 décembre 1942. J'y ai trouvé le général d'Astier de La Vigerie, qui allait à Alger, avec un camarade du B.C.R.A., Fred Scamaroni, dont la mission était de se rendre en Corse. Nous parlons des événements, de la façon dont ils voient la suite, etc. Bref, le contact avec ces deux camarades venus de Londres est très sympathique. Nous avons les mêmes objectifs, et tout doit pouvoir s'harmoniser et être mis en commun pour arriver à des résultats probants dans les domaines du renseignement et de la sécurité.

Je rejoins Londres le 23 décembre 1942. J'y suis accueilli par mes amis de l'Intelligence Service qui m'épargnent les difficultés policières qu'ont dû éprouver beaucoup de Français arrivant en Angleterre. Je suis mis tout de suite en contact avec le chef de l'Intelligence Service, le général Menzies et son adjoint, le colonel Dansay. Nous examinons ensemble la situation en France et en Afrique du Nord. Le lendemain, nous apprenons que Darlan est assassiné. C'est Giraud qui, en principe, hérite des pouvoirs. Vue de Londres la situation à Alger n'était pas nette. Je demande à mes amis de me mettre en contact avec un Français – il y a pas mal de Français en Angleterre – digne de confiance. Je veux sans tarder prouver à mes camarades en France que j'ai rempli la première partie de ma mission, et que je peux désormais en toute liberté mettre en œuvre les mesures auxquelles je me suis engagé.

Ce Français à recruter devra le plus tôt possible porter à mes camarades, restés dans le bain, non seulement des moyens financiers et matériels, notamment des postes radio, mais aussi mes directives en fonction de ce que je vois et de ce que je sais maintenant de la situation en Afrique du Nord et en Angleterre. C'est ainsi que j'ai fait la connaissance, le 26 décembre 1942, de Michel Thoraval, un garçon de vingt ans. Il s'était évadé de France avec la volonté de servir son pays. Il n'avait pas voulu se mettre au service des gaullistes et avait manifesté le désir de s'engager dans l'armée anglaise, ce qu'un certain nombre de Français – on l'ignore souvent – ont fait ! J'ai donc pris contact avec lui. Je lui ai expliqué ce que j'attendais. Enthousiaste, il m'a répondu spontanément qu'il était tout à fait d'accord pour faire ce que je demandais. Il était d'une intelligence vive et ouverte. Restait à le former pour le travail qu'il aurait à faire. Ce n'était pas un travail de recherche de renseignements mais de liaison. Ce qui a été fait ! Et magistralement fait ! Thoraval a suivi les stages organisés par les Britanniques dans les environs de Londres : stage de parachutage, de sécurité, de moyens clandestins de travail, etc. Bref, l'instruction habituelle pour nos envoyés en France occupée. Et Thoraval, dans le courant du mois de janvier 1943, est parachuté dans la région d'Issoire où il établit en un temps record la liaison avec Verneuil et mes camarades. Il met à leur disposition les moyens financiers indispensables et les appareils radio mis au point avec les Anglais. Ils étaient performants. C'était la première étape dans la mission que je m'étais assigné. J'avais retrouvé à Gibraltar le général Ronin, chef du service de renseignements de l'armée de l'air qui s'était évadé lui-même avec le colonel Rivet le 8 novembre 1942, sans tambour ni trompette et sans nous avertir… !

Ronin, lui aussi, allait à Londres, pour rencontrer le

général Menzies. Il était, à Alger, l'adjoint du colonel Rivet, en tant que patron des services qui se reconstituaient... mais ils n'avaient rien ! Ce qu'il allait chercher à Londres, c'était précisément des moyens pour reprendre les contacts avec nos camarades des services de renseignements des réseaux Kléber et Aviation restés en métropole, et développer, en accord avec l'I.S., les services spéciaux de l'armée française revenue au combat. Ronin m'a demandé : « Vous allez à Alger ?

– Non... Je vais à Londres !

– Il faut que vous alliez d'abord à Alger voir Giraud et Rivet, vous irez ensuite à Londres ! »

Il faut comprendre que j'étais encore plein d'amertume. Tout ce monde nous avait lâchés. On m'a laissé dans le bain, seul avec la responsabilité totale de l'avenir de mon service. J'ai répondu vivement au général Ronin : « Je suis désolé, mais j'irai d'abord à Londres pour obtenir les moyens immédiats indispensables à mes services pour poursuivre leur mission, choses que ni Rivet ni vous ne pouvez me donner ! »

Le colonel Ronin était un homme fin, intelligent, compréhensif, bon. Il s'est mis à rire en me tapant sur l'épaule, et m'a dit : « Au fond vous avez raison !... Promettez-moi seulement une chose : je suis chargé par le général Giraud, et par le colonel Rivet, de prendre contact avec l'Intelligence Service, mais il m'est interdit de prendre contact avec le général de Gaulle ; promettez-moi que vous-même, vous adapterez votre attitude à la mienne !

– Je regrette, mais je le répète, vous m'avez mis seul en face de mes responsabilités. Ces responsabilités, je les ai prises. J'irai jusqu'au bout ! Je verrai mes camarades de l'I.S., je verrai le général de Gaulle, et je verrai Passy. Je veux établir les conditions pour travailler en commun avec nos armées.

– S'il en est ainsi, je souhaite être à vos côtés lorsque vous prendrez ces contacts !

– Si vous voulez, je n'ai aucune raison de m'opposer à votre désir. »

J'insiste sur ces propos ! Ils sont significatifs de l'atmosphère de l'époque, et des conditions dans lesquelles a été réalisé ce tournant décisif des services spéciaux en novembre 1942.

Nous ne sommes pas partis ensemble pour l'Angleterre, mais nous nous sommes retrouvés à Londres. J'ai pris les contacts que je devais prendre avec mes camarades britanniques. Je les connaissais depuis des années. J'ai été choyé. C'était émouvant cette façon de m'accueillir ! Grâce à eux, j'ai pu tout de suite envoyer en mission Michel Thoraval et organiser nos liaisons entre Londres et Alger ; des liaisons spécifiquement de contre-espionnage, de sécurité militaire, de défense. Un réseau radio spécial a été créé et réservé aux contacts des Anglais avec mes propres services à Alger, le réseau « Cub-minor ».

J'ai rencontré Passy. Il est venu me voir dans les locaux que les Anglais avaient mis à ma disposition, à Londres. Nous avons discuté et nous avons constaté qu'il n'y avait aucune raison de ne pas joindre nos moyens. C'était d'autant plus facile que le B.C.R.A. n'avait pas de service de contre-espionnage. Passy a envisagé tout de suite une fusion d'autant plus indispensable qu'il convenait sans plus tarder de mettre sur pied une véritable organisation de sécurité. Il reconnaissait la compétence de nos services et rendait hommage à nos traditions. Il m'a assuré que de Gaulle, absent de Londres, était au courant de ce contact avec moi et souhaitait une entente.

– Quand vous arrivez à Londres, vous étiez « prévenu » ou « méfiant» à l'égard des gaullistes ? Dans

tout ce que vous me dites, une chose est très claire : il y a en quelque sorte un trio, Giraud, de Gaulle et Pétain ; le vieux chef qu'on ne peut plus avoir, parce qu'il est trop compromis, celui dont on ne veut pas, qui est de Gaulle, et au milieu Giraud qui n'a peut-être pas toutes les qualités politiques nécessaires pour faire face à la situation mais qui a des partisans parce qu'il est un militaire prestigieux...

– Pour ma part, il n'y avait aucune réticence vis-à-vis de De Gaulle, bien au contraire ! Je souhaitais que de Gaulle aille le plus vite possible à Alger et se mette d'accord avec Giraud. Les quelques propos de caractère politique que nous avons pu échanger avec Passy répondaient à mes souhaits. Pour Ronin, c'était tout à fait différent ! Avec Rivet, ils étaient arrivés en Afrique du Nord le 9 novembre, au moment où l'on se bagarrait encore pour empêcher le débarquement américain, notamment au Maroc. La situation était très confuse, Darlan étant en train de reprendre les choses en main. Ils avaient tous les deux à l'égard de Darlan, tout en étant opposés à sa politique de collaboration, une certaine estime surtout depuis qu'il n'était plus que commandant en chef de l'armée et acharné à prendre le contre-pied de Laval. Ils ont marché dans la combinaison Darlan, en pensant, avec les Américains que c'était la meilleure des combinaisons possibles.

– Il présentait une double légalité ?

– Oui ! C'était une solution provisoire voulue par les Américains et que Ronin et Rivet approuvaient. Quand j'ai rencontré Ronin à Gibraltar, Darlan n'avait pas encore été assassiné ! Je me souviens qu'il m'a dit : « Heureusement que Darlan était là, ça a facilité beaucoup de choses ! » Dans l'armée c'était vrai ! N'oublions pas que l'armée de l'armistice, en Afrique du Nord, était essentiellement constituée par des effectifs venus de Syrie après s'être battus contre les Anglais, et surtout contre les gaullistes ! Il y avait une rancœur profonde, notamment chez les marins.

Après l'assassinat de Darlan, le trouble a été grave. Giraud se trouvait en Afrique du Nord dans cette ambiance. Toute l'administration était encore l'administration de Vichy. La présence du comte de Paris pouvait faire penser à un complot monarchiste. Devant cette anarchie, les Alliés pensaient sérieusement à l'A.M.G.O.T.[42].

– Entre le moment où vous arrivez à Londres et votre entrevue avec Passy, il se passe plusieurs jours ?

– Il se passe quarante-huit heures ! Darlan a été assassiné le 24. J'étais arrivé à Londres la veille de l'assassinat. Sa mort ne m'a fait ni chaud ni froid, mais a navré le général Ronin. Il avait peur du désordre, et il sentait très bien que Giraud n'était pas sûr de lui.

– Est-ce que vous aviez confiance en Giraud ? Avait-il une stature politique ?

– Je ne connaissais pas le général Giraud sur le plan d'homme d'État. J'avais de l'admiration pour son passé de soldat, pour son extraordinaire évasion. En tant que militaire il avait incontestablement une aura dans l'armée ; c'était un grand chef ! Tout ce que j'avais appris de son évasion, tout ce que j'ai appris de son action de résistance me convenait. Mais je n'avais pas encore d'opinion sur la façon dont il allait gérer la

42. Les États-Unis avaient prévu d'administrer tous les pays libérés d'Europe par l'Allied Military Government of Occupied Territories (A.M.G.O.T.) dont relèveraient le pouvoir judiciaire, la désignation et la révocation des fonctionnaires, le droit de battre monnaie, les transports.

fonction qui allait être la sienne de commandant en chef civil et militaire en Afrique du Nord.

Quoi qu'il en soit, arrivé à Londres, je n'avais en toute bonne foi qu'un souci : faire en sorte que nos services et ceux du B.C.R.A. fusionnent le plus rapidement possible ! C'est tellement vrai que le 4 janvier 1943, ma première démarche auprès du général Giraud à Alger a été de lui dire : « Mon général, il faut absolument que vous vous entendiez avec le général de Gaulle, que le général de Gaulle vienne ici, et qu'ensemble vous fassiez en sorte qu'il n'y ait pas deux résistances ! » Je disais cela au général Giraud avec d'autant plus de conviction que j'arrivais de Londres, où j'avais compris que c'était la volonté des Britanniques et aussi, dans une certaine mesure, le désir de Passy. La réponse du général Giraud fut catégorique : « Mais mon petit ami, vous venez d'arriver ici, à Alger, vous ne vous rendez pas compte de la situation ! Si j'allais tout de suite dans le sens que vous dites, je provoquerais des réactions d'une violence que vous ne soupçonnez pas. La plupart des militaires, et la population française d'Afrique du Nord, sont anti-gaullistes ! Et contre les Britanniques ! » Et c'était la vérité !

– Au départ vos rapports avec Passy sont partis sur de bons rails... ?

– Il faut comprendre que si nos rapports se sont dégradés, ce n'est pas de notre fait... ! Par la suite, j'ai compris qu'il y avait quelques réserves de la part de nos camarades du B.C.R.A. qui voyaient mal la confiance que nous témoignait l'Intelligence Service, les concours qui nous étaient accordés, le travail que nous faisions ensemble. Ils se sont rendus compte très vite que sur ce plan très spécialisé du service de renseignement et du contre-espionnage notre maison était respectée par les Alliés, et que la leur pouvait, à cet égard, passer au second plan. Au cours de nos rencontres de 1943, nous avons librement parlé de tout ça avec Passy. C'est à partir de 1943 qu'une dégradation de nos rapports avec nos camarades du B.C.R.A. a été très sensible ; dégradation que la rivalité Giraud/de Gaulle a porté au paroxysme.

Je suis arrivé avec des avions britanniques à Alger, au début de janvier 1943. Je rencontre le colonel Rivet, que Ronin avait déjà rejoint et mis au courant de nos entretiens de Gibraltar et de Londres. Le colonel Rivet était la bienveillance même : c'était un homme de grand cœur. Il a été, dans les circonstances que nous venons d'évoquer, le 8 novembre 1942, certainement dépassé par les événements et entraîné par les facilités de transport aérien vers l'A.F.N. dont Ronin pouvait encore et exceptionnellement bénéficier..

Nous avons tout de suite renoué nos relations en toute affection. Les circonstances qui nous avaient séparés un instant étant oubliées, nous avons constitué définitivement ce qui s'est appelé, à Alger, la Direction des Services de Renseignements et de Sécurité militaire : la D.S.R.S.M. Rivet m'a confirmé dans mon rôle de directeur de la Sécurité militaire, décision officialisée par le général Giraud, commandant en chef. J'ai ainsi repris le commandement de mes services à partir d'Alger. Ma première action a été de rétablir les liaisons avec la métropole par radio et surtout par sous-marin. Pour moi, cette liaison avec mes réseaux métropolitains était presque plus importante que la mise sur pied des services de sécurité en Afrique et au bénéfice de l'armée française qui combattait contre les Allemands en Tunisie. Je voulais avoir en France un service clandestin dynamique dont le travail serait exploité et utile. Je voulais donner la certitude que désormais nous étions, avec mes camarades en France, en pleine communauté d'action dans des conditions de sécurité et d'efficacité maximum. À cet égard le succès de la mission de Michel Thoraval allait être une première étape décisive.

Première décision : l'opération sous-marine, avec le *Casabianca* et le commandant Lherminier. Deux officiers de mes services, le capitaine Caillaux et le capitaine Guillaume, ont débarqué début février près de Saint-Tropez au cap Camarat, apportant à nos camarades de nouveaux moyens radio, de l'argent, des directives. La liaison régulière par mer était désormais lancée, comme était lancée grâce à mes amis anglais, la liaison par air depuis Londres, inaugurée au début de janvier 1943 par Michel Thoraval.

Ce que nous avions réussi début février 1943 en Méditerranée, sur les côtes de Provence, j'ai voulu le réaliser depuis la Bretagne vers l'Angleterre. Je voudrais que vous me permettiez d'évoquer là un souvenir car il est de ceux qui ennoblissent un service et les hommes qui le servent.

C'était après mon évasion de France, dans les premiers jours de janvier 1943. Je faisais le tour de l'Afrique du Nord pour me rendre compte de l'ambiance et de l'état de nos services de sécurité. À Oran, j'exposai devant un groupe d'officiers la situation de la France que je venais de quitter, les missions de nos réseaux et ma volonté de les aider depuis Alger. Un jeune enseigne de vaisseau de l'Aéronavale buvait littéralement mes paroles. Quelques jours plus tard, il frappait à la porte de mon bureau à El Biar près d'Alger : « Yves Le Hénaff, mon commandant ! Vous cherchez des volontaires pour la France occupée, je suis à votre disposition ! »

Sa résolution, sa jeunesse, son intelligence me rappelaient Michel Thoraval. Je lui exposai les difficultés et les dangers de nos missions, son inexpérience...

Peine perdue ! Peu à peu je sentais les obstacles s'effacer et j'entrevoyais le chef enthousiaste qu'il pouvait être pour concrétiser mon ambition de liaisons maritimes françaises entre la Bretagne et l'Angleterre. « Vous êtes très connu en Bretagne, c'est un handicap !

– Faites-moi confiance, mon commandant, je changerai de visage et je serai prudent ! »

Notre entretien dura deux heures. Ce n'était plus des rapports hiérarchiques, mais la rencontre heureuse de deux hommes animés d'un même idéal. J'acquiesçai au désir de Le Hénaff, ou plutôt à sa volonté si affirmée.

Après quatre mois d'instruction complétée en Angleterre par un stage de parachutiste et une opération esthétique pour rendre son visage méconnaissable – il était si beau ! – Yves Le Hénaff était parachuté, à la mi-juin 1943, dans le Finistère avec un opérateur radio.

J'ai raconté maintes fois l'admirable travail de renseignement et de contre-espionnage de celui que nous avions baptisé « Fanfan ». En quelques semaines nos liaisons clandestines par bateaux étaient organisées avec l'Angleterre. Et puis le drame est arrivé, sanction terrible d'une audace indomptable. Le 3 février 1944, sa barque a été emportée par une tempête aussi soudaine que violente et s'est écrasée sur les rochers de la pointe du Raz.

Les trente-sept passagers, transis de froid, se dispersèrent dans la région de Plogoff. Certains seront sauvés, d'autres arrêtés avec Fanfan dont Pierre Brossolette, le numéro deux du B.C.R.A., le préfet Bollaert, délégué du comité de libération en France, et l'un de mes précieux adjoints, Challan-Belval.

On sait le sort héroïque de Pierre Brossolette qui se suicidera avenue Foch pour ne pas parler. On sait moins que Le Hénaff mourut étouffé en juillet 1944 dans le wagon qui le transportait en Allemagne.

Ce n'est qu'en 1972 que j'ai remis à son frère sa Légion d'honneur décernée à titre posthume. La Marine nationale a rendu hommage à ce héros de légende en donnant le nom de *Lieutenant de vaisseau Le Hénaff* à un aviso de sa flotte moderne.

– C'est une belle et tragique histoire !... Les problèmes de liaisons avec la France étaient vitaux ; je suppose qu'il n'y avait pas que les liaisons clandestines par mer ?

– Bien sûr que non ! Une autre question me préoccupait : la liaison par radio avec Alger. Elle fut rétablie très vite grâce à Caillot et Thoraval. Dès les premiers jours de février 1943, je n'avais plus aucune difficulté pour être en contact avec mes différents postes en métropole. Malheureusement, avec la radio, on ne peut pas tout dire ! La voie maritime ne pouvait se réaliser qu'une fois par mois, au moment où la lune est propice, c'est-à-dire lorsqu'il ne fait pas clair. Par avion, nos moyens de liaison, via l'Angleterre, pick-up ou parachutages, devaient se faire une fois par mois également, mais quand la lune était aussi lumineuse que possible. Il fallait que les avions puissent atterrir sans trop de difficultés. C'étaient des moyens peu commodes ! Les Anglais en avaient déjà une certaine habitude, mais au début de 1943, ce n'était pas encore très développé. Pour accroître notre efficacité, j'ai dû développer les passages au travers de l'Espagne et des Pyrénées. Ce fut un succès grâce à mes camarades de Barcelone dont je vous ai déjà parlé et que j'allais considérablement renforcer. Ils connaissaient bien la Catalogne et le Pays basque, qui connaissaient bien les douaniers et les contrebandiers, ainsi que les milieux espagnols républicains hostiles au régime de Franco. Ces filières par l'Espagne et les Pyrénées se sont montrées d'une grande et immédiate efficacité. C'était long, mais lorsqu'il s'agissait de faire passer des hommes et des courriers, on pouvait le faire nuit et jour de façon constante... En additionnant le tout, j'ai eu la chance de mettre sur pied un système complet de liaisons avec la métropole, indépendant des moyens alliés, et cela en un mois.

Il a fallu dans le même temps remettre d'aplomb en Afrique du Nord des services bouleversés par les diverses fluctuations de la politique, la défaite de 1940, l'invasion de la zone libre, le débarquement allié du 8 novembre 1942 ; remettre en ordre le service de sécurité militaire et lui donner les moyens d'agir dans la zone des armées. Les moyens d'agir c'est notamment un organisme de police pouvant effectuer des enquêtes, des interrogatoires, etc. J'ai créé une Sûreté aux armées... ! Pendant la « drôle de guerre », elle existait sur le papier, mais pas dans les faits. On ne savait pas à Alger quels étaient son fondement légal, son organisation, ses missions, son articulation avec l'armée, etc. Vous ne pouvez pas imaginer à quel point dans ce domaine, comme dans d'autres d'ailleurs, il a fallu tout improviser, souvent avec un encadrement de fortune, non préparé aux missions et aux besoins d'une administration centrale.

Nous avons dû faire adopter une législation et les textes administratifs découlant de la création de cette Sûreté aux armées. Nous avons installé une école, à côté d'Alger, à Guyotville, où tous les six mois, une quarantaine de policiers volontaires, recrutés en Afrique, venaient faire un stage. Ils étaient instruits par des officiers de mes services et par des policiers de la Surveillance du territoire, anciens de la maison. La Sûreté aux armées créée, elle fut mise à la disposition des services de sécurité militaire opérationnels. L'organisation territoriale comportait, en Algérie, trois régions militaires – Oran, Constantine et Alger –, il y avait un bureau de sécurité militaire dans chacune de ces circonscriptions militaires. Dans les grandes unités en opérations, d'autres services de sécurité militaire assuraient la protection des zones des armées et des régions libérées.

Depuis juillet 1940, je vous le rappelle, j'avais fait transférer en Afrique du Nord les archives indispensables pour faire ce travail. Le recours à des archives aussi complètes que possible est l'un des secrets de l'efficacité des services de sécurité.

Grâce à nos moyens de liaison, j'étais renseigné sur ce qui se passait dans la métropole. Je recevais régulièrement de nos réseaux clandestins des informations sur l'activité de l'Abwehr, des services nazis, Gestapo ou Sicherheitsdienst, et aussi sur la Wehrmacht. Mes camarades de France envoyaient également des renseignements sur la politique du gouvernement de Vichy, sur l'état d'esprit de la population et d'une façon générale sur les suspects de contact avec l'ennemi. Cela m'a permis, dès février 1943, de diffuser tous les mois un rapport sur ce qui se passait en métropole et en Afrique ; toutes choses qui préoccupaient le commandement et le Comité français de libération nationale.

En Afrique du Nord même, grâce à la compétence de mes camarades de métropole repliés en temps utile, et de ceux déjà en service sur place, j'ai eu la chance d'obtenir, aussi bien des unités territoriales de la Sécurité militaire que de nos organisations incorporées dans les grandes unités françaises et alliées en opérations, des informations nombreuses et précises. Jamais l'ennemi n'a pu gêner le développement des armées et se renseigner autrement que par nos agents de pénétration. On aurait pu craindre de la part des Allemands – et ils l'ont essayé – des sabotages, des envois par parachutages de propagandistes et d'agents de renseignements, etc. Tout a été étouffé dans l'œuf, et le bilan de notre répression a été, je crois, un des plus performants qu'on puisse espérer.

– *Les renseignements que vous obteniez, vous les exploitiez, mais vous les envoyiez à qui ? À l'état-major allié ?...*

– Je les envoyais d'abord au commandement français et au C.F.L.N. Dans la mesure où il y avait des renseignements qui pouvaient intéresser mes camarades anglais ou américains, je les leur destinais. En principe, tous les renseignements spécifiquement français – par exemple l'état d'esprit en France –, je ne les leur communiquais pas. J'ai toujours fait respecter la souveraineté française. De Gaulle s'en est rendu compte et l'a souligné lorsqu'il m'a reçu !

– *Quelle était la nature exacte de vos rapports avec les Alliés ?*

– Excellente, confiante et permanente... sans pour autant sacrifier notre souveraineté ! Je vous ai dit que les Alliés, à Londres, m'avaient donné tous les moyens pour permettre à la mission Thoraval d'être exécutée dans les meilleures conditions. Quand je suis arrivé à Alger, les services de l'Intelligence Service ont détaché auprès de moi un officier de liaison, le commandant Trevor Wilson. Il est resté à Alger pendant toute l'année 1943. Ensuite, il a été muté et remplacé par deux officiers fort distingués – ce qui lui faisait dire : « Je dois être un être exceptionnel, puisque pour me remplacer on vous en envoie deux d'un grade supérieur ! » –, le commandant Maggridge, journaliste et écrivain connu en Grande-Bretagne, et le lieutenant-colonel Jarvis. Ils parlaient très bien français tous les deux, étaient en contact permanent avec mes services. Tout ce qui pouvait intéresser les opérations militaires, la sécurité d'ensemble de nos armées, je le leur passais, et réciproquement ils me communiquaient ce qui pouvait être utile à mes services. Par suite de l'état de siège, j'étais le représentant de l'autorité militaire, responsable de la sécurité sur l'ensemble des territoires soumis à notre souveraineté, une sorte de ministre de l'Intérieur ! Cela m'amenait à recueillir des informations sur les milieux indigènes, nationalistes, extrémistes, etc. C'était des choses que je ne communiquais pas aux Alliés. En revanche, tout ce qui touchait à l'activité des services spéciaux de l'Axe, notamment de l'Abwehr, je le leur donnais. Dans le domaine de l'intoxication, dès mon arrivée à Alger, a été mis en place un service tripartite avec des représentants de l'O.S.S.[43] et de l'Intelligence Service, c'était la Force A. Ce service a mis en œuvre le plan d'intoxication qui a permis, à moindres frais, aux armées alliées de s'emparer de la Tunisie, de pénétrer en Italie, et enfin de participer aux opérations de débarquement en Normandie avec le plan « Fortitude », ou en Provence.

Les premiers contacts directs que nous avons eus avec l'O.S.S. se sont situés aux environs du mois de juin 1942, entre mes camarades d'Afrique du Nord, et particulièrement du Maroc, et le représentant de l'O.S.S. en place à Tanger, le colonel Eddy. Ce contact a été tout de suite excellent. Le colonel Eddy était un homme d'abord facile et agréable. Il ne connaissait pas grand-chose de l'Afrique du Nord, et était heureux de trouver des camarades français bien implantés, connaissant leurs objectifs et leurs missions. Ce service était sous les ordres du général Donovan. À ses débuts, l'O.S.S. était ainsi confronté à une mission difficile et à des

---

43. Sigle de Office of Strategic Service, le service secret américain de renseignements et d'action créé en 1942. Ancêtre de la C.I.A.

problèmes régionaux et géographiques qui, évidemment, n'étaient pas faciles à assimiler. Dans un premier temps, nos camarades américains ont été assez astucieux pour se mettre à notre disposition, et utiliser les services que les Anglais et nous-mêmes pouvions leur rendre. Au fur et à mesure que le temps passait, ils assimilaient mieux leurs missions. Ils ont pris une plus grande indépendance. Ils ont lancé des opérations bien réussies. Et fin 1944, ils ont pu faire état d'un bilan qui n'était pas négligeable ! Ça n'a pas empêché, en 1946, l'O.S.S. d'être dissout, et remplacé par la C.I.A.

J'avais dans mes services, à Alger, outre les officiers de liaison britanniques, des officiers de liaison américains. Fin 1943, mes services étaient curieusement d'avantage en phase avec les Alliés qu'avec le B.C.R.A. C'est assez paradoxal... !

Je voyais bien sûr mes camarades du B.C.R.A. Ils venaient me voir au fur et à mesure de leur installation, à partir du mois de mars 1943. Après l'arrivée de De Gaulle à Alger, c'est toute une équipe du B.C.R.A. qui s'est mise en place, un peu en parallèle avec nous. Nous entretenions des rapports assez vagues... Mais ma mission de sécurité et de contre-espionnage était indépendante de leurs préoccupations.

Quoi qu'il en soit, pour répondre à la question que vous posiez sur nos rapports avec les Alliés, je peux vous affirmer qu'ils ont été d'une grande cordialité, d'une parfaite confiance, et d'une réelle efficacité ! Non seulement dans le strict domaine de la répression, mais également dans celui de la pénétration des services ennemis, et de l'intoxication.

Et pendant ce temps-là, sur le plan politique la situation évoluait entre Giraud et de Gaulle, pour finir par l'éviction du général Giraud, non sans que nous ayons fait les frais de cet antagonisme qui est allé jusqu'à nous priver pendant un certain temps de moyens financiers et matériels dont le B.C.R.A. bénéficiait pleinement. Giraud ne voulait pas lâcher nos services, dont il avait disposé souverainement jusque-là. Les gaullistes ont exercé une sorte de chantage, ou se sont vengés si vous voulez, en faisant supprimer les crédits aux services spéciaux traditionnels français !... Les Américains, se rendant compte de cette situation grotesque, nous ont proposé de faire financièrement le relais. Ce que nous avons refusé... !

– Giraud, à un moment donné, était assez clairement l'homme de Roosevelt ; celui que Roosevelt voulait mettre en travers du chemin de De Gaulle... !

– C'est certain ! Les Américains ont soutenu Giraud pour les raisons que vous savez, mais c'est un autre problème... !

– Vous en avez beaucoup souffert ?

– Nous en avons subi les conséquences ! Je viens de vous indiquer une des conséquences les plus graves. À partir du moment où vous supprimez les moyens de vivre aux services spéciaux, ils sont asphyxiés ! Il est lamentable que l'on en soit arrivé là. Faute de disposer d'un budget normal à Alger au début de 1944, nous avons été très gênés pour envoyer à nos camarades de métropole les fonds dont ils avaient besoin. C'est un aspect de nos relations avec les gaullistes qui n'est pas très reluisant... Heureusement, ça n'a pas duré longtemps, deux ou trois mois !

– De Gaulle a évincé Giraud assez rapidement, à partir du moment où ils ont été tous les deux co-présidents du Comité de libération ?

– Ils ont été un temps les deux co-présidents du Comité français de libération nationale, le C.F.L.N. Ils s'opposaient systématiquement… Le général Georges, que nous avions rapatrié de métropole à la demande de Churchill, assistait aux réunions de ce Comité. Il était plein d'esprit et nous racontait des séances véritablement pénibles. Un jour où ils étaient furieux tous les deux, ils ont levé la séance ensemble, sont partis en trombe en se trompant de képi… ! Giraud avec le képi de De Gaulle, et de Gaulle celui de Giraud ! Petit à petit, Giraud a été évincé de ce Comité. Le pouvoir politique a été concentré entre les mains du général de Gaulle ; Giraud restant commandant en chef, mais ne s'occupant plus de politique – ce qu'il a admis difficilement –, tout en voulant garder les services de renseignements, de sécurité et de contre-espionnage à sa botte. Il est évident que le commandant en chef a besoin d'eux, d'autant plus qu'en état de siège l'autorité militaire dispose des pouvoirs de police ! Il a fini par être totalement écarté, un peu à cause de la situation de conflit démentielle dans laquelle se trouvaient nos services de renseignements et de contre-espionnage avec le B.C.R.A., mais surtout en raison de leurs conceptions opposées de l'action politique à mener en A.F.N. et en France.

C'est une période qu'il m'est, aujourd'hui encore, pénible d'évoquer. Elle mérite beaucoup de réflexion. Les rivalités de personnes sont lamentables… ! On a usé à l'égard du général Giraud – et quand je dis on, je parle essentiellement des gaullistes – de procédés qui n'étaient pas beaux, j'allais dire déloyaux. On a voulu le faire passer pour un imbécile, ce qu'il n'était pas du tout ! Loin de là ! Écoutez, la première fois que je suis allé voir le général Giraud, dès mon arrivée à Alger en janvier 1943, je lui dis qu'il devait faire venir le général de Gaulle, qu'il s'entende avec lui, etc. Nous avons eu une longue conversation. Il m'a fait part de ses réserves et expliqué la situation difficile sur le front de Tunisie où nos armées, pourtant mal équipées, étaient à la base de la résistance à la Wehrmacht car les renforts américains et anglais n'arrivaient pas vite et n'étaient pas aguerris. C'est là un fait à l'actif de l'armée de l'A.F.N. et du général Giraud dont on ne parle pas assez.

Il me racontait ces difficultés, un peu pour confirmer le fait que « les gens qui se battaient là-bas n'étaient pas prêts à recevoir des gaullistes qui se sont battus contre eux quand ils étaient en Syrie ! ». L'argument était difficilement réfutable ! Il me confiait aussi ses vues prospectives : comment cette guerre pouvait évoluer... « Puisqu'on n'a pas débarqué en métropole tout de suite, je crains que désormais une invasion de notre territoire français ne soit très sanglante, très dure... Alors je préférerais qu'on prenne pied d'abord en Italie, et puis de l'Italie qu'on prenne le Brenner... Du Brenner, filer sur l'Autriche, et de l'Autriche au cœur de l'Allemagne. » C'était intéressant comme idée ! Or, j'ai eu la surprise désagréable d'entendre un jour Henri Frenay se moquer littéralement de lui parce qu'il lui avait également exposé son point de vue sur la façon dont pouvaient évoluer les opérations stratégiques et tactiques des Alliés. Tout ce petit monde se gaussait du général Giraud parce qu'il avait des idées, disait-il, « farfelues », etc.

En réalité que s'est-il passé ? Je me suis trouvé au mois de juillet 1944 à Rome, au moment où le général Juin [44] venait de libérer la ville. J'étais très lié avec lui,

44. Après plusieurs campagnes marocaines et le premier conflit mondial, Alphonse Juin (1888-1967) dirige le théatre des opérations en Afrique du Nord de 1936 à 1939 . Fait prisonnier, et libéré en 1941, il contribua à l'anéantissement de l'Afrika Korps de Rommel en Tunisie. Transféré ensuite sur le front italien, il ouvre les routes de Rome et de Sienne en juin/juillet 1944. Chef d'état-major général de la Défense nationale, puis résident général au Maroc (1947-1951), il fut

bien qu'il fût mon grand ancien ! Il m'invite à déjeuner et au cours de la conversation, il me dit : « Je n'ai plus en face de moi qu'une armée en déroute, hors d'état de m'opposer la moindre résistance ! J'ai demandé au commandement allié de me donner la liberté et les moyens de poursuivre l'offensive et dans huit jours je suis sur le Brenner ! Les Allemands n'ont plus le cœur de se défendre ! Je peux être à Vienne dans un mois et les Alliés à Berlin avant les Soviets ! » De la part d'un homme comme Juin, véritable stratège militaire, c'était un argument de valeur ! Il a continué : « Mais les Alliés n'ont pas changé d'avis ! Ils ont conçu un plan : il va falloir débarquer en Provence avec la casse que ça provoquera pour tout le monde... c'est inéluctable ! Ils ne veulent absolument pas déroger aux plans qu'ils ont établis une fois pour toutes ! Je suis condamné à rester là, et à ne pas profiter de cette victoire. »

Je rapprochai ces propos de ce que m'avait dit Giraud quelques mois avant ; vous voyez que ce n'était pas idiot du tout… !

Je reconnais que le général Giraud n'avait aucun goût, ni peut-être grande compétence, en matière de gestion de l'État, et pour les manœuvres politiques. Il avait horreur des combinaisons et des intrigues. Par la force des choses et honnêtement, sans ambition, il a assumé le pouvoir civil et militaire en Afrique du Nord. On laissait entendre qu'il avait été éliminé par son incompétence, ce qui n'était pas juste ! J'en éprouvais de l'amertume car j'avais une grande estime pour cet officier général dont la valeur militaire était incontestable. Il avait beaucoup de prestige dans la troupe. Si tout de suite après le débarquement allié en Afrique du Nord, fin 1942, l'armée française a pu faire face aux

---

ensuite inspecteur général des forces armées (1951-1955). Elevé à la dignité de maréchal de France en 1952.

unités de l'armée allemande envoyées très rapidement en Tunisie, c'était grâce au prestige de Giraud, et évidemment à la valeur des unités françaises d'Afrique du Nord. On a été injuste à l'égard de Giraud dont la noble attitude était d'autant plus respectable qu'il vivait en même temps une épreuve personnelle dramatique : une fille qui allait mourir en déportation, une famille traquée par l'ennemi en métropole à titre de représailles, lui-même menacé dans son existence, sa tête mise à prix par Hitler… Néanmoins il fallait que la rivalité se termine. Je ne mets pas en doute l'efficacité du travail accompli par de Gaulle, son prestige personnel, son obstination dans sa volonté d'imposer un pouvoir légitime par son action résistante. Petit à petit, les Américains ont dû eux-mêmes en arriver à lâcher Giraud et aussi d'autres personnalités politiques sur lesquelles ils avaient fondé quelques espoirs.

– J'ai l'impression que vous respectez de Gaulle, parce qu'il y a le travail accompli qui est là, mais que finalement vous n'avez pas une sympathie considérable pour lui…

– Tant que nous nous sommes trouvés en France, jusqu'en 1942, nous avons eu de la sympathie pour le mouvement gaulliste. Nous avons fait tout ce que nous avons pu pour éviter à nos camarades qui travaillaient pour de Gaulle les ennuis de la répression vichyste. Sur ce plan-là, je ne pouvais, comme beaucoup de mes camarades, qu'applaudir au travail fait à Londres, tout en ayant un certain doute sur ses possibilités et ses orientations politiques. Nous ne mesurions pas bien, jusqu'en 1942, l'autorité qui pouvait être celle de De Gaulle sur les Alliés. D'autant plus que les Américains jouaient un jeu différent de celui qu'aurait souhaité de Gaulle ; on sentait également de la part des Anglais une certaine réticence... ! Pendant que j'étais à Londres, je me plais à le répéter, nous avons eu avec Passy un bon contact, et puis tout s'est dégradé, au fur et à mesure que les rivalités des chefs tournaient à l'hostilité. Je crois que trop souvent on assimile aux jugements que l'on porte sur de Gaulle ceux que l'on porte sur son entourage.

– C'est fascinant ! On ne peut pas parler de De Gaulle sans parler de son entourage. Il y a vraiment une dualité : de Gaulle et l'entourage ; et on ne sait plus très bien qui fait quoi...

– J'ai eu l'occasion d'en parler, aussi bien avec Frenay, Passy, qu'avec le général de Gaulle lui-même quand je l'ai rencontré à Alger. Il avait l'air de nous reprocher, à nous, de ne pas l'avoir rejoint ; il ne comprenait pas, ou ne voulait pas comprendre, que notre mission était bien celle que nous accomplissions sur le territoire métropolitain et pas ailleurs. Quand on faisait remarquer aux gaullistes certaines anomalies dans leur comportement, les uns et les autres avaient cette réponse : « Si vous nous aviez rejoints ça aurait été autre chose ! On a été obligé de faire avec ce qu'on avait ! » Ce type de réponse était courant, aussi bien de la part de De Gaulle, que de la part de ses collaborateurs les plus rapprochés, y compris Dejean dont nous avons déjà parlé.

Il est certain qu'à partir de juillet 1940, quand de Gaulle a commencé son recrutement, il a pris ce qui arrivait. Il a confié ainsi des missions importantes à des collaborateurs qui étaient plus ambitieux que compétents ; souvent sectaires. Passy avait d'énormes qualités ; c'était un officier de valeur : polytechnicien, ancien instructeur à Saint-Cyr. Lui tout seul, cependant, ne faisait pas un service... ! Il a fallu qu'il accepte du tout-venant ; des gens qui souvent confondaient la rivalité avec nos services ou la lutte politique contre le gouvernement de Vichy avec le travail à faire contre l'Allemagne. C'est là un des aspects désagréables de cette phase de notre histoire. C'était pour nous difficile d'accepter d'avoir affaire à des représentants du B.C.R.A. qui n'avaient aucune compétence, sectaires, ambitieux ! Ça a été particulièrement évident au moment de la Libération, lors de la création de la Direction Générale des Études et Recherches, la D.G.E.R. On a voulu incorporer puis assimiler le plus grand nombre possible de ces collaborateurs de circonstance du B.C.R.A. et des réseaux.

Pour ma part, contrairement à ce que vous avez l'air de penser, la personnalité même du général de Gaulle ne m'a jamais été antipathique… ! En revanche il y a des attitudes que nous réprouvions. Par exemple, lorsqu'à Alger, à partir du mois de juillet 1943, certains gaullistes débauchaient dans l'armée d'Afrique des cadres ou du personnel en promettant : « Si vous venez chez nous, vous aurez un grade de plus, vous toucherez un peu plus d'argent, etc. ! » Et ça c'est fait ! Ces tentatives de débauchage ont amené des troubles certains dans l'armée, et des réactions pénibles ! C'était des choses que nous ne pouvions pas accepter !

De Gaulle ne le savait probablement pas ! Il y a des exemples douloureux dont on a rejeté la responsabilité sur de Gaulle alors qu'en réfléchissant bien, il y était probablement étranger… Il y a eu également quelques événements qui nous ont profondément heurtés, comme l'affaire Pucheu. Pucheu, le ministre de l'Intérieur de Vichy, s'était réfugié en Espagne à la fin de l'année 1942. Il a fait passer un message au général Giraud pour demander l'autorisation de venir en Afrique du Nord et s'engager dans l'armée française. Le général Giraud lui a répondu par écrit – la lettre existe – : « Venez, je suis d'accord, à condition que vous changiez de nom, que vous ne fassiez pas de politique, et que vous vous engagiez immédiatement dans des unités combattantes. » Ce qu'il a fait ! Mais dès son arrivée au Maroc, sur la suggestion de Couve de Murville, Giraud l'a fait interner, pour répondre à des pressions politiques qui venaient du Parti communiste, et peut-être des gaullistes. Par la suite, le procès intenté à Pucheu fut, à mon avis, entaché de ce point de départ fondamental. Quels qu'aient pu être les torts de celui-ci et la pression de résistants qui voulaient le traduire immédiatement devant une cour de justice, ça ne pouvait pas se faire en Afrique du Nord à partir du moment où un patron responsable l'avait autorisé à y venir. Pucheu a donc été arrêté, condamné par un tribunal – à qui, bien entendu, on avait fait comprendre qu'il devait être condamné à mort –, fusillé en commandant lui-même le peloton d'exécution !... Ça nous a bouleversés... ! Nous sommes un certain nombre à ne pas avoir compris... même de la part de De Gaulle ! Raison d'État, affirmait-il... !

Ce sont ces sortes d'événements qui ont lourdement pesé sur le jugement que l'on pouvait porter sur le général de Gaulle lui-même. On ne pouvait pas s'empêcher de penser à un certain sectarisme, de penser à certaines complaisances à l'égard du Parti communiste dont l'action résistante en métropole était particulièrement efficace sinon parfois déterminante. Ce qui peut encore expliquer les positions prises ou tolérées par de Gaulle, c'est qu'il était dans l'incertitude de son avenir et de l'avenir politique de la France. Je vais vous en donner une preuve. J'étais, comme vous savez, en Italie au mois de juillet 1944. Juin venait de libérer Rome. Après quelques jours passés auprès de lui, je suis reparti à Naples où je devais prendre l'avion pour rentrer à Alger. En arrivant sur le terrain d'aviation, je rencontre Soustelle[45], le général Bethouard, et de Gaulle. Le trio venait dire à Juin qu'il allait devoir laisser le commandement de l'armée française à de Lattre pour le débarquement en Provence. Il devait prendre, lui, les fonctions de chef d'état-major de l'armée et s'effacer. C'était douloureux, pénible !... En aparté, je bavarde avec Soustelle à qui je raconte ma rencontre avec Juin. « C'est fabuleux ce qu'a fait Juin, me dit-il. Mais nous venons lui annoncer une mauvaise nouvelle, on va lui enlever son commandement, alors qu'il est vainqueur ! Est-ce que vous croyez que ça va bien se passer ?

– Le général Juin est un homme discipliné, je crois qu'en plusieurs circonstances il en a donné la preuve. Tout dépend de la façon dont cette décision lui sera signifiée ! Puisque le général de Gaulle est là, il saura bien trouver les raisons et les termes pour justifier auprès de son camarade de promotion de Saint-Cyr ce remaniement de commandement !

– Vous êtes sûr que ça va bien se passer ? »

J'ai senti qu'il exprimait l'inquiétude de De Gaulle à l'égard de son autorité sur l'armée. Je pense que Soustelle avait dans l'idée que, si Juin n'avait pas accepté, et avait décidé de rester à la tête de l'armée

---

45. Jacques Soustelle (1912-1990), homme politique et ethnologue français, représentant du S.R. français au Mexique en 1939. Membre de la Ligue des intellectuels antifascistes avant la Deuxième Guerre mondiale, commissaire à l'Information dans le comité gaulliste à Londres, directeur général des services spéciaux à Alger en 1943, commissaire de la République à Bordeaux en 1944 . Il sera ensuite ministre, député, gouverneur de l'Algérie en 1955-1956. Défenseur de l'Algérie française et partisan de la politique d'intégration de la communauté musulmane, après le retour de De Gaulle au pouvoir, il sera ministre délégué pour les départements sahariens. Opposé à la politique d'indépendance de l'Algérie menée par le général de Gaulle, il s'exilera en Italie, un mandat d'arrêt ayant été lancé contre lui. Il rentrera en France en 1968 et sera élu à l'Académie française en 1983.

française d'Italie pour prendre pied en France lors du débarquement allié, il aurait pu imposer son autorité en face de celle de De Gaulle. Cela pour vous faire comprendre qu'il y avait dans le comportement du général de Gaulle, en 1944, des motivations liées à son incertitude de pouvoir instaurer à Paris un régime stable et d'amener l'armée française et la France à se plier à son autorité. D'autant qu'à ce moment-là, les Alliés et notamment les Américains n'étaient pas encore totalement décidés à lui laisser le pouvoir ni à restaurer immédiatement la souveraineté française au profit de De Gaulle. L'A.M.G.O.T. était encore à l'horizon. J'ai très bien perçu ce sentiment de Soustelle qu'une armée victorieuse comme celle de Juin, venant libérer la France, pouvait tout remettre en question. Je ne pensais pas que de Gaulle était encore à ce point incertain de son autorité sur l'armée !

10.

RENSEIGNEMENT ET DÉBARQUEMENT

ALAIN-GILLES MINELLA – *Je voudrais que vous me parliez de la préparation du débarquement...*

PAUL PAILLOLE – Avant de répondre à votre question, je voudrais mettre en avant une considération essentielle : l'importance fondamentale du renseignement dans la préparation du débarquement.

Il faut comprendre que rien ne pouvait être entrepris avec chance de succès si l'on ne savait pas à l'avance les obstacles dressés par l'ennemi dans les zones de débarquement, si l'on ne connaissait pas ses moyens en hommes et en matériel, si l'on ignorait en profondeur son ordre de bataille et ses éventuelles ressources et si enfin on ne connaissait pas à fond la géographie des lieux et l'état d'esprit des populations. Pendant des années, des efforts considérables ont été déployés par tous les organes qui concouraient à la recherche du renseignement pour fournir aux Alliés les données indispensables à la préparation et au développement de leurs opérations militaires.

Dans ce travail primordial de recherche – outre les moyens généraux d'information qui sont l'aviation, les écoutes, les décryptements, l'observation terrestre, etc. –, l'œuvre des réseaux de renseignements a été considérable. Parmi eux, nos réseaux traditionnels n'ont cessé, depuis juillet 1940, d'observer l'ennemi, de tenir à jour avec méthode et précision l'ordre de bataille de la Wehrmacht et celui de ses services spéciaux : Abwehr, S.D., Gestapo, ainsi que leurs auxiliaires.

Tout cet ensemble de renseignements était exploité dans les grands états-majors alliés à Londres et Alger. J'y ai vu de mes yeux les maquettes et les plans d'une précision stupéfiante, au centimètre, des objectifs qui allaient être fixés aux unités appelées à débarquer en Normandie et en Provence. Si l'on veut bien réfléchir à la masse d'obstacles de tous ordres qu'il a fallu franchir pendant quatre ans pour arriver à donner aux Alliés une image aussi précise de l'implantation allemande dans les zones occupées, on comprendra l'importance du travail réalisé et, encore une fois, l'ampleur des sacrifices consentis et représentés par des centaines de camarades morts, déportés, et de familles mutilées. Cet effort de recherche, nous avons dû l'amplifier à partir du moment où nous avons eu la certitude que le débarquement était imminent. Il fut accompagné, de la part de l'ennemi, par des mesures de répression de plus en plus sauvages.

Il importe que ceux qui auront le loisir de lire les souvenirs que je vous livre comprennent que rien n'aurait pu être fait avec succès sans cette préparation préalable, minutieuse à laquelle nous avons contribué. Ce n'est pas tout !... Le débarquement réussi, il a fallu assurer dans les zones libérées et sur les théâtres d'opérations la sécurité des troupes alliées. Cette sécurité a été l'œuvre de nos services et ses résultat sont évidents. Le haut commandement allié s'est plu à reconnaître l'efficacité de ce travail de renseignement et de sécurité et à en remercier nos services par des témoignages de reconnaissance collectifs ou individuels multiples.

Le jour où le renseignement a été absent ou n'est pas intervenu à temps, les armées alliées se sont trouvées dans des situations difficiles. C'est particulièrement vrai au moment de l'offensive de Rundstedt au travers des Ardennes en décembre 1944. Nous avons ignoré la préparation de cette offensive ultime et massive parce que les Allemands, par précaution, avaient supprimé toutes les liaisons par radio – on ne pouvait plus capter les messages et les décrypter –, parce que nos réseaux de recherche avaient été bousculés par les offensives et l'évolution rapide du front de combat, enfin, par suite de l'hiver, de la neige, du brouillard, l'aviation d'observation ne pouvait pas remplir son office. Privés totalement d'informations sur les préparatifs de cette offensive remarquablement camouflée, les unités américaines ont été surprises et ont dû se replier dans un désordre total pendant les premiers jours. Après une quinzaine de jours de combats difficiles, les Américains ont repris l'initiative. Dans la France fraîchement libérée, il s'en est suivi une véritable panique. Je me souviens de m'être trouvé dans les bureaux du ministère de la Guerre vers le 20 décembre 1944. Le cabinet du ministre préparait ses valises et m'incitait à en faire autant, m'assurant que les Allemands pouvaient être à Paris dans les quarante-huit heures ! Cela illustre l'importance fondamentale du renseignement.

J'ai coutume de répéter : « le renseignement est comme l'air qu'on respire, on s'aperçoit qu'il est indispensable lorsqu'on en manque. »

Je regrette profondément qu'à l'occasion du cinquantième anniversaire des débarquements, aucune voix autorisée ne se soit élevée pour souligner cette importance et rendre un hommage particulier à ceux et celles qui se sont voués à cette mission en lui sacrifiant souvent leur liberté et leur vie.

Je reviens à votre question initiale. Nous avons toujours eu la certitude que l'Afrique du Nord, miraculeusement épargnée par l'occupation allemande, serait un jour un recours. Il fallait, dès 1940, la doter des moyens en personnel et en archives qui seraient indispensables le jour où seraient repris le combat et nos fonctions officielles de sécurité et de renseignement. Nous avons réalisé cet objectif et Alger, outre les renforts en techniciens, reçut, comme je vous l'ai déjà expliqué, dès septembre 1940 et jusqu'à novembre 1942, la quasi-totalité des informations parvenant à nos services centraux. Nous avions sur place les archives, les moyens matériels et le personnel de base, indispensables à la bonne marche de nos missions futures.

C'est à partir de mon arrivée à Alger que la préparation du débarquement et des opérations de libération de la métropole a pris une forme réellement concrète, en liaison avec les services spéciaux alliés. Dès la fin de 1942, nous avions réalisé la mise en place d'organismes de recherche et de sécurité dans les régions territoriales d'A.F.N. et dans les grandes unités françaises en opérations en Tunisie et plus tard en Italie. L'efficacité de leur travail, constatée par nos camarades de l'Intelligence Service et de l'O.S.S. détachés chez nous, allait servir de test pour prouver au commandement allié notre maîtrise d'une situation qui aurait pu être ébranlée par les efforts des services spéciaux ennemis, aussi bien dans les zones des armées qu'à l'arrière. Quand le colonel Dick White, envoyé par l'état-major d'Eisenhower et accompagné d'officiers britanniques et américains, est venu en février 1944 à Alger, il a pu se rendre compte de l'efficacité de notre travail en Afrique du Nord et en Italie. J'ai pu lui confirmer, ce qu'il savait déjà en partie par mes camarades de l'I.S. à Londres, l'importance de notre implantation dans la métropole occupée et les résultats remarquables obtenus depuis juillet 1940 par nos réseaux clandestins. Je lui ai également expliqué que nous avions développé depuis août 1942 une Sécurité militaire clandestine. Embryonnaire fin 1942, elle ne pouvait pleinement fonctionner que dans la mesure où je lui donnais depuis l'Afrique du Nord les moyens d'agir sur l'ensemble du territoire national, avec de l'argent, un personnel sûr, des directives, et éventuellement des archives.

L'une des premières mesures, en 1943, avait été de poursuivre la mise en place en métropole de ce service clandestin. Son objectif était de se renseigner, de se constituer une documentation locale sur les personnes douteuse ou qui travaillaient avec l'ennemi, sur les dangers qui pouvaient se révéler après son départ. Il était à prévoir que celui-ci laisserait sur place des informateurs qui resteraient, par radio ou par tout autre moyen, en contact avec lui. Cette organisation clandestine territoriale devait constituer avec des éléments recrutés sur place ou venus d'Alger l'ossature des bureaux de sécurité militaire territoriaux qui officiellement devaient reprendre vie au moment de la libération du territoire. À sa tête, il fallait quelqu'un d'autorité connaissant bien notre maison. Ce fut le général Henri Navarre. C'est lui qui a pris la direction de la Sécurité militaire clandestine en 1943, l'a mise sur pied dans des conditions remarquables d'ampleur et d'efficacité.

Il restait à convaincre les Alliés en s'appuyant sur la réalité de l'existence de cette organisation de sécurité, que nous étions en mesure d'assurer nos missions avec toute l'indépendance que confère la souveraineté nationale. Au cours de mes entretiens avec le général de Gaulle à Alger, j'ai trouvé en lui un chef parfaitement compréhensif et déterminé. Mes projets allaient tout à fait dans le sens qu'il souhaitait. Nous ne pouvions effectivement éviter l'A.M.G.O.T. que dans la mesure où nous serions, en matière de sécurité, capables de fonctionner convenablement avec nos propres moyens. Je crois que j'avais réussi à démontrer aux envoyés d'Eisenhower cette capacité. Ils avaient été également impressionnés par le travail de notre organisation clandestine de contre-espionnage en France occupée depuis 1940, efficacité démontrée par les multiples arrestations d'agents de l'Axe effectuées jusqu'en 1942 et par les renseignements que nous recueillions chaque jour. Ils nous avaient permis de constituer deux séries de documentations destinées aux grandes unités françaises et alliées pour faciliter leur mission de sécurité et leur prise de contact avec la Sécurité militaire territoriale clandestine. C'était d'une part un travail de synthèse sur les organisations ennemies en France : l'Abwehr, la Sicherheitspolizei, la Gestapo, et leurs auxiliaires, et d'autre part la liste des individus suspects, par régions.

Cette documentation était en cours de réalisation depuis mars/avril 1943. Une équipe y travaillait en permanence. Ce travail, après avoir été approuvé par moi, était expédié à Londres, où notre représentant, le futur général Bonnefous, avait pour charge de le compléter avec le B.C.R.A., les services britanniques et américains. Au moment du débarquement, toutes les grandes unités alliées ont disposé d'un personnel français compétent et d'une documentation de sécurité complète y compris ce « mémento-guide de l'officier S.M. » que j'avais signé et fait approuver par Giraud et de Gaulle. À charge pour ces personnels français lorsqu'ils arriveraient sur le territoire national de prendre contact avec les services de sécurité clandestins de Navarre implantés dans toutes les régions. C'est ce qui s'est produit sans difficulté notamment dans la première région libérée, la Bretagne, où le patron du service de sécurité militaire clandestin était un de mes camarades de promotion, Le Bouteiller. Il avait organisé, dès avril

1943, son bureau clandestin territorial et avait recueilli sur les activités allemandes en Bretagne de nombreuses informations. Avec ce que nous lui apportions et les personnels qualifiés qui étaient dans les premières unités débarquées en juin 1944, il a pu poursuivre sa mission dans toute la Bretagne. Voilà le mécanisme !

Les Alliés ont témoigné leur confiance en m'invitant à négocier un accord avec eux en mai 1944. J'ai signé à Londres avec l'état-major d'Eisenhower un accord qui couvrait l'ensemble des armées allant évoluer en France. Au terme de cet accord la Sécurité militaire française était responsable de la sécurité dans les territoires français libérés. Il consacrait la souveraineté française, ce qui était une chose essentielle. Je crois avoir été le seul officier français à avoir eu la possibilité en mai 1944 de pénétrer dans le War room, le sanctuaire secret de la préparation du débarquement près de Londres. J'avais été présenté à Biddle-Smith, chef d'état-major d'Eisenhower, par le chef de l'I.S., le général Menzies, et autorisé à travailler sur les données les plus secrètes. J'ai été informé de ce qui se préparait : du débarquement, de son lieu, et de son heure… !

Le secret de cette préparation était total, et l'Angleterre littéralement fermée au reste du monde. Un secret rigoureux comme on ne l'imagine pas en France… À Londres, j'avais pris contact avec mes camarades, notamment avec le général Kœnig qui avait été nommé par de Gaulle commandant en chef des F.F.I.[46]. Il était évidemment intéressé par le travail qui m'était confié. Comme rien ne sortait plus de Grande-Bretagne, en dehors de rares exceptions, il me remettait les lettres

46. Forces françaises de l'intérieur formées en 1944 par l'unification de principe de groupements clandestins de résistance intérieure. Elles jouèrent un rôle d'appoint lors des opérations de libération du territoire avant qu'une partie de ces forces soit intégrée à la 1re armée commandée par de Lattre.

que je faisais porter à son épouse à Alger. Vous voyez jusqu'où allait la rigueur imposée par la sécurité britannique, et la confiance témoignée à nos services, à moi personnellement... ce dont je suis très fier !

– *Vous receviez des renseignements de vos propres réseaux mais en receviez-vous également des F.F.I. ?*

– Absolument ! À partir du moment où la fusion de nos services traditionnels et du B.C.R.A. de Londres a été réalisée à Alger, Soustelle a pris la « direction générale des services spéciaux ». Il a coiffé les services du B.C.R.A. et nos services de renseignements, de sécurité et de contre-espionnage, mais il m'a laissé toute liberté. J'ai continué à évoluer comme par le passé avec le regret de ne plus avoir à mes côtés le général Rivet qui avait été évincé. Je me suis toujours entendu avec Jacques Soustelle. C'était un homme courtois, de bonne compagnie, mesuré, calme, d'une intelligence profonde, et le contraire d'un activiste. Il était tout à fait attentif à mes difficultés et à mon travail : il a toujours cherché à m'aider. Lorsque la fusion entre le B.C.R.A. et nous est intervenue, le général de Gaulle a signé lui-même, le 24 avril 1944, une instruction, diffusée dans toutes les grandes unités, informant le commandement et le gouvernement provisoire que la direction de la Sécurité militaire, dont j'étais le chef, centralisait la totalité des moyens de recherche en matière de contre-espionnage, de sabotage, de propagande, etc., et dirigeait les mesures propres à assurer la sécurité en tous lieux. Il n'y avait plus aucune équivoque !

– *Et en ce qui concernait les réseaux communistes ?*

– Là c'est autre chose ! Il ne faut pas oublier que les

F.T.P.[47] faisaient partie intégrante si j'ose dire des F.F.I. Les réseaux communistes, et notamment les F.T.P., étaient remarquablement organisés et furent un appoint essentiel pour la résistance. Ils ont fait, dans les opérations de libération, un travail plein de danger et d'efficacité. Dès le mois de juin 1941, la Russie soviétique était devenue notre alliée et nous passions à l'attaché militaire soviétique à Vichy les informations qui pouvaient l'intéresser sur les préparatifs d'offensive de la Wehrmacht. Ce fut l'un de nos camarades qui fut désigné comme attaché militaire adjoint à Moscou fin 1941.

– Vous étiez le seul Français à pouvoir rentrer dans le War room. Quand on est détenteur d'un tel secret, est-ce qu'on n'a pas peur à un moment donné, est-ce qu'on ne se sent pas...

– On se sent gonflé d'orgueil !...

– Je pensais plutôt à la « responsabilité » !

– Vous ne pouviez être dépositaire de tels secrets que dans la mesure où votre propre sécurité était assurée. C'est-à-dire que, en aucune circonstance, vous ne pouviez tomber entre les mains de l'ennemi, ce qui était facile à concevoir en Grande-Bretagne. Mais vous avez raison de poser la question. C'est un secret qui est lourd à porter, à garder vis-à-vis d'amis ; je pense même à Kœnig avec qui j'étais en contact permanent, je pense à de Gaulle...

– Lui, ne savait pas ?...

– Je ne crois pas ! J'avais le sentiment d'une sorte de frustration, en ce sens que les Alliés avaient l'air de

47. Francs-Tireurs et Partisans, issus du Parti communiste, les F.T.P. sont l'un des deux groupes importants de la Résistance en France ; l'autre étant les F.F.I.

considérer que des hommes aussi prestigieux que Kœnig et surtout de Gaulle n'avaient pas le droit de connaître ces secrets à l'époque où ils s'ébauchaient. J'en éprouvais un certain malaise...

– Churchill savait, lui ?

– Bien sûr !

– On retrouve toujours cette même volonté des Américains qui n'ont pas pris de Gaulle au sérieux pendant très longtemps...

– À ce moment-là, ce n'était plus ça ! Ce sont des questions dont j'ai beaucoup parlé avec mes camarades anglais et américains... On n'était pas sûrs, au moment du débarquement, des réactions de la population, notamment à Paris !... On se demandait s'il n'y aurait pas de la part des communistes, sur le plan purement politique, des initiatives pouvant mettre en brèche l'autorité de De Gaulle. C'est allé jusqu'au point où les Alliés – je pense à mon interlocuteur direct, le colonel Scheen, chef du deuxième bureau d'Eisenhower – se sont ouverts à moi de leur perplexité : « Est-ce qu'on envoie des matériels, est-ce qu'on parachute des armes... ? Que vont devenir toutes ces armes... ? » Il fallait être circonspect dans l'envoi de tels matériels. Ils auraient pu, s'ils avaient été mis dans n'importe quelles mains, constituer au moment de la libération un danger pour l'ordre public et troubler le retour à notre souveraineté en obligeant les Alliés à nous imposer l'A.M.G.O.T.

Un excès d'armement distribué d'une façon aveugle comportait évidemment de tels risques ; mais ce n'était pas à moi d'en décider ! On entrait directement dans la politique et les responsabilités du G.P.R.F.

Il est hors de doute que les Alliés ont freiné sérieusement ; je peux en témoigner ! Je sais qu'il y a eu pas mal d'incidents… Les résistants, que ce soit au mont Mouchet, dans le Vercors ou ailleurs, voire même en Bretagne, ont quelquefois été vexés, furieux de ne pas recevoir l'armement qu'ils souhaitaient. S'ils ne l'avaient pas, c'est qu'il y avait plusieurs raisons : l'une matérielle, il n'était pas toujours facile d'assurer les transports et les parachutages par tous les temps et dans des zones très surveillées ; l'autre tenait aux problèmes que je viens d'évoquer. C'était une chose grave qui préoccupait lourdement les Alliés. L'importance de l'implantation de la Sécurité militaire française était de nature à les rassurer, dans une certaine mesure, car elle constituait l'ossature d'une administration militaire solidement rattachée au G.P.R.F. et insensible aux actions politiques diverses. Je ne dis pas que cela a été un élément déterminant, mais c'était important !

– Vos services, les gens de métier, étaient une caution… ?

– Sans doute ! C'est d'ailleurs ce qui a été confirmé par la suite des opérations. Les accords que j'ai signés avec le colonel Scheen ont été appliqués remarquablement jusqu'à ce que je quitte la maison. Après mon départ, les Alliés sont revenus en arrière. Ils ont voulu réexaminer la nature de ces accords et prendre plus de liberté par rapport aux services qui m'ont succédé et aux engagements pris à Londres. Cette méfiance est allée en s'accentuant à partir de 1946, et notamment à l'égard du pouvoir français qui avait admis des communistes à l'intérieur de son gouvernement.

– C'est ce qu'on a beaucoup reproché à de Gaulle. Mais avait-il le choix… ? Ça c'est autre chose…

– C'est autre chose… ! Mais enfin cette situation fut

l'explication de leurs désirs de remettre en cause les accords que nous avions conclus. La maison qui a succédé à la Direction générale des services spéciaux, la Direction générale des Études et Recherches (D.G.E.R.) – d'ailleurs éphémère tant elle était pléthorique, anarchique et impuissante –, était traversée par les courants les plus contradictoires. Quand les Alliés ont vu à la fois l'inefficacité de la D.G.E.R. et le danger qu'elle pouvait représenter pour le travail de sécurité, ils ont pris de la distance... C'est ce qui explique par exemple qu'ils ont gardé pour eux Barbie, sans le remettre à l'autorité française dans les conditions prévues par les accords Paillole/Scheen, et explicitées dans la documentation dont je vous parlais tout à l'heure. Barbie faisait partie de ces individus que les Américains et le général Eisenhower, par l'intermédiaire de Scheen, avaient pris l'engagement de nous remettre s'ils tombaient entre leurs mains. Ce qu'ils n'ont pas fait ! Cet exemple montre le caractère des rapports entre nos services traditionnels et les leurs, au moment de la signature de nos accords. Je ne soulignerai jamais trop le caractère d'intimité, de confiance, jamais rompu depuis 1935.

– *Vous êtes arrivé en France, après le débarquement, à quelle date ?*

– Je suis arrivé à Paris, venant de Londres, le 26 août 1944. Les Anglais avaient mis un avion à ma disposition. J'étais avec André Pélapon, un des adjoints de Soustelle, dans le cadre de la D.G.S.S. Cet avion nous a débarqués en Normandie, dans un coin libéré, et de là, avec un half-track nous nous sommes dirigés sur Paris, où nous sommes arrivés le soir du 26 août. La région parisienne n'était pas encore totalement libérée mais de Gaulle était là et Paris l'avait acclamé sur les Champs-Élysées. Notre première préoccupation a été de prendre contact avec nos représentants dans les grandes unités déjà engagées dans la capitale : la 2e D.B. et les unités américaines. Nous nous sommes installés au numéro 2 du boulevard Suchet, dans l'ancien P.C. de l'état-major de la Luftwaffe.

Il fallait rapidement faire passer d'Afrique du Nord à Paris nos archives et une partie du personnel, de manière à rétablir un service central apte à faire face à nos missions. J'avais laissé à Alger, pour assurer la liaison avec nous, une base dirigée par mon camarade de promotion le colonel de Poutier... À charge pour lui de veiller à la sécurité en Afrique du Nord, dans les mêmes conditions que le faisait la D.S.M. Il a fallu trouver les bateaux pour transporter nos archives et négocier avec les Américains et les Anglais le transfert urgent à Paris d'un important contingent d'officiers et de personnel d'Alger.

Autre préoccupation majeure était de faire face à la suite des événements ! La guerre n'était pas finie. L'armée allemande était toujours présente, les combats étaient sévères... L'Abwehr qui avait été terriblement mutilée avait été partiellement remplacée par un organisme S.S. très virulent, dont la prétention était de laisser en France après le repli de la Wehrmacht des yeux et des oreilles capables de continuer à informer le commandement allemand. Par ailleurs toute une clique de collaborationnistes, en premier lieu le P.P.F. [48], travaillait toujours pour l'ennemi ! Le service de renseignements du P.P.F. était subventionné par l'Abwehr, et poursuivait des missions de recherche dans le même esprit que l'Abwehr au bénéfice des armées allemandes ! Nous devions être extrêmement vigilants.

48. Parti populaire français créé en 1936 par Jacques Doriot après son exclusion du Parti communiste et qui s'engagera dans la collaboration. Doriot sera condamné et exécuté en 1945.

En plus de la préoccupation de rétablir à Paris un service central de direction solide, j'avais la hantise de l'avenir, l'organisation de nos services dans la perspective de la libération totale du pays, mais aussi du franchissement du Rhin et de la nécessité de travailler en Allemagne.

Je me suis appuyé sur les accords passés avec Scheen pour préconiser la création de ce que j'avais appelé d'un terme peut-être un peu pompeux, mais qui avait sa signification : un Bureau Interallié de Contre-Espionnage, B.I.C.E. Ce devait être un organe tripartite : Français, Anglais et Américains. Il devait coller à l'état-major d'Eisenhower, au sommet de l'organisation militaire alliée, suivre le développement des opérations militaires et, en Allemagne, diriger en commun l'effort de sécurité, la recherche du renseignement de contre-espionnage, et l'exploitation commune de ces renseignements.

Je parle de ce projet de Bureau Interallié de Contre-Espionnage avec mes camarades de l'Intelligence Service, qui en sont d'accord, et avec l'O.S.S. Je n'ai pas recueilli de la part de l'état-major allié un accord immédiat. Je sentais bien qu'en raison de la situation du gouvernement provisoire de la République française, situation que les Alliés, à tort ou à raison, estimaient encore fragile, ils ne voulaient pas s'engager dans une perspective trop lointaine. Peut-être aussi parce qu'ils sentaient que ma situation personnelle au sein des services spéciaux français était contestée par les partis politiques qui se mettaient petit à petit en place. Ceux-ci prenaient ombrage de l'ampleur de mes responsabilités et de celles de mes services. Au sein de l'ex-B.C.R.A., on nous soupçonnait d'avoir des visées différentes de celles de De Gaulle.

Les événements qui venaient de se produire prouvaient assez à de Gaulle comme à tous ceux qui étaient autour de lui – et encore plus partisans que lui si j'ose dire – que les Alliés observaient toujours à leur égard une réserve qui n'avait pas été levée par le débarquement. Ce n'était pas parce qu'on avait donné à mes services une sorte de maîtrise, de souveraineté dans l'accomplissement de leur mission, que l'on pouvait considérer que les Alliés avaient largement donné leur confiance au gouvernement provisoire de la République française dirigée par de Gaulle et comprenant des communistes… !

Mon idée de créer le B.I.C.E., si elle avait séduit mes camarades de l'Intelligence Service et de l'O.S.S., n'était donc pas facile à mettre en place. J'avais mis à la tête de ce B.I.C.E. un homme de tout premier plan, le colonel Gérard Dubot, l'ancien rédacteur en chef du *Journal*, un collaborateur de nos services depuis la guerre 1914-1918. Il avait de larges antennes en Allemagne, connaissait parfaitement la langue allemande, et souhaitait, après avoir été le patron de nos services de sécurité militaire clandestins à Paris, sortir de France pour assumer une mission aussi vaste et aussi dynamique que celle que pouvait lui donner le B.I.C.E. J'ai constitué la partie française de ce bureau à Paris avec archives et personnel compétent. Contact a été pris avec nos camarades alliés, mais je n'ai pas pu réaliser ce qui était mon ambition, à savoir un service commun.

– *Vous aviez conscience de la précarité de votre situation ?*

– À partir du mois de septembre, je me suis bien rendu compte que les partis politiques pesaient de plus en plus sur le gouvernement provisoire… De Gaulle lui-même commençait à être contesté. Les conditions dans lesquelles Paris avait été libéré, l'implantation communiste… Au fond l'insurrection de Paris, bien que Chaban-Delmas ait été présent ainsi que Parodi – mais ils n'avaient en fait que peu de pouvoir – apparaissait essentiellement l'œuvre des communistes. Ils en avaient été les moteurs. On avait eu beau mettre Luizet, un de nos anciens camarades des services spéciaux, comme préfet de police à Paris, donner à Chaban-Delmas une mission de liaison avec Kœnig et avec le gouvernement de la République, tout ça ne réglait pas le problème… On sentait, en septembre 1944, que l'autorité de De Gaulle, surtout dans certaines provinces, était contestée. Il y avait un véritable malaise ! Je savais que l'autorité qui était la mienne et j'ose dire la compétence de nos services – c'étaient les seuls à être en mesure de faire un travail sérieux de sécurité et de renseignements – ; je savais que tout cela n'était pas du goût de certains… et les Alliés en avaient à ce point conscience qu'ils n'hésitaient pas à me faire part de leurs inquiétudes.

Fin septembre 1944 s'est constituée la Direction générale des Etudes et Recherches. Cette D.G.E.R. a été en quelque sorte imposée à Soustelle. Elle s'est substituée à la D.G.S.S. qui était une formation essentiellement composée de techniciens venus d'Alger ou de Londres. Nous avons vu venir à nous une multitude de réseaux, de groupes, d'individus qui prétendaient avoir fait du renseignement, avoir organisé les passages à travers les lignes ennemies, ou à travers les frontières notamment les Pyrénées, avoir identifié des réseaux ennemis, des traîtres, etc. Cette masse de gens affirmait avoir des titres de résistance, et être compétente en matière de renseignements, de sécurité ou de contre-espionnage. Devant cette avalanche, nous étions dans l'impossibilité de faire un tri convenable. D'autre part il subsistait au sein de la D.G.S.S., que dirigeait Soustelle avec prudence et doigté, des rivalités, des rancœurs. À tout cela s'est ajoutée cette foule de la dernière heure qui prétendait avoir autorité à l'intérieur des services spéciaux, ou du moins y avoir sa place.

On a ainsi accepté l'introduction dans nos services d'une masse d'individus. La D.G.E.R., en même temps qu'elle se créait, et absorbait tout ce peuple, avait le projet de restituer à l'autorité militaire, c'est-à-dire au ministère de la Guerre, ses anciennes prérogatives. N'oublions pas que le général de Gaulle, chef du gouvernement, était en même temps chef des armées ! Il avait la haute main sur tous nos services. Avec la D.G.E.R., s'amorçait l'éclatement de nos services, et du mien en particulier ! Tout ce qui incombait autrefois au ministère de la Guerre devait lui revenir, c'est-à-dire la protection de l'armée proprement dite, et, toujours dans le cadre de l'armée, la protection des établissements militaires. De son côté le ministère de l'Intérieur réclamait ce qui avait été autrefois sa part, c'est-à-dire le contre-espionnage, la lutte à l'intérieur du territoire.

– *On revenait au cas de figure d'avant la guerre... ?*

– Exact ! On revenait à une organisation qui ne prenait plus en compte le fait que nous étions en état de guerre ! Ça, je ne l'ai pas admis !... C'était une erreur, peut-être une faute, de considérer que, la guerre n'étant pas finie, on était en droit de retirer à l'autorité militaire une partie de ses prérogatives en matière de sécurité et de disperser ses moyens. Ne restait à la disposition de la D.G.E.R. que la recherche du renseignement à l'extérieur des frontières, alors qu'il y avait une partie de la France toujours occupée ; je pense à l'Alsace, au Nord, à la Lorraine. Je répète, cela je ne l'ai pas admis ! Je m'en suis ouvert au cours de diverses conférences au ministère de la Guerre et à la Direction générale des services spéciaux. Comme mon point de vue n'a pas été suivi, j'ai donné ma démission, et j'ai quitté la maison à la fin de 1944...

Soustelle craignait que mon éloignement ne porte préjudice au travail qui allait incomber à mes successeurs ; il s'en est ouvert à moi avec tact en m'invitant à faciliter cette réforme. Ma personnalité était connue et respectée, aussi bien dans nos services qu'à l'extérieur, chez les Alliés. En fait j'ai eu plusieurs successeurs. Le colonel Chrétien reprenait tout ce qui restait de la compétence de la D.G.E.R. ; le colonel Labadie devenait le chef de la sécurité militaire qui revenait au ministère de la Guerre ; et Roger Wibot, à l'Intérieur, reprenait la direction de la Surveillance du territoire, et dans une certaine mesure de la Sûreté aux armées.

– Ça revient à dire que vous faisiez seul le boulot de trois personnes ?

– Je ne le faisais pas tout seul, j'avais des collaborateurs de grande compétence, et qui m'aidaient avec beaucoup d'efficacité. Mais cela dit, c'était un bouleversement dans un moment encore dramatique, et qui a d'ailleurs failli être plus que dramatique lorsque les Allemands ont lancé l'offensive de décembre dans les Ardennes ! Elle prouvait bien que tout n'était pas réglé !... L'autorité de l'époque, de Gaulle bien sûr, mais surtout le ministre de la Guerre Diethelm et son directeur de cabinet Félix, se sont bien gardés de rompre tout contact avec moi. Je vous ai déjà fait part de ma conversation chez Diethelm avec Félix, au mois de décembre 1944 ; les nouvelles venant du front des Ardennes étaient catastrophiques. Le ministère de la Guerre recommençait à faire les valises pour évacuer Paris et se replier. Littéralement paniqués Felix et Diethelm me disaient que les Allemands seraient à Paris dans trois ou quatre jours ! « Il faut que vous repreniez le manche !... » me dirent-ils. Insensé !

Dans cette période qui va de septembre à la fin de l'année 1944, je me suis trouvé devant une situation confuse, douloureuse, pénible, qui a vu mon écartement volontaire. C'est moi qui ai donné ma démission. De Gaulle et Soustelle, en dépit de certaines pressions, n'auraient pas pris l'initiative de me faire partir ! Non pas qu'ils avaient une estime particulière pour moi, mais en raison des réactions que ça pouvait susciter chez les Alliés. Pour eux, la situation était nette : « Nous avons conclu nos accords avec le commandant Paillole... Si le commandant Paillole n'est plus là, nous reprenons nos billes ! » Ils considéraient, avec sans doute une certaine exagération, que les communistes avaient un pouvoir de pression et d'intervention dans tout ce qui touchait non seulement au domaine politique, mais aussi à la sécurité et au renseignement. Pour les Alliés en opérations, cette question de sécurité était chose sacrée ! Jamais on ne dira à quel point les services alliés ont été rigoureux et particulièrement efficaces pour assurer la sécurité à l'intérieur de leurs grandes unités.

J'ai donc donné ma démission, fin novembre 1944, tout en restant en contact avec le pouvoir, et tout particulièrement avec le ministre de la Guerre. Je dois dire aussi qu'à cette époque je traversais physiquement une très mauvaise épreuve. Tout ce que nous avions vécu depuis 1940 jusqu'à la libération de Paris avait pesé lourdement sur mon état moral et psychique, sur ma santé aussi. Quand je suis arrivé à Paris, j'étais vraiment fatigué. J'avais maigri, et je souffrais depuis plusieurs mois de l'estomac ; des douleurs atroces, au point que mes médecins ont envisagé un cancer !... J'ai dû suivre pendant trois mois un traitement de rayons au Val-de-Grâce. En service, je n'ai jamais voulu m'arrêter. Je suivais un traitement médical tout en assumant ma tâche.

Les généraux de Lattre et Schlesser, commandant de la 5e D.B., ayant appris que j'allais quitter la maison, avaient demandé à ce que je sois affecté à l'état-major de la 5e D.B. De Gaulle a refusé.

J'ai dans mes archives la lettre qu'il a écrite à ce propos à mon ami Frenay. Il explique que « dans mon intérêt, dans l'intérêt de ma carrière » il fallait que je revienne dans la troupe... Et il m'envoyait au Maroc ! Je n'ai pas accepté. Je me suis fait mettre en congé de maladie pour finalement, la guerre terminée, profiter de la loi de dégagement des cadres et quitter l'armée en 1946.

J'ai quitté l'armée, conscient que je n'y trouverais plus ma place... !

La D.G.E.R. n'a eu qu'une vie très courte... Elle a fait tout de suite la preuve non seulement de son incapacité, mais de ses nuisances ! Car au fur et à mesure qu'on absorbait ces personnels venus sans contrôle de toutes parts, avec toujours des titres supérieurs et ronflants, des grades fictifs, des avantages, se croyant tout permis, une image des services spéciaux se développait, ridicule et dégradante. La D.G.E.R. a été remplacée par le S.D.E.C.E. : le Service de Documentation extérieure et de Contre-Espionnage.

Le premier patron du S.D.E.C.E. a été Passy mais il n'est pas resté longtemps. Une grave affaire a été soulevée à son encontre en 1946 : il a été accusé, ainsi que d'autres collaborateurs du B.C.R.A., de malversations, de détournements de fonds, etc. Il a été obligé de lâcher cette maison sous la menace de poursuites judiciaires et mis aux arrêts de forteresse dans la région de Metz. Il avait été remplacé par M. Ribière. C'était un garçon sérieux, sans compétence en matière de services spéciaux. Il n'est pas resté longtemps. Il a été remplacé par un ancien syndicaliste, préfet de région à la Libération, un homme courtois, intelligent, plein de bonne volonté, connaissant beaucoup de monde : Bourcicaut ! À plusieurs reprises, il m'a invité à revenir dans la Maison. Il aurait souhaité que je sois à ses côtés en tant que technicien. À ce moment-là, j'avais déjà le pied dans un autre étrier et je n'ai pas accepté... !

Voilà mon odyssée dans les services spéciaux ! Je terminerai tout de même par une allusion à ce fameux B.I.C.E. qui n'a pas pu voir le jour. À partir de 1945 et surtout en 1946 et 1947, les bruits les plus invraisemblables ont couru sur la pénétration des services spéciaux français par le K.G.B. Les Alliés, voyant aussi l'importance qu'avait pris le Parti communiste dans les affaires françaises, avaient décidé de considérer les accords antérieurs conclus avec moi comme caducs. Mais le groupe de mes anciens services prévu pour le B.I.C.E. s'est installé dans un village allemand, Wildsbad, en Forêt-Noire. Là s'est organisé un centre de recherche et d'archives dont la mission était de recueillir les témoignages des personnalités ayant appartenu aux anciens services spéciaux allemands et où devaient transiter pour étude et éventuellement exploitation les documentations secrètes saisies à Berlin et un peu partout dans le IIIe Reich. Cette mission-là, mes camarades l'ont remplie parfaitement. Grâce aux rapports personnels que certains d'entre eux avaient entretenus avec les Américains, ils ont appris que ceux-ci détenaient Barbie. Cette information leur a permis, après des négociations adroites et qui font honneur à leur compétence, autant qu'à la confiance des Alliés, de rencontrer Barbie, et d'obtenir de lui ses premières révélations en dehors de toute pression judiciaire ou policière. Des révélations spontanées, alors que Barbie était utilisé par les Américains en toute liberté. Il avait été convenu que ces contacts avec Barbie seraient informels et n'auraient aucune conséquence sur la liberté et la vie de Barbie. Il avait fallu promettre aux Américains qu'il en serait ainsi. Au cours de l'entretien, Barbie, assuré que les Américains ne le laisseraient pas tomber, a dit sans aucun doute la vérité. Pourquoi voulez-vous qu'il mente ? Ce fut l'impression de tous mes camarades. Il a mis en cause, de A jusqu'à Z, Hardy, qui faisait l'objet d'un deuxième ordre d'informer. Dans un premier temps, il avait été acquitté par la justice militaire, mais peu après, on avait découvert qu'il avait été arrêté par les Allemands à Dijon dans le courant du mois de mai 1944 et n'en avait informé personne.

Il avait donc été arrêté une deuxième fois. Sa défense était déjà difficile lorsqu'est intervenu cet interrogatoire de Barbie qui confirmait les responsabilités graves qui pesaient sur Hardy. Malheureusement les Américains sont restés fermes sur leur engagement vis-à-vis de Barbie et il n'a pas déposé au cours du deuxième procès.

Il n'en reste pas moins qu'après le témoignage vraiment spontané de Barbie, notre conviction était qu'Hardy, sous la pression et la menace des Allemands, était le responsable de l'arrestation de Jean Moulin.

– Pour vous, ça ne fait absolument aucun doute ?

– Absolument ! Pour moi et mes quatre camarades qui ont été les premiers à entendre la libre confession de Barbie. C'était également la conviction des Américains qui assistaient à ces premiers entretiens.

– Un des grands traumatismes de la fin de la guerre a été la découverte des camps et de ce qui s'y était passé. À partir de quel moment avez-vous su ?

– Il faut considérer dans l'attitude des Allemands à

l'égard des prisonniers plusieurs cas de figure. Premièrement, les prisonniers de guerre dans les oflags et les stalags ; nous étions à peu près bien informés sur leur sort grâce aux services spécialisés de Vichy qui étaient habilités à se rendre dans ces camps et à s'occuper des prisonniers de guerre. C'était le cas de l'organisation de Scapini et de diverses autres organisations humanitaires, dont celle à laquelle a appartenu François Mitterrand en 1942. Un des rôles des associations de prisonniers évadés était de demeurer en contact avec leurs camarades restés dans les camps. Pour assurer leurs liaisons avec ces camps, les associations disposaient de divers moyens, colis Croix-Rouge, correspondance admise par les Allemands et toutes sortes de moyens de substitution familiers dans les régimes de prisonniers. Outre ces camps de prisonniers de guerre – d'où plus de trois cent mille Français se sont évadés entre 1940 et 1942 –, il y avait, et cela surtout depuis la fin de 1941, les camps de déportés. La création des camps à caractère politique remonte à l'arrivée au pouvoir de Hitler en 1933. Les nazis y ont interné les opposants au régime, qu'ils soient de gauche ou de droite. C'est à partir de ces camps datant des débuts du régime hitlérien que l'Allemagne nazie a développé un système d'incarcération très spécial en général placé sous la garde de S.S., c'est-à-dire de fanatiques appartenant au parti nazi et très durs dans leur façon de procéder à l'égard des prisonniers. En décembre 1941, les nazis promulguent le décret « Nacht und Nebel », inspiré par Hitler et signé par Canaris. Il avait pour but d'empêcher les gens arrêtés et déportés en raison de leur activité résistante dans les pays occupés d'avoir quelque contact que ce soit avec l'extérieur ; ils devaient être plongés dans « la nuit et le brouillard », Nacht und Nebel. Quand nous avons eu connaissance de ce décret, au début de 1942, nous avons bien compris que le régime imposé à nos camarades arrêtés serait extrêmement sévère. Nous avons commencé à nous poser des questions mais malgré tout sans imaginer l'outrance dans la sauvagerie et la brutalité qui nous fut révélée deux ans plus tard. Pendant ces deux ans, jusqu'à la fin 1943, nous n'avons pas eu de renseignements sur les traitements inhumains infligés à nos camarades déportés ; notamment il n'y a pas eu durant cette période – sauf peut-être à quelques exceptions – de prisonniers s'évadant et pouvant nous informer. Nous avons essayé par l'intermédiaire de la Croix-Rouge suisse et de certains organismes humanitaires suédois, comme par exemple ceux dirigés par le comte Folke-Bernadotte, d'avoir quelques informations, mais les informations qui nous étaient données n'étaient pas alarmantes au point de supposer qu'il y existait des traitements aussi odieux. Ce n'est qu'à la fin de 1943, par les renseignements recueillis par nos camarades – le réseau dit « des Ministères » – habilités officiellement à se rendre en Allemagne, notamment sous le prétexte d'assurer les liaisons humanitaires avec les travailleurs français du S.T.O., et par les informations obtenues par le canal de la Croix-Rouge à Genève, que nous avons su l'ignominie de ces traitements.

– *Et vous avez essayé de réagir ou de protester ?...*

– En janvier 1944, nous nous sommes adressés à l'ambassade d'Espagne à Alger et lui avons demandé d'intervenir auprès du gouvernement allemand pour lui faire savoir que nous serions dans l'obligation d'appliquer des mesures de rétorsion si le régime imposé à nos camarades n'était pas celui prévu par les conventions habituelles des prisonniers de guerre. La démarche a été faite par les Espagnols, mais nous n'avons pas su la réaction allemande. Je dois préciser que nous n'avons jamais usé, à l'égard des Allemands arrêtés en Afrique du Nord ou en métropole, de procédés analogues à ceux des nazis.

Il y avait des différences dans les traitements infligés dans les camps de déportés. Plusieurs de nos camarades déportés à Dachau, à Ravensbrück ou ailleurs, sont rentrés misérables, se plaignant des difficultés de leur existence, des travaux difficiles qui leur étaient imposés, mais n'ont pas été victimes, comme certains, de sévices inhumains. Ce qui est vrai, c'est que la situation de nos camarades déportés dans les camps est allée en se dégradant à partir du décret « Nacht und Nebel » pour atteindre, après le débarquement allié et les offensives soviétiques victorieuses, une dimension dans la sauvagerie que l'on ne pouvait pas imaginer. Nous avons travaillé avec le commissariat aux Déportés, Internés et Prisonniers de guerre d'Henri Frenay pour faire comprendre aux Alliés et aux organisations humanitaires qu'ils avaient le devoir d'intervenir. Il y a eu une sorte de partage des responsabilités dans la recherche des renseignements entre ce commissariat et nous mais, il faut le reconnaître avec humilité, nous étions impuissants pour limiter la sauvagerie allemande. Que faire ? Et encore nous n'en connaissions pas toute l'étendue !

Venons-en au cas des déportés israélites en Allemagne. Nous avions suivi avec tristesse les mesures successives prises par les différents gouvernements de Vichy à l'encontre des Juifs, d'abord étrangers résidant en France, et ensuite français. Nous avons fait tout ce que nous avons pu pour les soustraire à la répression. Beaucoup ont pu passer par l'Espagne et aller se réfugier au Portugal, en Espagne, en Afrique ou même en Angleterre ; d'autres étaient hébergés clandestinement par des Français résistants. Mais nous n'avons connu le sort abominable des malheureux qui étaient déportés qu'au début de 1944 quand des camps d'extermination comme Auschwitz ont pu être observés par nos camarades et aussi par certains notables allemands qui nous en ont informé par des intermédiaires neutres.

– En fait, pour être bien clair, ils n'étaient pas dans les mêmes camps... ?

– Il y avait si l'on veut trois sortes de détenus en Allemagne : les prisonniers de guerre dont le sort n'a pas été abominable ; les déportés résistants contre l'occupant qui ont été traités avec une dureté choquante – j'y reviendrai – ; et les déportés israélites qui étaient suppliciés dans les camps d'extermination dans des conditions inimaginables.

Pour ce qui est des prisonniers de guerre, nous savions leur sort et nous étions en mesure, par les organisations de prisonniers telle celle de Mitterrand, de les aider moralement et financièrement.

Concernant les déportés résistants, on ne peut que constater, là encore, que les Allemands ont fait preuve de cynisme et d'un comportement inhumain. Les meilleurs de nos camarades ont été traités durement mais à peu près correctement pendant un certain temps. Brusquement, sans doute sous l'impression que la victoire alliée était inéluctable, les nazis ont pris des décisions contraires aux plus élémentaires lois de l'humanité. Le capitaine Vélaud, chef de l'un de mes services clandestins de renseignements, a été brutalement sorti de sa baraque et fusillé avec seulement le temps d'écrire quatre lignes d'adieu à sa femme sur un papier d'emballage. Il en fut de même pour nombre de mes camarades victimes d'un paroxysme de vengeance de la part des nazis considérant qu'ils avaient affaire à des hommes de valeur qu'il fallait définitivement éliminer.

Quand je considère le sort atroce de ces hommes,

ces femmes, ces enfants juifs finalement exterminés dans les chambres à gaz, j'en suis révolté ! Jamais ces crimes ne pourront être oubliés !

– À quel moment les informations ont filtré à propos des camps d'extermination ? Quand avez-vous su ?

– Je vous l'ai dit ! Très tard !... Fin 43 et début 44 ! Nos alliés, les Anglais de l'I.S. et les Américains de l'O.S.S., étaient aussi ignorants que nous sur ce sujet, il est vrai qu'ils avaient moins de malheureux concernés que nous. J'ai posé la question plusieurs fois à nos amis, notamment au général Menzies. Ils ne savaient rien au début de 1944, pour si extraordinaire que cela paraisse aujourd'hui. Les populations allemandes, dans leur grande majorité, ignoraient cette situation ignoble. J'ai eu l'occasion après la guerre de parler de ce problème avec Reile, le patron de l'Abwehr 3 à Paris de 1940 à 1944 ; je lui ai demandé s'il avait une idée de la manière dont les prisonniers arrêtés par ses soins étaient traités dans les camps, il a eu cette réponse assez étonnante : « C'était un régime de prisonniers extrêmement dur. » Mais il n'a jamais fait allusion à des procédés inhumains !

11.

À PROPOS DU MILITAIRE

ALAIN-GILLES MINELLA – *Votre parcours est quand même très étonnant. Vous venez de me dire, par exemple, que Rivet, à un moment donné, a été mis sur la touche. Vous étiez là avant la guerre. Vous avez fait partie de cette armée défaite en 1940.*

Vous avez été pendant un moment d'accord avec Pétain jusqu'à Montoire, et à partir de là progressivement vous vous en êtes détaché. Vous passez à Alger auprès de Giraud et ensuite vous finissez par vous entendre avec les gaullistes. Vous avez passé toutes les barrières, alors que les autres étaient plus ou moins mis sur la touche, et vous vous retrouvez en 1944 avec peut-être plus de pouvoir que vous n'en avez jamais eu.

PAUL PAILLOLE – Exactement !

– *Comment avez-vous réussi ce parcours ?*

– Uniquement par l'objectivité et la compétence du travail accompli par mes services, dans le seul intérêt de la France.

Avec mon patron d'avant-guerre, le général Schlesser, nous pouvons nous prévaloir d'avoir doté nos services de sécurité et de contre-espionnage d'une doctrine définissant leurs objectifs et leurs moyens. Elle n'existait pas jusqu'alors, du moins avec une telle amplitude et une telle précision.

Nous avons défini notre action dans trois directions : le contre-espionnage offensif, chargé de pénétrer chez l'adversaire pour en connaître les missions, les moyens et les méthodes ; le contre-espionnage défensif ou préventif pour assurer la protection de nos foyers, de nos secrets et de nos points sensibles ; le contre-espionnage répressif enfin, pour mettre hors d'état de nuire les agents de l'ennemi. Cela en liaison intime avec la police de la Surveillance du territoire. En fonction de ces trois directions, nous avons, avec difficulté il faut bien le reconnaître, réuni les moyens indispensables pour atteindre des objectifs désormais parfaitement clairs.

La mise en œuvre de cette doctrine s'est intensifiée devant les menaces allemandes et surtout en 1938, lorsque la guerre nous est apparue inévitable. C'est à ce moment-là que nos amis anglais sont venus à Paris s'inspirer de nos méthodes et constater les résultats. Ils ont apprécié notre travail et nous ont considérés comme des techniciens de valeur. J'ai personnellement bénéficié – plus que tout autre peut-être – de cette réputation flatteuse et d'une confiance totale de leur part. Cette considération ne pouvait laisser les gaullistes indifférents. Elle explique que, finalement, de Gaulle ait tranché en ma faveur le conflit des services spéciaux. Je suis toujours resté dans le cadre strict et technique de ma mission, pendant toute l'Occupation, sans me mêler aux criailleries politiciennes, sans m'inféoder à quiconque, pas plus au gaullisme qu'au pétainisme ou même au giraudisme…

– Vous devez être un cas assez atypique. Les gaullistes ont tout de même été assez sévères avec les gens qui n'avaient pas été de chez eux… !

– Et on peut les comprendre… ! Je m'en suis expliqué avec Passy notamment. Il m'a toujours dit : « Ce que nous redoutions, c'est que votre présence privilégiée nous fasse passer à la trappe. »

Nos services ont représenté, pour un homme comme Soustelle qui était la finesse même, une sorte de garantie en matière de sécurité. J'ai exercé à cet égard les fonctions les plus importantes qu'un officier des services spéciaux puisse exercer. Je me suis enfermé dans mon domaine avec ma seule passion pour mon pays et ma mission. Il ne faut pas limiter à moi cette observation. Je « porte le chapeau », mais j'avais avec moi des camarades qui étaient dans le même état d'esprit. J'étais entouré d'officiers remarquables, qui avaient les mêmes pensées et les mêmes objectifs.

– Ce qui me frappe, que ce soit vous-même ou le général Massu, c'est que vous avez été « fabriqués » dans un moule qui n'existe plus maintenant. C'est-à-dire, une fonction sociale et démocratique de l'armée… Le militaire au service du peuple ! Pourquoi ce moule est cassé ?

– Je ne crois pas que le moule soit cassé, mais il y a l'évolution du monde ! De mon temps, je vous l'ai déjà dit, on sortait de Saint-Cyr avec de grandes ambitions, en Afrique ou ailleurs. Des ambitions à la fois romantiques, idéalistes, et purement militaires bien entendu… ! Aujourd'hui l'officier de carrière a souvent une préoccupation complémentaire : quand il aura terminé son temps avec l'armée, il faudra se reconvertir dans le civil. Les élèves qui sortent de Saint-Cyr reçoivent désormais un titre d'ingénieur. On le donne également aux officiers sortant de Navale ou de Salon-de-Provence. Toute la nuance est là ! Nous n'avions pas d'autre perspective que de faire une carrière militaire pleine. L'armée pouvait satisfaire l'officier, jusqu'à son âge extrême. Aujourd'hui ce n'est plus tout à fait le cas. On donne aux officiers sortant des grandes écoles les moyens de se recaser dans la vie civile avec les mêmes atouts que leurs collègues civils... Et c'est très bien ! L'armée évolue en fonction des événements... Ce qui me rend soucieux, c'est de voir les menaces sur la paix dans le monde. Des orientations nouvelles s'ouvrent, mais jusqu'où ? Qu'est-ce que le droit d'ingérence ? Où ça commence ? Où ça finit ? Quelle est la menace à laquelle devra répondre notre armée ou l'armée européenne si elle existe, et pour faire quoi ? Une force armée doit avoir des objectifs ! Pouvons-nous les définir ?

– Il n'y en a pas... ! Est-ce que justement on ne va pas vers une disparition totale de l'armée ?

– Non ! Ce serait un crime contre le pays, sa sécurité, son indépendance... !

– En poussant le raisonnement à l'extrême !...

– Si on examine la situation d'aujourd'hui, elle est encore remplie d'incertitudes, de menaces. Rien n'est stabilisé au Moyen-Orient, à l'Est... L'Afrique est instable ! Devant le flou des situations politiques, devant l'évolution du monde, notamment en Europe, on doit maintenir un système de défense suffisamment souple pour s'adapter à toutes sortes d'hypothèses... Mais quelles sont ces hypothèses ? Imaginer que l'armée peut disparaître, pourquoi pas ? Si à la limite toute sorte de conflit a réellement disparu et si l'on s'endort dans un rêve... !

– Tout à l'heure, vous avez parlé d'un certain romantisme. C'est vrai que le romantisme est mort. C'est une des caractéristiques du XXe siècle.

– Nous sommes dans les « affaires », sans que l'expression soit toujours péjorative ! Il y a une vérité que je m'efforce de développer, surtout dans le cadre de l'association que je préside, l'Association des Anciens des Services spéciaux de la Défense nationale : plus que jamais les services de renseignements et de défense doivent être développés et pointus. L'armée de 1940 archi-battue avait fait fi des services de renseignements, considérant les informations diffusées par nos services comme des informations négligeables. Aujourd'hui, on se rend compte que les services de renseignements sont plus importants que jamais tant les situations politiques sont multiples et complexes.

L'organisation des forces armées donne désormais au renseignement une véritable priorité. La Direction du renseignement militaire vient d'être créée. Elle constitue une réelle force. Elle dispose de tous les moyens sophistiqués utiles pour faciliter la recherche du renseignement et son exploitation, notamment en cas de conflit.

– On a vu dès le départ que le renseignement n'est rien si on ne sait pas l'exploiter...

– Il est certain que l'évolution à cet égard est profonde ! On a besoin maintenant d'être informé, d'être renseigné dans tous les domaines. Tous les domaines s'apparentent à la Défense, l'économique autant que les autres ! C'est important de montrer les erreurs d'avant-guerre et de la guerre en matière de recherche du renseignement et d'exploitation... Cette prise de conscience fait qu'aujourd'hui, le renseignement prend une place qu'il n'avait jamais eue.

– Avez-vous l'impression que la formation que l'on donne aujourd'hui aux militaires est adaptée aux fonctions nouvelles que l'évolution du monde va peut-être leur conférer ?

– J'ai l'impression qu'aujourd'hui l'instruction et l'éducation des futurs cadres de l'armée sont plus rationnelles que celles de mon temps. Mais je crains que l'on ne prenne pas suffisamment en considération l'épreuve qui pourrait être celle des cadres de l'armée dans l'hypothèse d'un changement de structures politiques, et tout particulièrement dans l'hypothèse de l'état de siège qui implique la prise de certains pouvoirs civils par les militaires ; sinon la prise totale, du moins de ceux des pouvoirs de police que l'autorité militaire s'estime en mesure d'assumer. La préparation à cette fonction, de mon temps, était nulle. Je m'en suis rendu compte quand j'ai été confronté moi-même à ce genre de problème de 1939 à 1945.

Le législateur a donné à l'autorité militaire en cas de crise profonde, en cas de guerre par exemple, des pouvoirs de police. Un général commandant de division militaire était responsable, dans le cadre de sa région, des pouvoirs de police. Vous lui demandiez quelles étaient ses attributions et qu'est-ce qu'il pensait en faire, il était perdu... On confère ainsi à l'autorité militaire des responsabilités qu'elle est incapable d'assumer !

Quand je me suis trouvé à Alger dépositaire au nom des autorités militaires des pouvoirs de police, je me suis rendu compte que j'étais bien léger pour assumer une pareille responsabilité. J'ai vite compris que je ne pouvais assumer pleinement ces attributions que dans la mesure où j'avais le concours des cadres du ministère de l'Intérieur et de la police.

Si vous considérez ce problème à un échelon supérieur, par exemple au niveau de Giraud, il est hors de doute que le militaire a été dépassé car mal adapté dans son intellect et sa formation à une gestion politique de telles responsabilités.

Il ne faut pas décréter que, de Gaulle ayant réussi dans ce domaine, les militaires peuvent avoir la même compétence sans une préparation spécifique. Il s'agit d'un cas tout à fait exceptionnel ! Sa réussite vient de son caractère et de sa conception de l'autorité et du patriotisme, et aussi de son engagement exemplaire dans la Résistance.

– Autorité dont il usait admirablement ! Il a toujours été très avare de ses interventions en uniforme, sauf dans les grandes occasions où il avait vraiment besoin de marquer son autorité. Le fameux « quarteron de généraux en retraite », il l'a fait en uniforme ! Quand il est allé après faire la tournée des popotes en Algérie, il y est allé en uniforme, pas en costume trois pièces !... Mais « L'Europe, l'Europe !... », il l'a fait en costume. Il savait très bien jouer de l'uniforme !

– Pour le premier rendez-vous que j'ai eu avec lui, je me suis présenté en civil. Il a tiqué : « Pourquoi êtes-vous en civil ? » J'ai répondu : « Je me suis évadé par l'Espagne, et je n'avais pas la possibilité d'emporter avec moi un uniforme militaire. ». Je lui aurais répondu si j'avais été culotté : « Vous, vous êtes en tenue, parce que vous vous faites habiller à Londres, moi, à Alger, je n'ai trouvé que la possibilité de m'approvisionner en battle-dress ! » (Rires.)

Ce petit incident prouve bien que de Gaulle avait toujours une haute conscience du rôle des militaires.

– Est-ce que vous en avez conservé une admiration pour les Américains ? Parce qu'il y a eu des gens du Michigan qui sont venus se faire tuer à Paris !... Je ne suis pas sûr qu'il y aurait eu beaucoup de Parisiens qui seraient allés se faire tuer au Michigan !...

– Oui ! J'ai une profonde reconnaissance pour les Américains, mais je regrette certaines de leurs ingérences politiques. Dans les moments décisifs ils ont apporté à la France des appuis qui leur ont coûté très cher, et qui témoignent de beaucoup de fair-play, de sens politique démocratique et de générosité... Plusieurs faits m'ont frappé. Prenez les grands moments de la libération de notre territoire : le débarquement du 6 juin 1944 en Normandie ; bien entendu il y a eu quelques commandos français parachutés. Mais qui a mis le « paquet » vraiment ? Les Américains, les Canadiens et les Anglais !... Et puis quand la situation a été plus claire, on a laissé à la 2e D.B. l'honneur de venir libérer Paris... Coup de chapeau ! « Passez, monsieur, je vous ouvre mes lignes ! » C'est un geste qui restera dans l'Histoire. Mais a-t-on bien réfléchi aux sacrifices consentis par les Anglais et par les Américains pour en arriver là ?

Autre exemple : la libération de Colmar, le 2 février 1945. Les troupes françaises de De Lattre libéraient difficilement la Haute-Alsace. La résistance allemande est terrible, à Colmar. Qu'est-ce qui se passe ? Les Américains donnent au général de Lattre le renfort d'une division. C'est ce corps américain qui, le 2 février, participe à l'attaque sur Colmar, ouvre la brèche principale au prix de lourdes pertes !... Et c'est la 1re armée française qui entre dans Colmar mon ancien patron Schlesser en tête... Il faut dire ces choses-là ! Et ce fut pareil lors du débarquement en Provence ! Le 15 août 1944, ce sont les unités alliées qui ont les premières essuyé le feu des résistances de la Wehrmacht.

Quand vous me demandez ce que je pense des Américains, je ne peux pas oublier ces faits-là ! J'ai travaillé avec eux, j'ai vu comment ils nous ont aidés. Vous me direz qu'il y avait des arrière-pensées. Je cherche lesquelles ! Des arrière-pensées politiques... ?

– Économiques peut-être ? Mais est-ce que vous pensez que les Américains ont fait vraiment une guerre idéologique ?

– Oui et non... ! Ils ont fait une guerre à retombées économiques certes, mais aussi idéologique contre les puissances dominatrices et autoritaires. C'était une hégémonie économique et politique notamment dans le Pacifique qui était en cause.

Confronté aux problèmes militaires posés par la Deuxième Guerre mondiale, je ne peux qu'avoir une profonde reconnaissance pour nos alliés et d'abord pour les Anglais ! D'abord pour les Anglais ! Je n'ai pas pour eux une aveugle sympathie ; je ne me suis jamais senti totalement à l'aise en Angleterre ! Mais je suis plein d'admiration pour ce peuple. C'est lui qui a gagné la guerre, ce n'est pas nous et ce ne sont pas les Américains... ! Les Anglais seuls ont tenu le coup après notre débâcle ! Ils ont gagné et Hitler a perdu ! Si Hitler avait eu le culot d'aller jusqu'au bout de ses intentions, il aurait pu tenter d'envahir l'Afrique du Nord et l'Angleterre. Mais il a reculé devant la détermination des Anglais et l'héroïsme de la Royal Air Force. Bien sûr maintenant la politique politicienne prend le pas sur toutes ces considérations. Les sentiments de gratitude que l'on pouvait éprouver à l'égard de nos Alliés se sont érodés, ont évolué... c'est dommage ! Et puis il faut dire aussi que les Américains ne nous ont pas fait de cadeaux, notamment lors de la crise pénible d'Afrique du Nord et la guerre d'Algérie.

– Si l'on prend les trois derniers grands séismes dans l'Histoire de France, la guerre de 1870, celle de 1914 et celle de 1939, il y a chaque fois recours à l'homme providentiel – c'est une pérennité dans l'Histoire politique en France : mais en 1870, c'est un civil, Gambetta, et en 1917, c'est Clemenceau, également un civil. À la fin de la guerre de 1914-1918 , on assiste à la dévalorisation de l'armée. Et nous arrivons en 40, avec une armée totalement défaite, et pourtant, l'appel à l'homme providentiel va se faire auprès d'un militaire, Pétain, et le sauvetage va venir d'un autre militaire ! Tout d'un coup, il n'y a plus que les militaires qui occupent le terrain ! On parle de Pétain, de Giraud, de Darlan, de De Gaulle ; on ne voit plus de politiques, à part Laval ! Il y a eu une évolution très étrange pendant l'entre-deux-guerres. Qu'est-ce qui fait que tout d'un coup, la société française qui n'est pas une société militariste, loin de là, à ce moment-là ne se tourne que vers des militaires ?

– Votre observation est pertinente ! Aux yeux aussi bien de l'homme politique que de l'homme de la rue, l'armée représente la force, la discipline, la soumission à un certain nombre de règles... Il est des circonstances – et le peuple français est comme ça – où la pagaille est telle que le réflexe naturel est de se tourner vers ce qui représente l'autorité et la force, et qui peut éventuellement user de méthodes de coercition dont ne dispose pas le pouvoir civil. Même ceux qui sont antimilitaristes sont d'accord pour estimer que l'armée est un ultime recours.

Venons-en aux cas que vous citez, et tout particulièrement à ceux qui ont été mis en évidence par le deuxième conflit mondial, c'est-à-dire d'un côté de Gaulle et de l'autre Pétain.

Pétain, on a vu pourquoi et comment il a été mis à ce poste de responsabilités. Il a le prestige de la Première Guerre mondiale, il donne l'impression que donnent les militaires dignes de ce nom d'une autorité certaine. Dans ces événements douloureux de 1940, et notamment ceux de juin, le recours à un militaire paraît normal. L'erreur, est d'avoir cru qu'en confiant le pouvoir à un militaire, il serait capable de réaliser la remise en ordre de la Nation, mais qu'il serait aussi capable de gérer la suite sous la botte de l'occupant. C'est là où est le drame ! Pour ce qui concerne de Gaulle, il se trouve que c'est encore un militaire qui prend l'initiative de résister et de dire non. Je vais vous faire un aveu !... Quand j'ai su que de Gaulle lançait un appel à la résistance, je m'en suis félicité : « Heureusement qu'il y a un militaire pour relever notre honneur ! » Mais j'ai regretté que des politiciens d'une certaine notoriété n'aient pas pris eux-mêmes cette initiative ; je vous l'ai déjà dit et cela donne la mesure du courage de l'intelligentia politique dans les épreuves pathétiques que traverse l'Histoire..

– Vous faisiez partie des gens qui attendaient Mandel ?

– Mandel, Paul Reynaud, Daladier, Herriot, Blum... je n'en sais rien... pourquoi pas ?

Nous nous sommes inclinés devant la réalité des faits. Il n'y eut qu'un militaire qui fût à ce moment-là digne de la France, pour dire non à la défaite de nos armes. Je voudrais souligner un point précis : c'était important et symbolique, pour nous, que ce soit un militaire qui ait repris le flambeau de la révolte. On n'a pas suffisamment remarqué que les premiers réseaux de résistance, dès l'été 1940, ont été constitués par des militaires – je pense à Frenay, Faye, Wollard, Groussard, nos propres réseaux et d'autres... –, compte tenu de notre devoir de soldat, il ne pouvait pas en être autrement ; nous avions une obligation morale de continuer le combat et d'entrer en résistance !

Pour en revenir à l'action du général de Gaulle, faut-il voir dans son accession au pouvoir dans ces conditions une abdication de l'autorité politique et des élites politiques du pays ?… Une abdication générale en matière d'autorité, en matière de désintéressement, de courage… ? De civisme ? Je vous laisse le soin de conclure… !

– Mais est-ce que ce n'est pas tout d'un coup parce qu'ils se sont rendu compte qu'ils s'étaient trompés ? Est-ce qu'il n'y a pas à ce moment-là une espèce de vieille honte... ?

– Pourquoi pas… ! Si nous avions eu des hommes de caractère dans le genre de Clemenceau, puisque vous le citiez tout à l'heure, je me demande si eux n'auraient pas pris l'initiative de constituer à l'extérieur des frontières françaises, en Afrique du Nord, ou ailleurs, un gouvernement de dissidence apte à continuer la lutte avec d'autres moyens et en liaison avec nos alliés.

Ce qui est grave au fond, c'est que, dans les circonstances tragiques de 1940, la mise en place à la tête des responsabilités nationales d'un militaire correspond à un état d'esprit général d'abandon, à la médiocrité d'une élite politique qui est, sur le plan du courage, de l'abnégation, du dévouement, de l'audace dans le trente-sixième dessous… ! C'est la médiocrité de ces élites politiques qui fait la force supposée des militaires.

– Vous voulez dire qu'au royaume des aveugles, les borgnes sont rois...

– Non, vous ne pouvez pas dire que de Gaulle est borgne. Pas plus que Giraud d'ailleurs. Celui-ci est un remarquable militaire, un excellent Français, acceptant tous les risques, sacrifiant même sa famille pour faire son devoir de Français... Mais il est en difficulté dès qu'il s'agit de gérer. Il n'a pas l'esprit combinard, disons le mot, il n'a pas l'esprit politique. Il y a des situations qu'il saisit mal. Je me demande même si Giraud avait une vue complète de l'état politicien, civique, économique de l'Afrique du Nord lorsqu'on lui a donné le pouvoir ! C'est vraiment dramatique... Dans les conversations que j'ai eues avec lui, il est toujours revenu à l'aspect militaire de ses responsabilités et ce qu'il disait était plein de bon sens. Mais à côté de ça, sur le plan politique, il était mal à l'aise. Ses collaborateurs civils eux-mêmes étaient insuffisants.

– C'était un petit peu le cas de Pétain aussi d'ailleurs...

– Bien sûr ! Quand je suis revenu de Londres au mois de janvier 1943, et que j'ai eu mes premiers contacts avec Giraud à Alger, je me suis permis de lui suggérer : « Mon général, il faut faire venir de Gaulle, il faut que vous vous entendiez avec lui, il faut que vous arriviez tous les deux à vous parler... ! » Sa réponse était invariablement : « Vous ne vous rendez pas compte de la situation ici ! » Je connaissais peut-être mal la situation en Afrique du Nord, mais je la connaissais aussi bien que lui, j'avais été confronté à tous ces problèmes depuis 1939/1940 !... Je savais où en était l'état intérieur de l'Afrique du Nord, alors que lui, évadé de Kœnigstein, traqué ensuite, ne pouvait avoir que des connaissances approchées de la véritable situation :

l'état d'esprit de l'armée, les clans dans les milieux européens, les mouvements nationalistes du côté des Arabes, le statut des Juifs, l'existence des camps de communistes qu'on avait expédiés là-bas... Tout ça, il l'a découvert... Il était obligé de se confier. Auprès de qui ? De sous-fifres civils qui étaient trop heureux de reporter sur lui leurs responsabilités.

Autour de Giraud, il y avait trop de feignants, de fuyards, de combinards, de politiciens dans l'expression la plus péjorative qu'on puisse imaginer... ! Tous avaient des arrière-pensées personnelles : « Si les gaullistes viennent, je vais être obligé de céder ma place ! » Voilà la vérité ! Giraud n'a pas eu la force ni le pouvoir de vaincre ces difficultés, de les écarter, et de faire la fusion tout de suite.

Avec beaucoup de naïveté, je le reconnais, je soutenais auprès de Giraud l'idée qu'il fallait faire des concessions et faire venir de Gaulle. De Gaulle pour sa part ne venait pas et il n'y avait personne à côté de lui pour lui dire : « Passez outre et allez à l'essentiel ! »

Voilà où peut-être des civils de qualité auraient compris l'aspect délicat de ces problèmes politiques et les auraient résolus mieux qu'ils n'ont été résolus par les deux généraux. Ils s'opposaient évidemment pour des raisons de doctrine et de conception de l'avenir, mais les questions de prestige, bien dans la ligne militaire, n'étaient sans doute pas totalement absentes.

– Vous parliez de la médiocrité politique qu'il y avait, en 1940, et qui laissait la place au militaire ; ce qui est très inquiétant c'est qu'à l'heure actuelle on parle aussi beaucoup de médiocrité... !

– Bien entendu ! À partir de certains hauts grades, civils ou militaires, vous n'accédez le plus souvent à des fonctions de responsabilité supérieure que dans la mesure où vous plaisez et où vous êtes agréé par le pouvoir. C'est la négation de la personnalité ; la négation de l'autorité et du mérite que doit avoir un chef.

Je ne crois pas, comme certains qui en ont l'obsession, au recours militaire. Le pouvoir militaire, oui, dans la mesure où il est à la disposition d'un pouvoir civil fort et compétent.

– Aujourd'hui, est-ce que vous vous sentez encore avant tout militaire ?

– Je suis profondément militaire dans ce que j'apprécie dans cette fonction : c'est-à-dire un sens profond de la patrie, de la discipline, une propreté de sentiments, un dévouement non monnayé, non intéressé. C'est ce désintéressement, cette disponibilité chez les militaires qui me touche beaucoup ; dans ce sens je les respecte et je reste militaire.

Par contre, je ne me sens pas militaire dans la mesure où par discipline je serais dépendant de certaines décisions que je réprouve. Pour moi, la fonction militaire est un peu un sacerdoce et doit le rester. C'est peut-être une vue extrême, mais faire de l'armée une institution analogue à une vaste entreprise civile, une sorte d'entreprise d'éducation nationale…

– … ou de gardiennage national… !

– Oui, c'est contraire à ma conception ! En revanche, je me rends compte aujourd'hui des difficultés que doivent avoir nos camarades dans l'armée pour être pleinement satisfaits des missions qui sont les leurs, et des conditions dans lesquelles ils doivent les exécuter.

– Je reviens sur votre réflexion : « une armée n'existe vraiment qu'en fonction de ses objectifs » ; à l'heure qu'il est, les objectifs sont très réduits…

– Ils sont mal définis, pour ne pas dire pas définis du tout ! C'est la notion de défense qui est à la base de beaucoup de principes nationaux, et en particulier des principes qui justifient l'existence de l'armée. Mais une défense contre quoi ? C'est ça qu'il faut définir ! Tant qu'il y avait à l'Est un danger réel né d'une idéologie qui n'était pas la nôtre, on pouvait concevoir dans quel sens devait s'exercer essentiellement l'esprit de défense. Mais aujourd'hui ? Il y a une évolution de la conception de défense. Est-ce que cette évolution doit aller vers toutes sortes d'ingérences à travers le monde, l'ingérence parfois à propos de gens qui n'ont pas la même conception que nous de la civilisation ? Les peuples sont maîtres chez eux. C'est un peu notre travers de juger certaines nations et certains peuples sur la base de nos principes religieux, philosophiques ou moraux, etc. Je crois précisément que les Droits de l'Homme font que chaque société a le droit de se gérer comme elle l'entend. Même si certaines pratiques peuvent nous heurter !

Il y a quelques mois, des anciens combattants de ma commune et leur famille m'ont posé la même question que vous : à quoi sert une armée maintenant que tout s'est effondré à l'Est ? J'ai répondu que nous avons toujours nos positions stratégiques dans le monde, qu'il reste une situation en Europe et dans le monde compliquée, ténébreuse, dangereuse. Des conflits persistent. Il y a tout un arsenal nucléaire dispersé, des armements vendus à droite et à gauche et pour quelles fins ? On n'est pas exempt de risques, voire de menaces ! Donc, obligation pour nous d'avoir des moyens de défense adaptés à cette situation confuse et à la protection de nos biens outre-mer.

Nous sommes dans une période de transition, où l'Europe n'est pas faite mais voudrait se faire, où les pays de l'Est essaient de retrouver leur équilibre en dehors du régime communiste… Nous sommes face à des poussées de nationalismes qui incitent certaines nations à se désintégrer, alors que d'autres cherchent au contraire à se fédérer. Il existe partout des mouvements qui posent problème. Il y a tellement de situations et d'éléments qui ne sont pas stabilisés, et qui peuvent générer des conflits, qu'on est bien obligé de se garder contre tous ces risques mal définis, d'où la difficulté de trouver la meilleure solution, la difficulté de savoir vers quoi s'orienter ! Dans ce contexte, je suis persuadé que si un effort majeur doit être fait en faveur de notre défense, c'est dans celui de la recherche du renseignement… plus que jamais !

C'est le renseignement qui orientera notre politique de défense. La recherche du renseignement, qui jusqu'à présent était souvent considérée comme une mission secondaire et négligée par les pouvoirs publics, devient aujourd'hui, en raison de ces multiples incertitudes et de ces menaces diffuses, l'atout majeur de la défense. Elle est aussi un élément capital pour notre économie. Je souhaite vivement qu'une véritable culture du renseignement pénètre enfin en France.

– Il y a quand même quelque chose d'étonnant, si l'on prend la chute du communisme et la dégradation politique des pays de l'Est ; ce « petit fait mineur » n'a pas été prévu par la C.I.A. *qui était pourtant l'organisme totalement polarisé sur la lutte entre l'Est et l'Ouest ! La* C.I.A. *avait tout analysé, tout vu, depuis vingt ou trente ans de l'évolution des communistes, sauf la rapidité de leur chute. Les Américains ont été totalement surpris… ! Dans ces conditions, vous croyez vraiment que le renseignement sert à quelque chose ?*

– Je ne crois pas que les services américains, comme

les services français et anglais, aient eu beaucoup de facilité pour se renseigner sur ce qui se passait à l'Est. Autant il est facile de saisir l'implantation militaire d'une nation, autant il est difficile, voire impossible, de connaître l'intention de ses dirigeants, l'évolution de leur pensée et leurs projets. C'était vrai pour Hitler, c'était également vrai pour les dirigeants soviétiques. Cette succession d'apparatchiks à la tête de l'U.R.S.S. n'a pas toujours été bien analysée. On ne s'est peut-être pas bien rendu compte à quel point l'opposition en U.R.S.S. était importante et capable de ruiner le mouvement communiste. J'ai eu, quelque temps avant la chute du mur de Berlin, la visite d'un officier supérieur soviétique, membre important du K.G.B., Igor Pralin. Il prenait contact avec moi pour la première fois uniquement parce qu'il y avait au sein du K.G.B. une poussée inspirée par Gorbachev pour normaliser les rapports des services spéciaux soviétiques avec ceux de l'Occident. Avec une certaine candeur, en dehors des contacts qu'ils ont pu établir avec nos alliés américains ou anglais – ce que j'ignore –, les dirigeants du K.G.B. ont tenus à entrer en contact avec moi à partir du moment où ils ont voulu démontrer que le régime soviétique était en pleine évolution. La venue ici, de ce colonel du K.G.B., avec tout un aréopage, pour rencontrer l'ancêtre que je suis, était tout de même un indice. Nous avons parlé librement, et il s'est ouvert à moi avec, j'en suis convaincu, beaucoup de franchise. À la fin de notre entretien, je lui dis : « Je croirai vraiment à la sincérité de l'évolution que vous évoquez quand le mur de Berlin n'existera plus ! » Et il m'a répondu : « Dans quelque temps il n'existera plus !... » Bien sûr, je n'ai pas gardé ce renseignement pour moi.

La chute du mur de Berlin c'est en décembre 1989, la visite de ce colonel se situe au mois d'avril 1989... !

J'exagère peut-être l'importance que j'accorde à sa

venue, mais c'était un indice de l'évolution du régime et il y en avait d'autres sûrement. Ce n'est pas à moi à les additionner, mais ce que je veux dire et ce dont je suis persuadé, c'est que les indices de désagrégation du régime étaient évidents bien avant 1989. C'est ce qu'avait prouvé en 1975 mon camarade Michel Garder dans son livre trop peu connu : *L'Agonie du régime soviétique*.

Notre conversation est partie de la notion de défense et de son point d'application. Il est hors de doute que depuis 1988-1989 ce n'est plus le même problème. Nous sommes dans une période en pleine évolution. Tout peut en sortir, le bien comme le mal ! On doit être sur nos gardes. Et je ne me lasserai pas de répéter que l'effort essentiel que dicte la prudence en matière de Défense est un effort de recherche.

Nos réflexions majeures doivent porter sur la situation à l'Est, aussi bien en ex-Yougoslavie qu'en ex-Union soviétique mais aussi partout dans le monde où existent des foyers de violence et là où l'on s'initie à la science nucléaire et à l'arme qu'elle peut engendrer.

12.

HISPANO-SUIZA

ALAIN-GILLES MINELLA – *Vous avez pris la décision de démissionner de vos fonctions à la tête des services spéciaux fin novembre 1944. Vous y aviez passé dix années mouvementées, passionnantes et riches ! Vous avez dû ressentir une certaine tristesse ?*

PAUL PAILLOLE – J'ai quitté la maison avec beaucoup de regrets mais je ne pouvais pas faire autrement ! J'avais conscience d'avoir créé un outil performant ; j'avais l'estime de mes camarades et une notoriété incontestable auprès des Alliés. Dès qu'ils ont su que j'allais partir, ils m'ont couvert d'honneurs, aussi bien les Américains que les Anglais et les Polonais. Je dois dire que le ministre de la Guerre, sur indication du général de Gaulle, m'a nommé au grade supérieur et conféré la Légion d'honneur. Tout cela n'avait pas grande signification, sinon qu'on mettait sur mon passé militaire quelques couronnes… !

Pour ne pas avoir l'air d'avoir cédé à ma décision personnelle, le pouvoir, en l'occurrence le général de Gaulle, son entourage et peut-être Jacques Soustelle, a estimé qu'il convenait d'anticiper ma démarche et de me signifier que j'étais remis à la disposition du ministre de la Guerre, la veille du jour où j'avais moi-même envoyé ma lettre de démission. Les apparences voulaient que je sois mis à la disposition de M. Diethelm, non par une décision que j'avais prise moi-même, mais par une décision anticipée du chef des armées. Curieux artifice !

J'ai avertis mon ancien patron, le général Schlesser qui commandait la 5ᵉ D.B., et immédiatement il m'a demandé de le rejoindre avec l'accord du général de Lattre de Tassigny. Malheureusement, je vous l'ai déjà expliqué, le général de Gaulle a estimé que ma place n'était pas au sein de la 1ʳᵉ armée française. Devant cette opposition, j'ai décidé de faire usage de mes droits. J'avais contracté une maladie grave à l'estomac et j'ai donné la parole au service de santé. En raison de mon état, il m'a été octroyé des congés pour maladie qui m'ont permis de me rétablir en plus d'un an.

Voyant que la guerre était terminée, que je n'avais plus de raison pour revenir dans la maison, où d'ailleurs régnait un certain malaise, j'ai estimé qu'il valait mieux quitter l'armée définitivement. J'ai profité de la loi de dégagement des cadres pour solliciter ma retraite. Elle est intervenue au début de 1946. J'ai été gratifié des avantages accordés aux militaires ayant fait la guerre et ayant des titres de résistance. J'ai été mis à la retraite avec le grade de colonel, et une pension convenable.

Cette période a été douloureuse. En plus de cette atteinte physique grave, j'avais conscience que je n'avais aucune situation. Je mijotais l'idée de quitter l'armée depuis ma démission des services spéciaux. J'avais occupé des fonctions que, peut-être avec trop d'orgueil, je considérais comme importantes et je n'avais jamais pensé que je pourrais me satisfaire d'une fonction de chef de corps ou quelque chose de ce genre dans une garnison de l'intérieur.

– En réalité vous ne vous considériez pas vraiment comme un militaire, mais plutôt comme un espion... ?

– Pas du tout ! Ce terme est impropre ! J'avais eu des fonctions, notamment à Alger, qui s'apparentaient en temps de guerre aux plus hautes responsabilités, responsabilités en matière de sécurité, de défense, de contre-espionnage ; j'avais un poste difficile et fort important ! C'était tellement vrai que ma succession, comme je vous l'ai déjà expliqué, a été divisée en trois, voire même en quatre : la D.G.S.E. en matière de recherche du renseignement de contre-espionnage à l'extérieur des frontières, et depuis peu la D.R.M. (Direction de renseignement militaire), par la D.P.S.D., pour ce qui concerne la sécurité des armées et de la défense, et la Surveillance du territoire pour le contre-espionnage à l'intérieur du territoire. Ces fonctions qui occupent aujourd'hui des milliers de personnes avec à leur tête des officiers généraux, des préfets, etc., je les ai assumées de fin 1942 à 1945 avec des moyens dérisoires !

Je ne pouvais pas penser qu'il me serait donné dans l'armée un poste d'intérêt équivalent. Et puis, indépendamment de cette considération, il y avait ce malaise dans l'armée dû à l'incorporation brutale, sans criblage, de cadres sans formation ; l'impression que l'armée n'était plus ce que j'avais rêvé, notamment à Saint-Cyr.

– Tout compte fait, vous êtes un romantique !

– Peut-être !... Point d'orgueil, j'avais démissionné avec éclat ! J'avais remarqué à la fin de 1944, et surtout après le 8 mai 1945, combien il était difficile de faire apparaître la vérité sur le déroulement des événements qui venaient de s'achever et le rôle de nos services spéciaux. Je concevais qu'il me fallait acquérir une certaine indépendance par rapport à ce passé pour pouvoir exprimer plus tard, librement, mes sentiments et mes souvenirs.

– Je repensais à l'état d'esprit qui était le vôtre en 1935-1936 au moment de votre entrée au 2 bis, où une activité spéciale vous a conservé à l'intérieur de l'armée. À partir du moment où l'on casse cette activité-là, vous n'avez plus aucune raison de rester dans l'armée ! C'est-à-dire qu'en fait ce qui vous intéressait ce n'était pas l'armée elle-même ?...

– Disons que ce n'était plus l'Armée en raison des circonstances. Restait l'aspect matériel à mon problème. Je n'avais rien ! Ma mère vivait encore. Elle était institutrice dans une institution catholique de Toulouse. En dehors des quelques effets militaires que j'avais pu ramener d'Alger, et d'un costume civil que des amis m'avaient prêté, je n'avais rien ! Il fallait que je me retourne, que je trouve une situation convenable. Ça ne m'a jamais inquiété ! Quand j'étais en congé de maladie, je touchais une partie de ma solde en attendant ma retraite de colonel, ce qui me suffisait largement. J'avais un appartement à Paris qui avait été réquisitionné alors que j'étais directeur de la Sécurité militaire. L'autorité militaire avait bien voulu me le laisser pendant cette période trouble où j'étais tantôt en traitement au Val-de-Grâce tantôt en convalescence à la montagne.

Les marques de sympathie et d'affection que je recevais de mes camarades et de ceux qui étaient restés dans la maison m'incitaient à réfléchir ; j'avais des devoirs vis-à-vis de mon passé, du passé de ma maison et de mes camarades, morts ou vivants. Avec le concours de mes amis, je trouverais bien le moyen de me caser ! De toute façon, je n'étais pas à la rue.

J'avais un ami très cher, dont je vous ai déjà parlé, André Poniatowski. Il était le frère d'un des dirigeants de la société Hispano-Suiza, Stanislas Poniatowski. Ce dernier était l'adjoint de Robert Blum, fils de Léon Blum, à l'époque P.-D.G. d'Hispano-Suiza à Paris. Cette maison, en 1946, était en pleine expansion. Elle avait sa direction en Suisse et des filiales en Angleterre, en Hollande, en Espagne, et bien sûr à Paris.

André Poniatowski était un ingénieur de formation américaine. Il avait sur le plan technique des idées ambitieuses, beaucoup d'imagination et en même temps de technicité. Il avait fondé avant la guerre une société qui effectuait des études mécaniques pour les services de l'armement, engins chenillés, etc. Il l'avait abandonnée pendant la guerre, puisqu'il était passé avec moi en Espagne. La guerre s'était terminée de façon douloureuse pour lui. Son fils incorporé en Angleterre dans l'armée polonaise avait été tué la veille de l'armistice en Hollande, à la tête de sa section de chars. André en avait éprouvé une très grande peine. Il avait espéré que ce fils serait avec lui dans cette société pour la faire prospérer et s'associer avec Hispano-Suiza, par l'intermédiaire de son frère. Son fils tué, il s'est retrouvé seul. Sachant que je quittais l'armée, il m'a demandé de travailler avec lui, d'essayer en quelque sorte de me substituer à son fils... !

André était plus âgé que moi d'une dizaine d'années. C'était un être délicieux, distingué, d'un abord agréable, un peu un rêveur en matière scientifique, avec de vastes projets. Par exemple, sa passion en 1949 était l'étude d'un véhicule à traction électrique ! Il travaillait à des recherches pointues de ce genre et avait réalisé un prototype d'engin chenillé avec le concours de la Direction militaire de l'armement à Saint-Cloud.

En m'accueillant, il m'a averti : « Vous savez, nous

sommes une petite société et nous avons été en sommeil pendant toute l'Occupation. Nous allons ensemble, si vous le voulez bien, la remettre en vie. Nous verrons ce que nous pouvons faire avec Hispano-Suiza. Pour le moment, je n'ai pas grand-chose à vous offrir, sinon une espèce de viatique ! » Ça correspondait exactement à ce que je souhaitais. Avoir la chance de travailler avec un tel ami, je ne pouvais pas espérer mieux. Bien sûr j'ai accepté !

Je suis entré ainsi dans la Société d'Étude et d'Application mécanique en 1946. Notre premier acte fut de nous associer effectivement avec Hispano-Suiza pour avoir le support d'une société multinationale, et réaliser les objectifs techniques d'André Poniatowski, c'est-à-dire l'amélioration du matériel militaire chenillé, toujours en liaison avec les services de l'armement de la caserne Saint-Cloud. Je retrouvais là un milieu familier. Maintes fois, avant la guerre, j'avais été en rapport avec ces services soit pour assurer la sécurité de leurs recherches et des fabrications d'armement, soit pour leur communiquer des renseignements sur les productions allemandes parfois en provenance de H. T. Schmidt.

Je ne pouvais pas me lancer dans cette nouvelle activité sans connaître le fonctionnement d'une société civile. J'en étais, d'après la volonté d'André, l'élément administratif. Notre affaire s'est vite développée et j'ai acquis rapidement une situation satisfaisante. La société Hispano-Suiza a conclu en 1950 avec le gouvernement ouest-allemand, et dans le cadre de l'O.T.A.N. et de l'O.N.U., un énorme marché pour la réalisation d'engins chenillés de divers modèles nécessaires à une armée moderne. Cette réalisation industrielle inspirée par nos études avait l'avantage de mettre en œuvre les différentes usines de la société Hispano-Suiza dans toute l'Europe. C'était un peu une préfiguration de ce que pourrait être la coordination de divers établissements pour la réalisation de projets européens. Tout ce qui était mécanique était fabriqué en Suisse, où Hispano-Suiza avait des usines orfèvres en la matière. Le moteur était confié à Rolls Royce, le blindage était fabriqué en Angleterre et tout ce qui était chenilles était produit en France. Certains éléments comme les ventilateurs, par exemple, étaient fabriqués en France ou en Hollande. Le montage se faisait en totalité en Allemagne dans les usines Henschel ou Hanomag à Hanovre où le matériel était expérimenté avant livraison.

Pour vous donner une idée de l'ampleur du marché, le réarmement de la Bundeswehr a exigé la production d'environ mille cinq cents chars, dont chacun équivalait à l'époque à quelque chose comme plusieurs millions de francs… ! Vous voyez l'importance du marché !

Tout avait commencé en 1948 par nos premières études à Paris et après qu'une commission d'experts de la Bundeswehr fut venue se rendre compte de nos projets, de notre compétence et des possibilités d'Hispano-Suiza de mener à bonne fin le programme de réarmement envisagé. Avant que le matériel sorte en série, il fallait réaliser un prototype, l'essayer, faire une présérie, essayer la présérie, et finalement ne se lancer dans la fabrication en série qu'après plusieurs années de travaux, d'améliorations, de mise au point de perfectionnements, etc. Les pièces à assembler venaient de pays différents qui avaient des techniques spécifiques, souvent aussi des systèmes métriques et de calcul variés selon qu'il s'agissait de la France, de l'Angleterre, de l'Allemagne, de la Hollande ou de la Suisse. Tout cela était délicat ! C'est moi qui finalement fut chargé de la coordination de l'ensemble de ce travail.

De 1948, moment où l'on a commencé les premières études, jusqu'en 1968, j'ai travaillé comme un bœuf !

D'abord pour m'assimiler le fonctionnement d'une société civile, j'étais toujours chargé de l'administration de la société à laquelle j'appartenais. J'avais en outre la charge des rapports administratifs et financiers avec Hispano, de la coordination de l'ensemble des fabrications, à ce titre je devais me déplacer fréquemment en Suisse, en Angleterre, en Allemagne et bien sûr en France. André, lui, phosphorait sur la partie technique de manière à l'améliorer au fur et à mesure des expérimentations. J'ai dû me mettre dans le bain technique et apprendre le minimum de ce qu'un ingénieur technico-commercial doit savoir : depuis les questions mécaniques simples, aux règles de fabrications et de nomenclatures spéciales. Tout cela m'était jusqu'alors inconnu. J'ai dû consentir à un gros effort d'adaptation, mais c'était passionnant.

Les premiers matériels sont sortis et ont été mis en service en 1958. Après la livraison de ces premiers matériels, il a fallu étudier et livrer des véhicules spéciaux... C'est-à-dire qu'après le matériel de base, le char de bataille H.S. 30, nous avons réalisé des variantes : transmissions, D.C.A., transport de troupe, infirmerie, etc. Pendant plus de vingt ans, j'ai acquis ainsi à la fois des connaissances nouvelles, et une situation personnelle confortable.

Voilà ma destinée sur le plan industriel !

– Je connais d'Hispano-Suiza évidemment les superbes voitures des années trente, mais à part elles, je ne connais pas grand-chose... Que représentait une société comme celle-là après la guerre ?

– La société Hispano-Suiza était une entreprise internationale dont l'essor datait de la guerre 1914-1918. Le vieux prince Poniatowski en 1915-1916 était l'un des dirigeants de cette société. Il était allé aux

États-Unis présenter le brevet du tir depuis les avions ; ce procédé permettait, par un réglage approprié, de tirer au canon avec l'hélice tournante. L'acceptation du brevet par les États-Unis a amené évidemment un profit considérable. Quand j'ai pris contact avec Hispano-Suiza, je vous l'ai dit, le frère d'André Poniatowski, Stanislas, faisait partie du conseil d'administration de la société mère, et était lui-même le P.-D.G. de la filiale installée en Angleterre à Grantham. Elle était spécialement chargée de fabriquer les tourelles pour les chars. Stanislas Poniatowski était un élément clé, bien introduit dans la société. Grâce à lui nous n'avons eu aucune difficulté pour être assimilés. À la tête de la société de Paris – je reviendrai sur l'organisation même de l'ensemble –, il y avait le fils de Léon Blum, Robert Blum, un polytechnicien de grande valeur. Sachant ce que j'avais été dans l'armée et le travail que j'avais fait pendant la guerre, il avait conçu de l'estime et de l'amitié pour moi. J'ai été accueilli ainsi parmi les cadres de la société Hispano dans les meilleures conditions, ce qui a facilité mes missions notamment dans l'organisation du travail.

Hispano-Suiza avait une maison mère en Suisse, à Genève. Le patron en était M. Birkigt, fils du fondateur de la société, sorti de Polytechnique de Zurich. C'était une personnalité fort séduisante, très compétente dans les questions techniques ; beaucoup plus technique qu'administratif. Il était entouré d'un état-major puissant responsable de tout l'ensemble Hispano-Suiza, dont l'activité était du domaine très varié de la mécanique et de l'armement. La société espagnole avait abandonné la fabrication de la prestigieuse voiture dont vous parlez. C'était trop cher !

– *Comment était constitué cet ensemble ?*

– Il y avait donc la maison mère à Genève avec une remarquable usine mécanique, une usine à Paris dirigée par Robert Blum, spécialisée dans la fabrication des trains d'atterrissage et des moteurs d'avions. La filiale anglaise, dirigée par Stanislas Poniatowski, fabriquait les tourelles. Une troisième usine était en Hollande à Breda ; je la connaissais mal, et elle a d'ailleurs peu travaillé pour nous. La quatrième filiale était peut-être, après celles de Paris et d'Angleterre, la plus importante, c'était celle de Barcelone. Je n'ai pas eu l'occasion de travailler avec elle. Le régime franquiste était à son apogée et les Alliés n'ont pas voulu que nous sous-traitions chez eux. J'ai donc eu à faire essentiellement avec Genève, Paris, l'Angleterre, et surtout avec l'Allemagne où fut créée une société Hispano-Suiza qui n'existait pas jusqu'alors. Cette nouvelle société avait pour but non pas de fabriquer, mais de faciliter les liaisons avec la Bundeswehr et les productions dans les firmes allemandes qui venaient de se reconstituer et sollicitaient des marchés. Elles furent surtout spécialisées dans les domaines de l'assemblage, de la finition et des essais. Entre tous ces éléments, il fallait des liens. Il fallait aussi assurer une liaison technique permanente, donner des explications sur la façon dont on avait étudié telle pièce, tel train d'atterrissage plutôt qu'un autre, c'était la charge d'André Poniatowski. J'intervenais dans la coordination et l'harmonisation des fabrications, les modifications à apporter et surtout sur les conditions et les délais de livraison. Je devais aussi périodiquement faire le point avec les services de l'armement allemand responsables de ce domaine. Je gérais enfin les finances de notre société dans le cadre d'Hispano-Suiza et avec Genève, titulaire du marché de base.

La difficulté dans la mise au point d'un matériel aussi important qu'un char n'est pas tellement sa conception et la réalisation de son prototype, mais découle des désirs du client et des modifications qui en résultent. Car il ne faut pas que les modifications – le prototype et ensuite la présérie sont destinés à faire apparaître des défauts et des perfectionnements – se fassent au détriment de toute une installation industrielle et des méthodes de travail bien étudiées et particulières. C'était pour moi une tâche énorme qui a nécessité pendant de nombreuses années des déplacements quotidiens entre l'Angleterre, la Suisse, l'Allemagne, et la France. Très enrichissant, car j'ai été amené à fréquenter un personnel technique de pointe, très compétent et fort compréhensif. En Allemagne notre position était délicate… ! Après avoir démoli son armement, on était en train de le reconstruire !

Je dois dire que j'ai eu affaire à des cadres allemands, ingénieurs, directeurs d'usines particulièrement qualifiés, travailleurs acharnés toujours désireux de bien faire. J'ai dû assimiler les différentes méthodes de travail, et m'adapter aux langues… Je garde un certain nombre d'impressions : la précision méticuleuse du travail fait en Suisse, la façon économique du travail fait en Angleterre, le sérieux et la constance du travail en Allemagne. C'est en France que l'on éprouvait le plus de difficultés pour aboutir à des fournitures convenables dans les temps impartis, tout en ayant affaire à un personnel, et à des cadres techniciens de valeur et très astucieux. Tout cela fait une riche expérience !

La maison mère de Genève traitait les questions administratives et contentieuses avec le gouvernement allemand. C'est lui qui, dans le cadre des réparations de guerre en accord avec les organismes alliés chargés du suivi de tout cela, débloquait les fonds nécessaires pour rémunérer notre production. Malgré tout un réarmement bien modeste par rapport à ce qu'avait été celui de la Wehrmacht.

– *Ce que je remarque, c'est que les ruines de Berlin étaient encore chaudes qu'on commençait déjà à mettre sur pied un plan de réarmement... ! Le commerce reprend immédiatement ses droits. On détruit, et tout de suite après il y a des gens qui arrivent et qui disent : « Bon, maintenant, il faut qu'on reconstruise ! »*

– C'est ce qui se passe toujours et aujourd'hui en Iran, en Irak, au Koweït, et demain dans l'ex-Yougoslavie. Je n'ai pas suivi cela de très près. Mon travail me prenait tout mon temps, mais je suis persuadé qu'Hispano-Suiza, au moment où ont été décidés ces marchés importants avec le ministère de la Défense allemand, avait été mis en concurrence avec d'autres firmes ! Ce que les Alliés ont voulu éviter dans cette affaire-là, c'est que ce soit l'Allemagne elle-même qui produise la totalité de ce matériel de guerre. Il est aussi une autre considération qui a lourdement pesé sur la décision d'autoriser ainsi une sorte d'amorce du réarmement de l'Allemagne, c'est qu'elle était en prise directe avec l'Est et, dans l'éventualité d'un conflit, la première à subir le choc des armées soviétiques. N'oublions pas les contraintes de la Guerre froide.

On a réservé à l'Allemagne le montage et les essais ; c'était normal, car c'était elle qui allait se servir du matériel ! Mais les études et fabrications de base, elle ne les avait pas ! Pour ce qui nous concernait, et en tout cas pour ce qui concernait le domaine financier, j'ai toujours eu affaire au gouvernement français. C'était l'Office des Changes qui réglait les transferts de fonds. Tout ce qui rentrait chez nous était soumis à l'appréciation du ministère des Finances.

– Si je comprends bien, on n'a pas reproduit la même erreur qu'avec le Traité de Versailles, c'est-à-dire laissé l'Allemagne librement rouler, tout en lui imposant des dettes monstrueuses : on ne lui a pas imposé de dettes énormes en 1945, mais on l'a contrôlée totalement économiquement ?

– Absolument ! Le matériel que nous avons fourni, avant de le développer, a été soumis par la société mère en Suisse au contrôle des organisations alliées compétentes. Notre production était rigoureusement surveillée et ventilée en fonction des desiderata de ces organismes. Ils faisaient en sorte que le volume des commandes soit équilibré entre les différents pays susceptibles d'être parties prenantes dans le marché en cause.

– Est-ce que vous pensez avec le recul qu'on a tenu compte des erreurs faites dans les années 1920, et qu'on a relancé consciemment l'Allemagne d'une manière très logique ? En fait la prospérité allemande d'aujourd'hui a vraiment été voulue tout de suite après la guerre...

– C'est certain ! Et voulue notamment par les Américains. Je crois que vous comparez à tort deux choses qui ne sont pas comparables… La situation de l'Allemagne après la Première Guerre mondiale fut catastrophique. Les Alliés ne s'étaient pas engagés comme ils se sont engagés en sa faveur après la guerre de 1939-1945. Les déboires économiques de l'Allemagne après la Première Guerre mondiale ont été tels qu'ils ont amené, vous le savez, avec le désastre budgétaire, financier, économique et moral, l'avènement de Hitler et du régime nazi. Je ne sais pas si c'est le fruit d'une réflexion politique, mais il est certains que les Alliés, et en particulier les Américains, n'ont pas voulu, au lendemain de la Deuxième Guerre mondiale, que la partie d'Allemagne qui allait demeurer dans le camp occidental connaisse une pareille déchéance. Par rapport à l'Allemagne de l'Est, ils ont fait tout ce qu'ils pouvaient pour qu'elle reprenne un essor économique suffisant, voire même prospère. L'Allemagne de l'Ouest, tout de suite après la guerre, et pendant les années où nous y avons travaillé, a disposé des moyens nécessaires à la reprise d'une activité économique vigoureuse, au point d'être aujourd'hui le premier pays d'Europe. Les États-Unis n'ont pas lésiné un seul instant à accorder les crédits qu'il fallait pour la relancer. Calculez vous-même ce que représente un marché comme celui que nous avons obtenu de mille cinq cents chars au prix très approximatif que je vous ai indiqué. C'est énorme surtout si l'on ajoute à cela les nécessités d'équipements militaires et de formation des cadres de l'armée. Nous avons été en contact avec les milieux militaires allemands au fur et à mesure de l'introduction de ce nouveau matériel ; certains d'entre nous allaient dans les unités pour les familiariser, pour les aider à comprendre son maniement.

J'ai été amené à des contacts réguliers avec cette nouvelle armée, à la connaître, à l'observer, à la regarder vivre. Elle était pénétrée d'un esprit démocratique qui m'a surpris ! J'ai vu la simplicité avec laquelle se développaient les relations entre les cadres et la troupe. Par exemple pour les repas, il n'y avait pas de mess des officiers. Tout le monde mangeait la même chose en toute simplicité. Autant la Wehrmacht était un organisme hiérarchisé avec des principes rigides, autant là – ne vous méprenez pas, il y avait tout de même une vraie discipline – la simplicité, la cordialité étaient les dominantes. Remarquez que mes contacts avec l'armée allemande se situent en 1960, c'est-à-dire quinze ans après... ! Mais la mutation était totale et l'esprit tout à fait différent.

– Mais comment peut-on l'expliquer ? Comment ce peuple qui a marché derrière Hitler... qui a cautionné complètement le régime nazi...

– Il faut dire que les jeunes gens qui faisaient leur service en 1960 n'avaient vécu la guerre que tout jeunes... Le système éducatif faisait l'impasse sur les années du régime nazi et le gouvernement allemand d'Adenauer[49] avait tout fait pour implanter la démocratie dans les générations nouvelles. Ces jeunes soldats n'avaient pas connu l'enthousiasme pour le national-socialisme et ignoraient tout de l'horreur des camps et des folies meurtrières du IIIe Reich.

Cette conversion m'a stupéfait... ! Et une conversion dans l'ordre. Chacun restait à sa place, sans laisser-aller. On constatait, entre la troupe et ses cadres, des rapports faciles sans formalisme, une autorité sans morgue. Elle était, on peut dire le mot, démocratisée ! Une armée modèle de ce point de vue-là !

– Quand on pense aux renseignements que vous pouviez récolter, dans les années 1936 à 1940, sur l'état d'esprit allemand... et ce que vous voyiez en 1960 ; ce n'est pas le même monde... !

– Absolument pas ! C'était surprenant ! J'étais aussi en contact avec des cadres civils qui avaient été dans la Wehrmacht. Quelques-uns avaient même travaillé dans l'Abwehr, ou dans certaines formations de renseignements, et connaissaient mon nom. Notamment le patron de Henschel qui avait tenu à me rencontrer car

49. Konrad Adenauer (1876-1967), homme politique allemand, fondateur du Parti démocrate-chrétien. Premier chancelier de la République fédérale allemande en 1949.

il savait qui j'étais et ce que j'avais fait. Il avait été en missions pour l'Abwehr en Turquie, dans le Moyen-Orient, et il avait entendu parler de nos services de renseignements et de contre-espionnage.

Avec ces cadres qui avaient tous fait plus ou moins la guerre, jamais nous n'avons parlé du régime hitlérien. Il y avait comme une consigne de silence sur ce qui s'était passé pendant la période qui va de 1933 à 1945… On n'en parlait pas ! Jamais la moindre allusion aux raisons et événements qui avaient poussé l'Allemagne dans le régime hitlérien.

C'était une consigne admise par tous, y compris par les jeunes. L'enseignement de l'époque, en Allemagne de l'Ouest, passait sous silence cette période, faisait le black-out sur tous ces événements, y compris les plus monstrueux.

– Ce qui conduit à se poser la question de la sincérité ! Peut-on croire en ces gens qui sont capables de soutenir ce régime hitlérien, et, quinze ans après, de soutenir avec la même ferveur un régime tout à fait opposé ?

– Opposé… ! Ça, c'est autre chose… !

– Démocratiquement, opposé !

– C'est vrai ! Les tribunaux allemands avec prudence ouvraient des informations à l'encontre des criminels de guerre… ! Mais c'est une période dont les Allemands avaient honte, ça ne fait pas de doute, dont ils ne parlaient pas volontiers et que la jeunesse systématiquement ignorait. Je parle de ces années 1950-1960, maintenant, tout cela a changé ! Quand j'ai voulu faire mon deuxième livre *Notre espion chez Hitler*, j'ai été obligé d'enquêter en Allemagne, de rechercher les contacts qu'avait pu avoir Hans-Thilo Schmidt dans divers milieux… J'ai dû me retourner vers l'administration allemande pour essayer de connaître les détails de sa vie, de la vie de son frère, etc. Je me suis toujours trouvé en présence de refus corrects ou de réserves. On aurait dit, et je crois l'avoir écrit, que l'Allemagne avait honte de ce passé, et plus particulièrement de cette trahison au sommet de l'État.

J'ai retenu de mes fréquents et longs séjours outre-Rhin plusieurs impressions dominantes : une intensité de travail dans le domaine économique et industriel considérable, une compétence de grande valeur, et des sentiments à l'égard des Alliés et surtout de la France dans lesquels je n'ai jamais perçu de la haine. Peut-être de la part des anciens quelques allusions, quelquefois des regrets. Nous n'en parlions jamais ! J'évoquais tout à l'heure la personnalité du patron de Henschel. Il a toujours été avec moi d'une grande correction. Sachant mes origines militaires, il s'offrait à me donner des informations sur les activités soviétiques en Allemagne. Il pensait que j'étais en mesure de les exploiter. J'ai fait aussi la connaissance de Gelen, le chef des services de renseignements allemands reconstitués. C'était un survivant de l'ancienne Abwehr qui avait travaillé sur les Soviets, beaucoup plus que sur la France. Il me connaissait bien entendu, et avait manifesté lui aussi le désir de me rencontrer. Nous avons échangé des informations sur des collaborateurs de la firme Hispano-Suiza. S'agissant d'armement au profit de l'Allemagne de l'Ouest, il est certain que les Soviets cherchaient à savoir ce que nous faisions. Il m'avait indiqué plusieurs personnalités dont il soupçonnait qu'elles étaient en rapport avec le K.G.B. C'est vous dire l'esprit dans lequel on travaillait et également l'intérêt que pouvait avoir en l'occurrence ma collaboration avec Hispano. La direction d'Hispano a toujours tenu à respecter les règles élémentaires de sécurité et à se conformer à cet égard à mes conseils.

– C'est assez étonnant de vous voir passer en quelques mois de temps des services spéciaux à une entreprise industrielle... Quelles étaient les qualités que vous avaient apportées dix ans de services spéciaux et qui vous ont permis ensuite de rebondir ?

– En quoi ma formation à la fois militaire et spéciale, si j'ose dire...

– ...et humaine ! Parce que ce que je dégage de nos entretiens c'est qu'avant tout, les services spéciaux, c'est du management humain. Votre principal « matériau », c'est l'individu, la façon dont vous le motivez... tout ce travail dont on a parlé...

– Là, vous schématisez un peu ! Ma formation m'a amené non pas simplement à avoir des contacts humains avec des personnes qui travaillaient pour nous et avec nous, mais à étendre mes vues sur l'organisation administrative de mon pays, sur les conditions dans lesquelles elles devaient être protégées au sommet. Ce fut l'obligation pour moi de prendre contact avec des personnalités extérieures à l'armée pour me mettre en condition d'assurer ma mission bien au-delà de l'armée. C'est une formation qui est venue assez lentement. Petit à petit j'ai appris à mesurer la valeur des individus, à obtenir d'eux le mieux en fonction de leurs possibilités, morales, intellectuelles, techniques. Sur le plan plus large de l'administration française et de la société civile, j'ai dû me familiariser avec leur organisation, leurs méthodes, leurs habitudes. Leur coopération nous était indispensable dans les domaines du renseignement et de la sécurité. J'ai donc établi des contacts personnels non seulement avec nos habituels correspondants comme les Affaires étrangères, la police, la justice, etc., mais également avec la plupart des organismes qui font la vie d'une nation. Cela, ne l'oublions pas, dans la phase la plus critique de notre Histoire ce qui confère à ces liens un supplément d'intérêt et de solidarité.

Tout cela pour vous montrer que la formation d'un technicien cadre des services spéciaux ne peut pas être simplement une formation militaire acquise à Saint-Cyr ou ailleurs. C'est celle d'un chef d'entreprise nationale qui a le devoir de s'intéresser à tous les genres d'activités du pays, de prendre et maintenir les contacts indispensables pour contribuer à la sécurité et à la défense de son pays.

J'ai acquis dans ces domaines une aisance et des connaissances que le militaire n'a peut-être pas, et qui, d'ailleurs, ne lui sont pas indispensables. J'en ai trouvé le bénéfice dans mes activités chez Hispano-Suiza. Nous travaillions dans un domaine d'armement qui était confidentiel et très concurrencé. Je présentais aux yeux des gouvernements et des autorités militaires chargés de nos affaires des garanties que peut-être d'autres n'avaient pas.

– Ce que vous dites casse complètement l'image qu'on a de l'espionnage, le côté caché... Pour s'occuper d'un service de renseignements et pour le rendre le plus opérationnel possible, il faut être au contraire complètement ouvert et aller voir les gens. C'est complètement à l'inverse de l'image mythologique, j'allais dire « hollywoodienne », qu'on en a !

– C'est très juste... ! Il faut une liberté et une ouverture d'esprit qui permettent d'inspirer la confiance de tous les milieux. À cet égard, j'ai pu rendre des services à la société Hispano, indépendamment de mon travail qui était la coordination des productions de différents pays. J'ai beaucoup travaillé et beaucoup appris ! Je me suis familiarisé avec la société civile.

– Une guerre, c'est toujours du sang, des morts, c'est toujours la désolation ! Comment peut-on sortir d'une guerre et se lancer à nouveau dans la fabrication d'armes de guerre, avec la projection que cela suppose, c'est-à-dire que c'est fait pour tuer aussi ?

– Vous vous posez là une question qui ne se posait pas et ne se pose toujours pas – les choses ont évolué, il ne faut pas l'oublier, mais l'avenir reste plein de menaces. Face à l'Est, nous avions en 1950 une nécessité impérative de défense. Dans la mesure où l'Allemagne était au contact, il fallait lui donner les moyens de subir le premier choc. Vous raisonnez aujourd'hui, alors que cette menace n'est plus la même ! C'est la difficulté de votre génération qui souvent raisonne avec la mentalité d'aujourd'hui sur des faits qui datent de cinquante ans, ou de soixante ans et où l'ambiance était tout à fait différente. Nous étions en pleine guerre froide ! Celui qui aurait refusé de réarmer sous contrôle l'Allemagne ne pouvait être qu'un imbécile ou un ignorant de ce qui se passait de l'autre côté. La question ne s'est pas posée ! Et je vais même mieux vous dire : nous estimions qu'il fallait aller vite !

C'est cette situation extérieure particulièrement tendue qui a amené les contacts entre de Gaulle et Adenauer. On ne peut pas nier que de Gaulle a farouchement œuvré pour la défense de la France et la reprise de sa souveraineté. Nous étions là devant une situation grave qui impliquait que nous n'avions pas à nous poser de telles questions, et je ne m'en suis pas posé !

– Vous avez réussi une reconversion dans la vie civile

exemplaire ; ce n'est pas toujours le cas. La littérature est pleine de personnages qui sont sans cesse poursuivis par leur ancienne appartenance aux services secrets, qui n'arrivent pas à changer de vie, à abandonner l'exaltation et la clandestinité...

– Votre question fait référence à une littérature commerciale dont l'espionnage est un filon. Elle donne une vision romanesque et fausse de ce métier ; la vérité est tout autre !

Il faut considérer deux cas. D'une part ce que j'appellerai les agents de terrain qui sont confrontés à la recherche du renseignement secret et par conséquent voués à des missions délicates, difficiles et dangereuses. D'autre part les cadres qui, outre leurs travaux administratifs, sont parfois – ce fut mon cas – des hommes de terrain.

L'agent, quand il réussit à échapper à la répression de l'adversaire et que le citron a été suffisamment pressé pour que l'on ne puisse plus en retirer de jus, est généralement livré à lui-même. Il n'a rien d'autre à attendre de la reconnaissance du service qu'un modeste viatique et peut-être quelques avantages administratifs comme une naturalisation s'il est étranger. Cette sorte d'ingratitude m'a toujours révolté et n'a pas été étrangère à ma décision de créer l'Association des Anciens des Services spéciaux de la Défense nationale.

Voulez-vous un exemple de ce que je vous expose ? Je vous ai dit qu'en 1939 les Italiens nous avaient arrêté en Italie une trentaine de nos agents. Je n'ai jamais pu les faire homologuer comme résistants, le point de départ légal de la Résistance étant juillet 1940. Je n'ai jamais pu leur faire avoir une pension ou un dédommagement correspondant aux années passées dans les prisons du Duce. Pierre Messmer lui-même, alors Premier ministre, s'en est indigné en constatant son impuissance devant les sacro-saintes administrations. Ce que vous dites des personnages qui n'arrivent pas à abandonner l'exaltation du milieu se réduit le plus souvent à un refuge forcé dans l'anonymat.

Le personnel d'encadrement, outre les civils fonctionnaires, était, jusqu'à une époque récente, constitué principalement par des militaires, officiers le plus souvent. Il y avait ceux qui consacraient l'essentiel de leur vie aux services spéciaux et se contentaient des satisfactions professionnelles ; et il y avait ceux qui, ne voulant pas sacrifier leur carrière militaire, alternaient présence dans nos services et temps de commandement dans la troupe.

Il y a enfin des cas comme le mien qui volontairement quittent le service et l'armée relativement jeunes et trouvent des situations dans des entreprises où leurs connaissances, leurs formations et leurs relations sont utiles.

Le romanesque à la James Bond n'existe pas ! Certes il y a des fous ou des folles qui, après avoir traversé épisodiquement une particule de notre champ d'action, cultivent le mystère, se répandent dans la société en donnant l'apparence de savoir ce que les autres ne savent pas et d'être en confidence avec les services spéciaux... c'est du bidon !

Il faut laisser à ces littératures spéciales leur part d'imagination et de rêve pour transporter l'espionnage au « parapet du sublime ».

– Au sein de l'Association des Anciens des Services spéciaux, vous avez connu des cas de reconversion difficile ?

– Bien sûr il y a des cas de reconversion difficile, et, je vous le répète, ce fut une des raisons de la constitution de notre association que de venir en aide à ces cas particuliers, malheureux. Ils sont parfois difficiles à résoudre car l'agent de terrain venu trop jeune dans les services spéciaux n'a pas de formation. Ce sont des cas rares car la plupart de nos agents, recrutés à un âge où l'on a déjà travaillé – et souvent ce travail est une couverture pour l'activité spéciale qu'on propose –, ont une formation qui débouche sur un emploi lorsqu'ils quittent la maison.

Il reste bien entendu des exceptions. J'ai connu quelques cas, très exceptionnels, dus à l'atmosphère spéciale et tendue de la clandestinité de 1940 à 1945, où des camarades n'ont jamais réussi à retrouver l'équilibre d'une vie normale. Ils ont vivoté d'expédients malgré nos aides.

– Quand on l'a été, est-ce qu'un jour on peut cesser d'être un espion dans l'âme ?

– Vous persistez dans l'erreur des profanes ! On n'est pas espion dans l'âme ! On est un agent ou un honorable correspondant parce que les circonstances s'y prêtent, parce que le travail vous convient, que vous avez les qualités physiques, morales, intellectuelles nécessaires. Vous stoppez quand ça ne vas pas, ou vous vous arrêtez si vous aspirez à une meilleure situation ou à une retraite. Je suis désolé de ternir brutalement votre image de l'espion !

Je vous accorde tout de même que, plus que dans d'autres métiers, le risque, le danger peuvent engendrer une véritable exaltation. C'est vrai qu'il y a l'esprit sportif, aventureux, passionné, dans beaucoup de motivations vers l'espionnage. L'espion, en vérité, n'est qu'un spécialiste, parfois occasionnel, de la recherche secrète et non un fanatique pénétré dans son âme par une foi mystique. Et si je vous disais, en paraphrasant Sartre : « Les espions ce sont les autres ! » ?... et c'est bien mon cas !

13.

CETTE « SACRÉE VÉRITÉ »

ALAIN-GILLES MINELLA – *Pour terminer ces entretiens, je voudrais qu'on évoque l'Association des Anciens des Services spéciaux, qui marque votre intérêt – je ne dis pas appartenance – pour cette activité depuis près de soixante ans. Qu'est-ce qui vous a conduit à créer cette association ?*

PAUL PAILLOLE – À la fin de la guerre, les services spéciaux issus de l'armée se sont dispersés. Beaucoup de résistants, de camarades qui avaient été mobilisés pendant le conflit sont repartis chez eux ; il faut dire aussi qu'il y a eu un amalgame dans les nouveaux services fait parfois au détriment des anciens ! Ce qui a poussé un certain nombre d'entre eux à quitter la maison pour aborder des activités différentes.

Tous les camarades ont eu l'impression qu'ils n'avaient pas été traités comme ils auraient dû l'être, que la France n'avait pas reconnu comme elle le devait leurs titres et leurs mérites et surtout la qualité des services rendus par notre maison sur le plan national.

Il en a été pour les services spéciaux comme pour d'autres administrations. Ce sont les plus intrigants qui ont obtenu les meilleurs postes et les plus belles récompenses ; c'est une sorte de fatalité ! Et ceux qui ont quitté la maison, qui ne se sont pas dans l'immédiat occupés de leur avenir, de l'importance que représentait la reconnaissance officielle des services qu'ils avaient rendus, ont eu l'impression qu'ils étaient abandonnés.

Une autre considération a révolté certains d'entre nous – je pense essentiellement à notre ancien patron le général Rivet, à ses seconds, Navarre, Schlesser, et moi-même – : la façon dont était traitée l'Histoire de ces années, depuis l'arrivée de Hitler jusqu'à la débâcle et enfin l'Occupation. Les événements historiques ont été exposés en fonction de considérations souvent subjectives, partisanes ; de soi-disant historiens ont donné davantage la parole à ceux qui flattaient le pouvoir qu'à ceux qui étaient les véritables acteurs et témoins des événements. L'appréciation de ce que furent les activités de nos services a été faussée. Cette façon d'exposer des événements encore récents, cette démarche tendancieuse et quelquefois malveillante à l'égard de nos maisons nous a incité à réfléchir sur nos responsabilités face à l'Histoire vis-à-vis de nos morts, de nos camarades, et des services qui nous ont succédé.

– C'était très tôt. Immédiatement après la guerre. Vous saviez qu'on allait raconter des histoires ?

– Mais on en racontait déjà ! On en a raconté dès la débâcle de 1940... ! « Nous n'étions pas renseignés » ! « La 5e colonne et ces espions disséminés un peu partout en France, surgissant les uns habillés en curé, les autres en sœur, en ceci, en cela », etc. ! Le résultat a été une hallucination collective qui n'avait rien à voir avec la vérité ! Tout ça cheminait et servait d'alibi au commandement et au gouvernement responsables de la débâcle. Il fallait trouver le naïf à qui refiler « le chapeau »... en l'occurrence le service de contre-espionnage et de renseignements ! Quand nous cherchions des patriotes susceptibles de nous aider, nous nous sommes parfois heurtés à des réponses évasives, voir même déplaisantes dans le style : « Ce que vous avez fait avant et pendant la guerre n'est pas brillant ; on ne voit pas ce que vous pouvez faire maintenant ! »

Un événement majeur a servi de détonateur à notre décision de défendre nos droits moraux, notre histoire, et nos camarades, c'est l'assassinat du colonel André Sérot à Jérusalem au mois de septembre 1948.

Le colonel Sérot était l'une des plus belles figures de nos services spéciaux d'avant et pendant la Deuxième Guerre mondiale ; il avait été mon précieux collaborateur à Alger en 1943 et 1944. La fin prématurée de cet homme assassiné par le groupe Stern[50] nous a tous profondément peinés. Nous avons été choqués par la présentation de ce drame faite par une certaine presse, elle allait jusqu'à suspecter le colonel André Sérot d'avoir été assassiné parce qu'il était un agent de l'Intelligence Service. Cette explication s'est répandue à l'instigation probablement de certains groupes israélites. Connaissant son patriotisme, son dévouement, son désintéressement, sa rigueur morale – un grand nombre d'entre nous étions ses amis –, nous avons pensé que c'était une insulte inadmissible à sa mémoire et beaucoup plus inadmissible encore, le fait que personne ne prenait officiellement la défense de Sérot. Bien sûr il a été entouré d'honneurs militaires au moment du rapatriement de sa dépouille, mais cela n'effaçait pas l'injure. J'ai reçu un grand nombre de témoignages d'affection, de regrets, de tristesse. Beaucoup d'anciens de la maison, ou de camarades encore

50. Groupe activiste sioniste auquel appartenait notamment Menahem Begin. (N.d.A.)

en services ont manifesté leur attachement au souvenir de Sérot, suggérant de faire quelque chose, pour que sa mémoire soit entretenue et protégée, et que sa destinée tragique soit mise en évidence pour témoigner de ce que furent les sacrifices de nos services. Car Sérot était est l'un des pionniers de nos services de renseignements d'avant-guerre. Déjà pendant la Première Guerre mondiale, il s'était conduit d'une façon héroïque. Entré dans l'aviation comme volontaire, titulaire à vingt ans de la Légion d'honneur, et de plusieurs citations pour ses faits d'armes, il avait voulu, après cette guerre, continuer à servir et était entré dans les services de renseignements au poste de Belfort. Il fut l'un des premiers à dénoncer le réarmement de l'Allemagne, à fournir des informations de premier ordre, dont une documentation sur les études poursuivies en Allemagne sur les avions à réaction. Sérot avait une activité intense et étaient de ces techniciens de la recherche qui ont honoré cette maison, qui l'ont poussée au sommet en matière d'efficacité.

Pendant la guerre, il a été recherché par les Allemands. Son activité avait été dénoncée et sa tête mise à prix. Il avait été obligé de prendre de grandes précautions. Dans un premier temps, après la débâcle, il s'était replié à Marseille avec mes camarades. Véritable chien de chasse, il avait le sens du contre-espionnage, la passion de la défense du pays. Au fur et à mesure du développement de nos services clandestins, il s'était investi d'avantage, au point de créer un réseau de sécurité de l'armée de l'air.

Lorsque l'occupation totale est intervenue, il était en danger en France. Je l'ai envoyé en Afrique du Nord, toujours dans le cadre de notre politique visant à étoffer l'Afrique du Nord avec du personnel technique de grande qualité. Comme je ne pouvais pas être partout, j'avais pensé que je n'aurais pas de meilleur second que le colonel André Sérot, ce qui fut le cas ! Il est devenu le numéro deux de la Direction de la Sécurité militaire et des services de contre-espionnage français. Il faisait preuve d'une autorité paternelle à l'égard de tous avec une constante générosité et un sens aigu de l'humain. Tout le monde le respectait en raison de son passé et de ses sentiments élevés de patriotisme et de dévouement. Sa femme, qui n'avait pas pu le suivre en Afrique du Nord, fut arrêtée en 1943 par les Allemands et déportée. Il souffrait intensément à l'idée qu'il était à l'origine de cette arrestation. Déportée à Ravensbrück, elle fut rapatriée par la Suède grâce à la mission humanitaire du comte Folke-Bernadotte. Par un coup du sort, le comte Folke-Bernadotte fut assassiné en même temps que Sérot en 1948. Chargés tous les deux d'une mission d'apaisement dans ce nouvel État d'Israël, ils étaient les premiers à tenter de sauvegarder un fragile état de paix entre les Arabes et les Juifs.

Sérot était venu me voir au mois de juillet 1948. Il m'avait décrit la situation à Jérusalem, et confié son scepticisme sur le succès de sa mission. Il était désolé de voir ce conflit s'exaspérer tous les jours et il me faisait part de ses appréhensions. Propos extraordinaires dont j'ai souvent témoigné et que j'ai toujours présents à l'esprit, il me disait – il était profondément chrétien – : « Je ne sais pas ce qui m'attend, mais j'ai l'impression que je n'en reviendrai pas… ! Pas plus que les autres d'ailleurs ! Ce combat là bas est un combat qui ne finira jamais et dont nous serons les victimes. Mais après tout – et ce sont ses propres termes –, quand je vais le soir réfléchir, méditer sur le mont des Oliviers, je me dis que j'ai de la chance, car une mort à Jérusalem en vaut bien d'autres… »

Et quelques semaines après, il était assassiné !

Cette fin de Sérot nous avait terriblement frappés. Elle a été pour les anciens responsables de la maison déterminante dans la décision de ne pas laisser passer l'injure, et de ne pas donner à des sacrifices aussi généreux – et aussi inutiles – un terme aussi banal que l'oubli !

Ayant décidé de compléter les honneurs éphémères rendus par l'État français à la mémoire de Sérot, nous avons sollicité tous ceux qui avaient été dans la maison à un titre quelconque, pour qu'ils participent à l'hommage particulier que nous avions décidé de lui rendre. Cet hommage, nous voulions le concrétiser par l'édification d'un monument rappelant le sacrifice de Sérot dans sa ville natale de Xertigny dans les Vosges, et également par une stèle qui pourrait être installé dans les locaux des services issus de nos anciennes maisons. Il fallait récolter de l'argent. J'ai diffusé nos intentions en demandant à nos camarades de se montrer généreux. En l'espace de quelques semaines, j'ai recueilli des sommes énormes et des témoignages de fidélité en masse, non seulement à l'égard de la mémoire de Sérot, mais également à l'égard de nos anciens services et de leurs chefs. Beaucoup de camarades en m'envoyant un chèque écrivaient : « Nous sommes tout à fait d'accord pour rendre hommage à la mémoire de Sérot, mais nous souhaitons que dans l'avenir ce souvenir puisse se perpétuer, et serve de lien entre nous… » Je lisais également leur volonté indignée de ne plus voir nos services ignorés ou insultés comme ils l'avaient été ! C'est ainsi qu'à été créée l'Association des Anciens des Services spéciaux de la Défense nationale. C'est à moi qu'est revenue la charge de président avec l'appui du général Rivet, de Schlesser et de Navarre. L'association a pris officiellement vie à partir de 1953, mais entre la mort de Sérot, septembre 1948, et 1953, elle a existé, bien que n'ayant pas déposé ses statuts. Loin de nous l'idée de faire de cette association un groupement corporatif et revendicatif. Elle a eu pour but de redresser l'Histoire, de faire éclater la vérité – ce que nous appelons cette « sacrée vérité » –, de la défendre, et de faire connaître la réalité sur nos services. Voilà le point de départ et son objectif majeur, avec bien sûr le souci de solidarité et de constante attention aux problèmes sociaux et moraux de nos camarades.

– L'assassinat de Sérot avait été le détonateur, mais vous y pensiez depuis l'immédiat après-guerre, depuis 1946 ?

– C'est évident ! Nous avions beaucoup souffert pendant la période de 1940-1944 de la façon dont certains pseudo-historiens décrivaient les raisons de notre défaite, en en faisant porter la responsabilité principale aux services de renseignements et de contre-espionnage. Nous nous efforcions de lutter mais sans nous être groupés, sans nous être concertés sur les meilleurs moyens de faire éclater la vérité. Je crois que la création de notre association a été à cet égard un tournant décisif. C'est cette création qui a été à l'origine d'un certain nombre de révélations qui ont fait connaître notre passé, et fourni les preuves irréfutables des services rendus par les services de renseignements et les services de contre-espionnage.

Nous avons pu mettre en évidence les défaillances dans l'exploitation des résultats de leurs travaux. Enfin, grâce à elle, nos sacrifices et surtout nos morts ne sont pas oubliés !

– Sur le principe je trouve toujours que c'est assez paradoxal de faire une association d'anciens des services secrets. Tant que les gens sont dans les services spéciaux, ils sont dans la clandestinité, et à partir du moment où ils en sortent, ils peuvent aller au grand jour ! Ils peuvent entrer dans une association et dire :

« J'en ai fait partie, j'y étais ! » Est-ce que ce n'est pas aussi un moyen de constituer une « armée de réserve » pour les services spéciaux... ?

– Je ne crois pas... ! En tous les cas, ce n'est pas notre but ! Je vais répondre d'abord à votre première question. Il paraît effectivement paradoxal que des gens qui ont travaillé dans le secret se groupent ensuite pour mettre en évidence ce qu'ils ont toujours caché. De ce point de vue-là, c'est l'Histoire que nous défendons, la vérité historique mais aussi l'honneur de nos anciens services et de ceux qui leur ont succédé. Si nous n'avions pas dévoilé, avec la prudence qui s'impose, ce que nous avons fait, et si nous ne l'avions pas fait avec une certaine publicité, par nos livres, par nos bulletins, par les manifestations extérieures, l'opinion n'aurait jamais évolué sur son jugement à l'égard de ces anciens services. Aujourd'hui je crois que pour des gens objectifs, pour des historiens sérieux, la question ne se pose plus. Ils considèrent qu'effectivement les services de renseignements et de contre-espionnage français ont fait leur travail, et ne sont nullement responsables des défaites de 1940.

Évidemment c'est parfois difficile de concilier la notion de secret avec l'activité ouverte d'une association comme la nôtre. Mais c'était ça ou être condamné à laisser l'opinion s'égarer. L'enjeu était là ! D'ailleurs dans beaucoup de circonstances il en est ainsi ; si l'on ne démontre pas, si on n'étale pas des faits cachés et déplorables, l'opinion ne réagit pas et le pouvoir reste silencieux ! Inerte !

– Malgré tout, il y a peut-être encore des zones de secrets dont on ne peut pas parler ? Des gens n'ont pas trouvé que vous révéliez trop de choses dans vos

livres, et que « ce qui était secret devait rester secret » ?

– Il est vrai que des camarades qui ont œuvré dans nos maisons, à des titres divers, ne tiennent pas à ce que soient révélées leurs activités. Nous respectons leur volonté et nous n'en disons rien. Il y a également à l'égard de certaines de nos activités une discrétion à sauvegarder. Je prends l'exemple de Hans-Thilo Schmidt. J'ai essayé de prendre contact avec la famille de son frère pour mieux connaître certains détails de sa vie. Quand je me suis aperçu qu'elle souffrait encore terriblement de l'épreuve que lui a imposée l'existence turbulente et en marge de la morale de notre agent numéro un, je n'ai pas insisté. Plusieurs pages de l'histoire de ce grand espion resteront donc inconnues ; ce sont notamment les circonstances exactes de sa mort, qu'a-t-il révélé ? s'est-il suicidé ? l'a-t-on assassiné ? qu'est devenue sa propre famille ? etc.

– En dehors de questions de famille, est-ce qu'il y a encore à l'heure actuelle des secrets dont on peut supposer que peut-être dans cinquante ans ils apparaîtront au grand jour ?

– Je crois qu'à l'heure actuelle tout ce qui pouvait être révélé l'a été ! Il reste peut-être à exploiter certaines archives et je pense aux archives actuellement encore détenues par les Russes à Moscou et qu'ils prétendent être celles du deuxième bureau. Il se peut que l'on y découvre des aspects inconnus de la politique française et des faits antérieurs à 1940 ; je pense à l'exploitation des archives du grand état-major français trouvées et saisies en juin 1940 par la Wehrmacht à La Charité-sur-Loire. Quant à la mise en cause grave de personnalités encore vivantes, je ne le crois pas. Nous avons eu, pour ce qui nous concerne, une connaissance suffisante, par nos propres moyens et l'exploitation des archives allemandes saisies en 1944 et 1945, de l'activité des individus qui se sont mis à la disposition de l'ennemi ou qui ont collaboré avec lui.

Vous me demandez s'il y a des secrets qui pourraient être encore révélés et qui ne l'ont pas été… sur les questions générales, sûrement pas ! Sur des questions particulières, peut-être !

Bien entendu, quand nous avons fait nos livres, nous avons mis en évidence plus de trente ans après la fin de la guerre, et avec précaution, ce qui était nécessaire pour faire éclater la vérité, mais, chaque fois que nous avons eu l'impression que l'on pouvait gêner une famille ou nuire à des personnes encore vivantes, voire même indisposer nos successeurs, nous nous sommes abstenus. En ce qui me concerne, dans *Services Spéciaux* ou dans *Notre espion chez Hitler,* je pense avoir scrupuleusement respecté cette règle.

Cette association qui paradoxalement fait étalage de services secrets est une institution nécessaire pour le respect de la vérité historique et de l'éthique de nos services avant, pendant, et après la Seconde Guerre mondiale.

Voulez-vous des exemples ? Il y a quelque temps, un ancien patron du S.D.E.C.E. exprime dans un livre largement diffusé un doute sur la façon dont ont été exploitées les archives que nous avons saisies pendant la retraite allemande. L'association a été obligée de réagir et de rétablir la vérité ! Un de ses successeurs, en quittant son poste, a écrit que ses services pratiquaient des écoutes sur les Américains. Nous sommes intervenus pour dire que nous comprenions mal des révélations de ce genre, et qu'il serait indispensable que soit imposée une sorte d'obligation de réserve à tous ceux qui participent à l'activité de ces services. Je n'ai pas qualité pour révéler les mesures qui ont été prises pour éviter que des faits comme ceux-là ne se reproduisent, mais cela vous montre l'attention que porte notre association au respect d'une éthique qui fait la spécificité et l'honneur des services spéciaux.

– Une sorte de conscience, et même de censeur dans une certaine mesure ?...

– Nous n'avons pas cette prétention ! La discrétion est la règle d'or des services secrets et notre passé nous en a suffisamment et douloureusement montré le prix pour que nous soyons à cet égard très vigilants.

Je ne pense pas que quiconque puisse contester la légitimité de nos remarques.

– Depuis la fin de la guerre, comment voyez-vous l'évolution du renseignement et des services secrets ?

– La Deuxième Guerre mondiale a profondément modifié leur rôle et leur structure. Un champ plus vaste de recherches, de défense et d'action s'est ouvert à eux, en même temps que leur étaient offerts des moyens techniques nouveaux. C'est une évidence d'affirmer que désormais toutes les activités secrètes d'éventuels adversaires doivent faire l'objet de recherches, aussi bien dans le domaine économique, industriel et diplomatique que militaire.

Il en résulte l'obligation pour nos services secrets de faire désormais appel au large concours de compétences nouvelles issues de la société civile, ainsi qu'aux techniques de pointe les plus modernes notamment dans les domaines de l'observation aérienne et spatiale. Il faut reconnaître que la guerre secrète, tout comme la guerre classique, a donné un élan supplémentaire à la recherche scientifique. L'exemple le plus connu est l'appel à l'informatique et à l'ordinateur pour résoudre les plus difficiles problèmes posés par le décryptement.

Autre nouveauté, si l'on peut dire, la prise en compte par nos services spéciaux de la préparation – voire de l'exécution – d'actions violentes destinées à déstabiliser l'adversaire, l'affaiblir ou le priver de moyens jugés dangereux pour notre défense. C'est l'action secrète sur les arrières ou à l'intérieur, menées par des équipes spécialisées. En temps de paix, de telles interventions, maladroites ou mal préparées, peuvent avoir de fâcheuses conséquences d'ordre politique ou diplomatique. On en a eu un exemple avec l'affaire Greenpeace.

Dans cet aspect de l'action secrète permanente, on peut inclure le terrorisme et l'intoxication. Au sabotage matériel, l'intoxication ajoute le sabotage moral et des connaissances. Le deuxième conflit mondial a porté au sommet cette science qui consiste à tromper l'adversaire sur les objectifs que l'on se propose et les moyens dont on dispose. Ce fut le plan « Fortitude » qui facilita le succès du débarquement en Normandie. Tout porte à croire que les services secrets useront en temps de paix de cette arme redoutable.

Vous le voyez, l'adaptation des services spéciaux, aussi bien à l'extension considérable de leurs missions offensives ou défensives qu'à l'évolution des moyens modernes mis à leur disposition, a imposé, et impose, une mise au point permanente de leurs structures et de leurs organisations.

– Quelle est la situation des services spéciaux en France aujourd'hui ? Ces dernières années, il y a eu beaucoup de changements... ?

– C'est vrai... et en bien ! Au lendemain de la guerre, l'amalgame des différents services secrets ne s'est pas fait dans la sérénité. Entre nos services traditionnels et ceux, occasionnels, du B.C.R.A. ou de certains réseaux

F.F.L., des rivalités de doctrine, de conception et de personnes ont lourdement pesé sur l'efficacité voire même la réputation des services français.

J'ai déjà dit les raisons qui ont amené la dissolution de la Direction générale des Études et Recherches (D.G.E.R.) dans une atmosphère de scandale. Le Service de Documentation extérieure et de Contre-Espionnage (S.D.E.C.E.) qui lui a succédé, sans mettre un terme aux rivalités intérieures et de personnes, a été confronté à de lourdes maladresses et aux terribles cas de conscience posés par la guerre d'Algérie.

La Direction générale de la Sécurité extérieure (D.G.S.E.) l'a remplacé avec des moyens matériels et humains mieux adaptés à la conjoncture, notamment depuis la guerre du Golfe. Les vrais problèmes de recherche et de sécurité sont revenus au premier plan, tout comme les principes traditionnels de rigueur technique et de discrétion.

Il faut souhaiter que la D.G.S.E., véritable moteur de notre protection civile, économique et militaire, bénéficie d'une définition claire des missions et attributions des organismes qui concourent avec elle à la sécurité de notre pays. À cet égard, je ne pense pas qu'il y ait le moindre problème de coopération avec la Direction de la Protection et de la Sécurité de la Défense (D.P.S.D.). Elle s'est substituée depuis plusieurs années à la Direction de la Sécurité militaire. Sa raison sociale indique sans ambiguïté ses missions. Respectueuse des traditions et disposant de moyens autrement performants que ceux dont je disposais moi-même naguère, la D.P.S.D. peut faire face à des situations que les formes nouvelles d'ingérence ont rendu fort délicates.

La position de la Direction du Renseignement militaire (D.R.M.), créée au lendemain de la guerre du Golfe pour combler les vides ressentis péniblement par nos forces armées en opération, est plus subtile. Pour le recueil et l'exploitation de renseignement de contact et en profondeur, le commandement français a été tributaire des moyens sophistiqués et performants des services américains. Il était urgent et juste que le gouvernement français s'efforce de pallier cette lacune, dote la D.G.S.E. de matériels modernes et mette à la disposition du commandement un organisme de centralisation, d'exploitation et dans certains cas de recherche qui lui sont nécessaires.

Je ne veux pas aller plus loin dans mes commentaires sur l'ensemble de ces organisations dépendant du ministre de la Défense. Elles concourent toutes à notre sécurité et leur développement participe à la mise en valeur et à la meilleure utilisation de l'arme décisive qu'est le renseignement.

– À votre avis comment les choses vont-elles évoluer ?

– Les choses, comme vous dites, n'ont jamais cessé d'évoluer depuis la fin de la Deuxième Guerre mondiale.

À la guerre chaude que nous ont imposée Hitler et Mussolini a succédé, pendant près de cinquante ans, la guerre froide déclenchée par Staline et poursuivie par ses successeurs. Aux objectifs précis qui étaient ceux des services spéciaux avant l'effondrement du régime communiste, se sont substitués des menaces diffuses, des risques multiples, issus de politiques et de situations instables, et surtout de rivalités économiques qui confinent à une guerre de plus en plus affinée entre les nations industrielles. Je m'explique : l'éclatement de l'Union soviétique, la fragilité des institutions qui en sont résultées ne nous exemptent nullement de vives préoccupations à l'Est ; notamment en ce qui concerne la prolifération et la dispersion des armes nucléaires.

Le Moyen-Orient, avec la persistance inexorable du conflit israélo-arabe, la montée de l'intégrisme, la guerre civile en Algérie, les conflits ethniques de l'Afrique noire et bien sûr le terrorisme constituent autant de menaces pour la paix et méritent une attention vigilante.

Les motifs d'ingérence humanitaire, les troubles que provoquent dans les consciences humaines tant de violence et de crimes en Europe comme dans le monde ont ouvert la voie à des initiatives des Nations unies qui peuvent aboutir à des interventions armées dans des zones qui ont échappé jusqu'à présent aux investigations des services secrets. Tout cet ensemble constitue un champ d'action sans fin pour la recherche du renseignement.

La France, en dépit de la modernisation et du renforcement de ses moyens de recherche et de défense, en dépit de la prise en considération de l'effort nécessaire « d'intelligence », ne peut, seule, faire face à l'ensemble des menaces qui pèse sur la paix dans le monde et aux ambitions légitimes et humanitaires de l'Europe et des Nations unies.

Alors pour conclure et répondre plus simplement à votre question, je souhaite qu'en France, plus que jamais, un effort soit fait en faveur des services de renseignements et de défense. En premier lieu pour répondre à ses propres besoins nés en particulier des rivalités et des concurrences économiques ; en deuxième lieu pour participer, en Europe et en collaboration avec les services spéciaux des nations amies, à la recherche du renseignement nécessaire à la mise en œuvre d'une politique commune.

Et pourquoi pas mettre sur pied rapidement un organisme européen de renseignements et de sécurité répondant aux besoins de la défense de l'Europe et à ses ambitions ?

En couverture : Paul Paillole (D.R.).
Signatures de : Charles de Gaulle, Franklin D. Roosevelt,
et du maréchal de Lattre de Tassigny.

Ce volume a été composé
par Charente-Photogravure à L'Isle-d'Espagnac
et imprimé par la Société Nouvelle Firmin- Didot
Mesnil-sur l'Estrée

N° d'édition : 207 - N° d'impression : 30623
Dépôt légal : avril 1995

ISBN 2-260-01341-4